COLECCIÓN POPULAR

837

MUJERES PIRATAS

LAURA SOOK DUNCOMBE

Mujeres piratas

*Las princesas, prostitutas y corsarias
que gobernaron los siete mares*

Traducción
CLARA STERN RODRÍGUEZ

FONDO DE CULTURA ECONÓMICA

Primera edición en inglés, 2017
Primera edición en español, FCE México, 2021
    Primera reimpresión, FCE España, 2024

Duncombe, Laura Sook
    Mujeres piratas. Las princesas, prostitutas y corsarias que gobernaron los sietes mares / Laura Sook Duncombe ; trad. de Clara Stern Rodríguez. — México : FCE, 2021
    260 p. ; 21 × 14 cm — (Colec. Popular ; 837)
    Título original: Pirate Women: The Princesses, Prostitutes, and Privateers Who Ruled The Seven Seas
    ISBN 978-84-375-0833-7 (FCE España)
    ISBN 978-607-16-7276-6 (FCE México)

    1. Mujeres piratas – Biografías 2. Mujeres piratas – Historia 3. Piratería – Historia I. Stern Rodríguez, Clara, tr. II. Ser. III. t.

LC G535.D848   Dewey 910.45 D488m

Distribución mundial

© 2017, Laura Sook Duncombe
Esta edición se publica mediante acuerdo con Susan Schulman A Literary Agency y Chicago Review Press, y a través de A.C.E.R. Agencia Literaria.
Título original: *Pirate Women: The Princesses, Prostitutes, and Privateers Who Ruled the Seven Seas*

D. R. © 2024, Fondo de Cultura Económica de España, S.L.
Vía de los Poblados, 17-4º-15; 28033 Madrid,
editor@fondodeculturaeconomica.es
www.fondodeculturaeconomica.es

Por acuerdo con Fondo de Cultura Económica
Carretera Picacho-Ajusco, 227; 14110 Ciudad de México
www.fondodeculturaeconomica.com

Diseño de portada: Laura Esponda Aguilar

ISBN 978-84-375-0833-7
DL M-20612-2024
Impreso en España • *Printed in Spain*

ÍNDICE

A mi madre, cuya advertencia de que nunca
deje de escribir me ha hecho superar muchos días y noches difíciles
Y a mi padre, presidente del club de fans Singapore Sue

Con amor y gratitud eternos

INTRODUCCIÓN

Los piratas han existido desde que existe un mar en el cual navegar. La academia moderna sostiene que han jugado un papel en extremo importante en la configuración de la historia mundial. Se les ha denominado saqueadores, perros del mar, bucaneros, filibusteros, corsarios y bandidos, y se han usado muchos otros nombres en muchos idiomas. Han navegado a lo largo de todos los milenios. Nos extienden un saludo desde todos los continentes habitados, y los hay de todas las edades, colores y credos imaginables. ¿Qué une a esta gente tan inmensamente diversa en el curso del tiempo y a través del espacio? ¿Las patas de palo y los parches sobre el ojo? ¿El ron y los pericos?

Estos lugares comunes dominan la caracterización moderna de la piratería, pero la verdadera piratería va mucho más allá de estos atributos de la caricaturización. Su corazón reside en la libertad: respecto de la sociedad, de la ley y de la conciencia moral. Los piratas conquistan el corazón de la gente con la misma facilidad con que capturan a sus presas porque logran hacer algo en lo que muchos sólo sueñan: se apartan del hogar y de la comodidad para probar suerte en una vida situada más allá de los confines de la sociedad. El espíritu valiente y aventurero de una pirata puede inspirar incluso a quien no condone sus actos criminales.

No, no fue una errata: los piratas siempre han correspondido tanto a determinada "ella" como a cierto "él". (En las épocas que aborda este libro el binarismo de género seguía muy arraigado en la lengua inglesa. Hasta donde sé, todas las piratas en este libro se identifican como del femenino. Mi uso de "ella" refleja los estudios disponibles sobre estas piratas y de ninguna manera pretende invalidar otras expresiones de género.) Desde la antigüedad —y a pesar de la extendida creencia de que las mujeres en el mar traían mala suerte— las piratas han luchado junto a sus contrapartes masculinas, y en algunos casos incluso han estado a su mando. Parecería imposible que una mujer dejara las enaguas —y a menudo su identidad— y tomara las armas, pero muchas perseveraron. Sin embargo, en buena medida la historia las ha dejado de lado y, para la mayor parte de la gente, su existencia pasa desapercibida.

¿Quiénes son, pues, estas mujeres piratas? Desde personajes de la realeza, como la reina Teuta, hasta la empobrecida huérfana Gunpowder Gertie cubrían todo el espectro, desde princesas hasta mendigas. Algunas, como Sadie la Cabra, apenas superaban la adolescencia, mientras que otras, como la Sister Ping, comenzaron su carrera con mayor edad. Grace O'Malley pirateó durante muchos años y Margaret Jordan participó en una sola operación de piratas. Sayyida al-Hurra se hizo a la mar para revitalizar a su comunidad, mientras que Jacquotte Delahaye buscaba vengar la muerte de sus padres. En casi todo lugar donde hubo piratas hombres, y en casi todas las eras principales de la historia de los piratas, existieron mujeres piratas. Tenían poco en común entre sí, a excepción de su género y su deseo de escapar del papel tradicional que ello les imponía.

Si las mujeres piratas tienen un lugar predominante en la historia, ¿por qué se las conoce tan poco? Para hacerse a la mar y demostrar su valía tuvieron que luchar con una fuerza al menos dos veces mayor que la de los piratas hombres, por lo que estudiarlas sin duda merece el doble de atención. No obstante, muchas veces se las deja al margen de toda conversación pirática. A excepción de Anne Bonny y Mary Read, y más recientemente Grace O'Malley, la historia las deja en segundo plano, y si acaso hace mención de ellas las identifica con sus apodos o títulos. De los numerosos libros de piratas que hay en el mercado tan sólo unas pocas joyas incluyen a las mujeres en la discusión, y casi ninguno se concentra en ellas. David Cordingly, renombrado académico especializado en piratas, dedicó un libro entero a las mujeres (titulado originalmente *Women Sailors and Sailor's Women* [Mujeres navegantes y mujeres de los navegantes] antes de adoptar el menos condescendiente *Seafaring Women* [Mujeres marineras]). El autor no sustenta la creencia de que Mary Read y Anne Bonny realmente hayan vivido a bordo de un barco pirata y cuestiona cómo una mujer podría tolerar las arduas condiciones del trabajo marítimo. Cuando hasta un historiador que se acerca a las marineras se niega a reconocer que las mujeres piratas existieron, sabemos que hay un problema en la materia.

Las piratas suelen estar ausentes del análisis histórico porque su existencia misma amenaza los roles de género tradicionales de los hombres y las mujeres. Los piratas viven fuera de la ley fijada por el hombre, pero las piratas viven fuera de la ley fijada por la naturaleza. Se las excluye porque no encajan bien en la categoría de mujeres "normales" ni tampoco en las que atañen a las virtudes de las mujeres tradicionales. En palabras de la historiadora Jo Stanley, a las piratas "les gusta estar arriba [...] y merodean como fieras, mientras que las doncellas deben pisar con dulzura". Son "afrentas sociales [...] y la encarnación del terrorífico poder de las mujeres". Trastornan el equilibrio de poder en una sociedad patriarcal y por eso los historiadores tradicionales no las analizan ni, mucho menos, las celebran.

Las piratas también interfieren con la compleja y muchas veces narrada relación del hombre con el propio mar. El agua es primigenia; la vida no puede existir sin ella. El agua figura en muchos mitos de creación, y esto no es ninguna sorpresa: antes de nacer, en el útero, los humanos estamos rodeados de un líquido amniótico parecido al agua. El mar, que estaba ahí antes que el hombre y que lo acuna, es como una madre para los marineros: una mujer. Está conectado con la luna y con las mareas, que también, desde la diosa griega Artemisa, han estado asociadas a las mujeres. En su aclamada novela *El viejo y el mar,* Ernest Hemingway sostiene que "[el protagonista] decía siempre *la mar*. Así es como le dicen en español cuando la quieren. A veces los que la quieren hablan mal de *ella,* pero lo hacen siempre como si fuera una mujer [...] Pero el viejo lo concebía siempre como perteneciente al género femenino y como algo que concedía o negaba grandes favores, y si hacía cosas perversas y terribles era porque no podía remediarlo". También las sirenas,[1] criaturas legendarias que tientan a los hombres hasta su muerte en el mar, son de sexo femenino por tradición. Las embarcaciones a menudo llevan el nombre de una mujer y, como mascarones de proa, suelen portar mujeres de figura turgente. Las islas aún no descubiertas en el mar se denominan "vírgenes" y los hombres colonizadores las "conquistan". Para el hombre, el mar y las cosas asociadas a él son de signo femenino, propicios a la subyugación de manos de los varones o, al menos, a alguna aventura masculina. El mar femenino es un dominio exclusivamente masculino, donde los hombres pueden mostrar su valentía o buscar su fortuna. Agregar mujeres a esta ecuación diluye el binarismo de género establecido y socava la cuasisagrada relación entre el marinero y el mar.

[1] El original en inglés menciona los términos *mermaid* y *siren*, pues la mitología hace una distinción: originalmente *mermaid* alude a un ser mitad mujer y mitad pez, mientras que *siren* refiere a un ser que canta y es de hecho mitad mujer y mitad ave. Con el tiempo ambos seres se amalgamaron en un solo personaje mitológico. En español ambos términos se traducen como "sirena". [T.]

Por estas y por innumerables razones más, conscientes e inconscientes, los historiadores de sexo masculino a menudo excluyen a las piratas en sus trabajos. Por desgracia para ellas, gran parte de la historia la han escrito hombres, y lo han hecho desde su perspectiva. La académica Dale Spender explica que

> a las mujeres se las ha mantenido al margen en casi todas, si no es que en todas, las ramas del conocimiento, debido al simple proceso mediante el que los hombres nombran el mundo tal como ellos lo perciben [...] Han dado por sentado que su experiencia es universal, que es representativa de la humanidad [...] Siempre que la experiencia de las mujeres difiere de la de los hombres, permanece, por tanto, como "fuera de registro", pues no hay forma de que sea consignada cuando no es compartida por los hombres, y son ellos quienes escriben el registro.

Deirdre Beddoe secunda esa percepción al decir que la historia registrada "es la historia de los hombres y de sus asuntos [...] guerras, diplomacia, política y comercio". Ciertamente, sin los esfuerzos de historiadoras como Anne Chambers, Dian Murray y Joan Druett gran parte de lo que se conoce sobre las mujeres piratas no habría salido a la luz. Mientras los hombres controlen la narrativa, las mujeres piratas serán mayormente excluidas.

Incluso si entre los historiadores de hoy hubiera una inclinación por escribir sobre mujeres piratas, la escasez de fuentes primarias sobre ellas dificultaría mucho su tarea. Que en el pasado no se haya considerado que las mujeres fueran dignas de una documentación histórica dificulta su estudio en la actualidad; un círculo vicioso que insiste en mantener a las mujeres "fuera de registro". Hasta hoy nadie ha descubierto un diario o un relato acerca de la piratería escrito por una pirata en primera persona. Son escasas las notas periodísticas, los documentos jurídicos son aún menos comunes y prácticamente no existen libros escritos en la época en que la piratería estaba activa. Tomando en cuenta todo esto, no resulta sorprendente que las mujeres piratas no hayan logrado obtener el estatus de celebridades del que gozan sus colegas masculinos.

Pero a pesar de todos los obstáculos, estas historias merecen ser contadas. La tendencia a excluir a las mujeres de la narrativa omite una parte vital de la historia del mar. Como explica la mitóloga Suzanne Cloutier, "no podemos conocer el alma de las mujeres sin conocer sus historias; sus historias deben ser contadas". Este libro se propone reunir en un solo volumen las historias de las piratas de todas las épocas. La teóloga feminista Carol P. Christ afirma que "sin historias una mujer se pierde cuando llega a tomar decisiones importantes en su vida. No aprende a valorar sus propias luchas, a celebrar su fuerza, a comprender su dolor. Sin historias no puede entenderse a sí misma". Los meros párrafos y notas al pie existentes, esparcidos en la vasta extensión de sabiduría popular sobre los piratas, no hacen justicia al alcance y la profundidad de la participación de las mujeres en el oficio. Al presentar a estas mujeres juntas se demuestra desde cuándo han sido parte de la piratería y cuánto han logrado. Contar sus historias las vuelve a sumar al registro histórico y brinda un panorama más claro de cómo era realmente la vida en el mar. Después de leer las descripciones de sus vidas será imposible descartar a las piratas solitarias como fenómenos anómalos. Cada mujer pirata forma parte de una gran tradición que ha existido desde el alba de la piratería misma.

Más que simplemente volver a narrar las historias de estas mujeres, este libro examina a los narradores y sus motivos: el "porqué", así como el "quién". Ya que tantas de estas historias, en especial las más antiguas, las registraron los hombres, para comprender por qué los sucesos y las representaciones en ellas tienen la forma que tienen resulta esclarecedor observar las razones que ellos tuvieron para escribirlas. Por ejemplo, un monje medieval describiría distinto a una mujer que un mal autor decimonónico. Preguntarse quién es el responsable de difundir estas leyendas y qué orden de prioridades o propósitos ocultos pudieron alentarlo o alentarla a hacerlo contribuirá a que las historias queden liberadas del férreo control de la intencionalidad autorial y les permitirá tener un despliegue más orgánico como el que pudieron haber tenido en realidad.

Una salvedad de suma importancia: muchas de estas historias —si no es que todas— combinan el ámbito del mito con el de los hechos. La propia naturaleza de la piratería dificulta discernir entre los hechos y la ficción, pues a menudo las piratas, por necesidad, tenían que permanecer fuera del registro histórico. Robert C. Ritchie explica que "los registros parroquiales, censos y listas fiscales no sirven para estudiar una población que existía en la periferia, o incluso más allá, de las sociedades establecidas". Incluso *Pyrates,* del capitán Johnson —obra que Jo Stanley considera "un antiguo texto [de piratería] tan fundamental como la Biblia para los cristianos"—, es famoso por su carácter ornamentado y, a menudo, anecdótico.

Podría decirse que la regla de oro del hecho histórico es tener múltiples fuentes primarias de calidad: documentos de la época que abordan el sujeto de forma directa. Muchas historias de piratas —especialmente las de mujeres piratas— no cumplen con este estándar. No obstante, como muchas provienen de la época de los piratas, estas piratas mito-históricas (y a veces sólo míticas) siguen siendo vitales para el tapiz más general de la piratería. En materia de piratas, tal como el autor Gabriel Kuhn afirma, "leyenda y realidad [de la vida de los piratas] están imbricadas en una tela que es imposible desenredar. Aun así, es posible examinar *la manera* en que está tejida esta tela [...] Lejos de intentar exponer una verdad sobre los piratas, estamos explorando el mito de los piratas". Siempre que es posible se incluye aquí una explicación del fundamento histórico de estos relatos.

Por consiguiente, éste no es un libro de historia pura. No soy historiadora. Aunque se describen muchos acontecimientos históricos para contextualizar estos relatos de mujeres, nada sobre esos temas debe interpretarse como algo exhaustivo. Quienes quieran aprender, por ejemplo, sobre la guerra civil estadunidense o el Gran Salto Adelante deberán buscar otras obras sobre el tema. Al final del libro se enlistan algunas fuentes como apoyo para la búsqueda de los lectores. Soy una contadora de historias y una amante de los y las piratas, así que si bien hice todo lo posible por presentar una relación histórica precisa, ante todo éste es un libro sobre historias de piratas. Por lo demás, como asevera el historiógrafo Keith Jenkins, "el pasado y la historia o la historiografía son dos cosas distintas".

Aunque las modas, las armas e incluso los tesoros cambiaron con el tiempo, todas las mujeres piratas tienen al menos una cosa en común: el deseo de ser dueñas de su propio destino, a cualquier costo. Quizá explorar lo que ese deseo significaba para estas mujeres y cuántas penalidades sobrellevaron por él inspirará a la próxima gran aventurera... o a la próxima gran contadora de historias. En cualquier caso, Audre Lorde nos recuerda que, en lo concerniente a la escritura sobre mujeres y por mujeres, "cada una de nosotras debe admitir su responsabilidad de buscar que esas palabras salgan, de leerlas y compartirlas y examinar su pertinencia en nuestra vida". Que este libro sea una valiosa contribución al siempre creciente panteón de palabras de mujeres sobre mujeres.

Laura Sook Duncombe
Alexandria, Virginia
17 de mayo de 2016

1
EL ALBA DE LAS PIRATAS

"¡OH, FORASTEROS! ¿Quiénes sois? ¿De dónde llegasteis navegando por húmedos caminos? ¿Venís por algún negocio o andáis por el mar, a la ventura, como los piratas que divagan, exponiendo su vida y produciendo daño a los hombres de extrañas tierras?"

Estas líneas provienen de la *Odisea* de Homero, uno de los textos más antiguos que existen. La piratería —una de las profesiones más antiguas del mundo— ha estado presente incluso por más tiempo que el poeta ciego, y también comparte con él su lugar de nacimiento: el Mediterráneo. Desde la Edad de Bronce tardía esta zona ha sido un hervidero de actividad pirática. La palabra *pirata,* de hecho, proviene del vocablo del griego antiguo *piero,* que significa "hacer un intento". De acuerdo con una tablilla de arcilla egipcia de la época, la gente del Mediterráneo del este atacaba barcos desde tiempos tan antiguos como el siglo XIV a.C., lo que es de esperarse, dada la geografía de la zona.

Grecia es uno de los países más montañosos de Europa, con un terreno escarpado poco idóneo para la agricultura. Esto explica que las civilizaciones sólo surgieran cerca de la costa en cavidades planas donde menguaban las cadenas montañosas, pero incluso en estas zonas más llanas la tierra rocosa era de una calidad demasiado pobre para el cultivo. Por necesidad, los poblados eran pequeños y humildes; no podían crecer y prosperar porque no había suficiente tierra de cultivo para sembrar comida que alimentara a una aldea grande.

Debido a que los antiguos no podían cultivar suficiente comida para hacerla redituable se vieron forzados a incursionar en la pesca para ganarse la vida. En el agua que estaba frente a sus costas abundaban los alimentos como el pescado, el calamar, el pulpo y los mariscos. Un hombre sano promedio tenía acceso a un bote pesquero. Para ser exitoso también requería de habilidades para la navegación. En el mundo antiguo la navegación tenía poco que ver con los barcos de vela y las lanchas planeadoras de que disfrutan los navegantes hoy en día. Sin los inventos modernos del sistema de posicionamiento global (GPS, por sus siglas en inglés), el sonar, los motores de potencia y el servicio meteorológico nacional, los navegantes tenían que estar conscientes a cada momento de la profundidad del agua, las condiciones del clima y su posición en el mar para evitar encallar, volcarse o perderse. Estas habilidades, adquiridas por la necesidad de pescar, resultaron útiles para los hombres y las mujeres que terminaron optando por la piratería.

La escasez de tierra fértil y recursos naturales condujo lógicamente al comercio. Ya que en esos días era casi imposible cruzar cualquiera de las montañas griegas (y, de cualquier modo, transportar cosas por agua siempre es más fácil), el mar se volvió el mejor y más eficiente sistema "vial" griego para desplazarse y realizar intercambios comerciales. Una ciudad-Estado se especializaba en un bien o cosecha específica y la mandaba por barco a otras ciudades-Estado, consolidando así la venta de su producto a la vez que compraba productos de otras ciudades-Estado. Con el tiempo, las mejores rutas para navegar de una ciudad-Estado a otra crecieron en popularidad y flujo... y se tornaron irresistibles para los piratas.

La propia geografía del mar contribuyó en realidad al fomento de la piratería. La cuenca del Mediterráneo es, en esencia, una pista de obstáculos formados por pequeñas islas. Con el fin de evitar naufragios, los grandes barcos de comercio tenían que navegar por rutas muy estrechas entre las islas y la costa. Antes de que se inventara el motor de vapor, los navegantes estaban a merced de las corrientes y las mareas, incapaces de desviarse del curso trazado por la naturaleza. Los barcos no podían abrirse paso en invierno ni en condiciones climáticas adversas. La combinación de todos estos factores determinó con toda probabilidad que los grandes buques comerciales pasaran sólo por ciertas zonas de pequeñas proporciones y únicamente bajo ciertas condiciones meteorológicas. Eran presa fácil para los piratas, que tan sólo tenían que aguardar apostados en las costas de las numerosas islas a que pasara una embarcación de notable magnitud.

Además de la geografía física, el despegue de la piratería respondió a motivos políticos. Los pequeños pueblos aislados que emergieron del paisaje crearon asentamientos independientes que no eran fáciles de gobernar por un órgano único. Grecia no era un país unificado como lo es hoy en día, sino una serie de grupos con apenas ciertos vínculos que tenían sus propios gobiernos, identidades y modos de vida. Estas ciudades-Estado tenían supuestas alianzas, pero en la práctica a menudo eran rivales; la hostilidad entre ellas era algo usual. La piratería emergió con naturalidad entre las ciudades-Estado porque no daba la impresión de ser un robo al propio país. Capturar un buque mercante de otra ciudad-Estado era juego limpio en una zona de escasos recursos.

Con todos estos factores a su favor, durante la Edad de Bronce tardía la piratería se consideraba un elemento más del ritmo de vida. A pesar de que pasaba todo el tiempo en todas partes, la gente siempre hacía lo que podía por impedirla. La cita que abre este capítulo muestra cómo Odiseo, el navegante, fue recibido por los Cíclopes tras desembarcar en su puerto. Fuera de la *Odisea,* los navegantes recién llegados a cualquier puerto del Mediterráneo del este esperarían un recibimiento similar que buscaría indagar si las intenciones de los navegantes eran de naturaleza lícita o ilícita. El hecho de que a éstos se les preguntara de rutina si eran o no piratas testifica cuán ubicua era la piratería en la región.

Los tauros, un grupo de antiguos pobladores de la península de Crimea, utilizaron un método aún más extremo para combatir la piratería. Tenían la costumbre de sacrificar ante su diosa virgen (similar a la diosa griega Artemisa) a todos los marineros náufragos que desembarcaran en sus costas. A los infortunados sobrevivientes del naufragio los golpeaban en la cabeza con un garrote y tiraban los cuerpos por un acantilado o los quemaban. Algunos académicos utilizan este ejemplo para demostrar cuánto temían los tauros a los piratas y sus ruines modos, pero, según el relato de Heródoto acerca de los tauros como personas que "vivían del saqueo y de la guerra", parece factible que sólo tuvieran como propósito eliminar la competencia en la piratería.

Un barco pirata requería de la habilidad para navegar por el laberinto insular y las aguas poco profundas, donde los barcos más grandes no pudieran seguirlo. Los buques comerciales navegaban por rutas muy específicas y no podían desviarse de esos recorridos, ni siquiera cuando sufrían ataques, sin arriesgarse al naufragio. Los piratas sabían esto y lo utilizaban a su favor. Esperaban a los barcos más grandes entre las ensenadas naturales y los puertos a lo largo de la costa o en las aguas escondidas entre las islas más pequeñas, dondequiera que tuvieran una buena vista de las rutas de los buques comerciales. Cuando pasaba un barco de gran tamaño y de movimientos lentos los piratas se lanzaban a la acción y navegaban hasta él para atacarlo y despojarlo de su valioso cargamento. El buque mercante se encontraba en total indefensión mientras los piratas tomaban lo que querían. Tras el ataque, los piratas volvían a abordar sus pequeños barcos y zarpaban con rapidez de vuelta a sus escondites, donde las aguas poco profundas impedían la entrada de los buques comerciales. Durante mucho tiempo fue el crimen perfecto.

Los historiadores coinciden en que muchos piratas aprovecharon este sistema para atacar a los comerciantes de forma rutinaria. Sin embargo, si bien hay mucha evidencia de la piratería, existen muy pocos documentos históricos sobre piratas específicos. La mayoría de los nombres de hombres y mujeres comunes que se hacían a la mar para incursionar en esas embarcaciones y saquearlas se han perdido para la historia. Pudo haber habido una multitud de mujeres piratas nacidas en familias de bajos recursos, pero la historia se ha negado a recordarlas. Las piratas de esta época que *sí* se conocen, por lo general, son comandantes militares o gobernantes. Esto tiene sentido, dada la forma en que suele registrarse la historia. Los historiadores letrados suelen escribir más acerca de la gente que pertenece a su propia clase social: otras personas adineradas de clase alta. Las leyendas de esta época las protagonizan personajes que desbordan la realidad, como dioses, semidioses, monstruos y reyes. A menos de que fueran víctimas de un secuestro a manos de Zeus, los ciudadanos comunes no tenían papeles estelares en los poemas épicos de este periodo. Las mujeres piratas de entonces no son la excepción a la regla: todas, además de piratas, eran reinas.

***

La primera pirata que se conoce del Mediterráneo —y quizá de todos los tiempos— fue la reina Artemisia I de Halicarnaso. Casi todo lo que se sabe de ella proviene de las *Historias* de Heródoto y las *Estratagemas* de guerra de Polieno. Nacida en el siglo v a.C., hija de padre cariano y madre cretense, pasó su niñez en las tierras gubernativas de su padre: Halicarnaso, una ciudad-Estado costera de gran tamaño en la región de Caria (hoy Turquía). Como hija de un funcionario de gobierno, estaba destinada a un buen matrimonio, y en el año 500 a.C. desposó al rey de Halicarnaso. (En un curioso giro del destino, es el nombre de *él* el que ha quedado perdido en la historia.) Antes de que el rey muriera, él y Artemisia tuvieron un hijo. La recientemente enviudada Artemisia ascendió al trono de Caria y gobernó en el lugar de su difunto esposo. Heródoto señala que, dado que ella había criado un hijo, no tenía razón alguna para ir a la guerra en persona y, con todo, lo hizo; no queda muy claro si esto lo aseveró con orgullo o con disgusto.

En este punto es de vital importancia señalar que la antigua piratería mediterránea no era idéntica a la concepción moderna de este fenómeno. Estos piratas antiguos no eran bandas de forajidos que juraban lealtad a nadie; eran más bien fuerzas enemigas que lanzaban ataques contra ciudades-Estado tanto en tierra firme como en el mar. No obstante, los piratas más modernos imitarían sus métodos, tales como esperar al acecho de sus víctimas, atracar buques comerciales de grandes proporciones y aprovechar a su favor la geografía de la zona. Y, lo más importante, estos piratas antiguos sentaron la pauta para los piratas más modernos, que, tal como ellos, perseguirían hasta el mar sus deseos de riqueza y la tomarían por los medios que fueran necesarios.

La piratería tenía más aceptación en la antigüedad que hoy en día, pues era más una batalla entre tribus que una forma de piratería apátrida. A diferencia de los actos de piratería, en casi todas las épocas y los países los actos de guerra se aceptan como algo lícito. En *La ciudad de Dios* san Agustín ofrece un relato provocador que se sitúa en la delgada línea entre la guerra lícita y la piratería ilícita. Cuenta la historia que una vez Alejandro Magno capturó a un pirata y lo cuestionó con la siguiente pregunta: "¿Cómo te atreves a perturbar los mares?", a lo que el pirata contestó: "¿Cómo te atreves a perturbar el mundo entero?, porque yo lo hago con un pequeño bote y me llaman pirata y ladrón, pero tú perturbas el mundo con tu gran armada y a ti te llaman emperador".

Una parte de los deberes de la reina Artemisia incluía ir a la guerra contra ciudades-Estado enemigas. Ella acató con gusto esta tarea, no sólo al comando de su flota sino, de hecho, tomando el mando de su propio barco. Caria había caído bajo control persa, así que técnicamente Artemisia navegó con los persas. Algunas fuentes aseveran que ella, secretamente, simpatizaba con los griegos y odiaba Persia. Cualquiera que fuera su sentir, se sabe que Artemisia saqueó barcos tanto griegos como persas, así que, al parecer, no era leal a nadie, excepto a sí misma.

Su estatus de reina le brindó a Artemisia muchas libertades que las mujeres griegas de clase más baja no tenían. En la Grecia antigua los derechos de las mujeres variaban de una ciudad-Estado a otra, pero en general se valoraba menos a las mujeres que a los hombres. La mayoría de los relatos históricos existentes provienen de Atenas, pero es importante recordar que ésta no representa toda Grecia. Atenas era una de las ciudades-Estado más severas, donde las mujeres no tenían derecho al voto ni a ninguna propiedad más allá de regalos menores, de los que su guardián podía disponer sin su consentimiento. Legalmente una mujer no existía de forma independiente de un hombre: la cuidaba su padre, después su esposo y, si su esposo moría antes que ella, su padre volvía a asumir su cuidado o pasaba a estar bajo el cuidado de sus hijos adultos. Todas las mujeres atenienses, excepto las más pobres, tenían esclavos que se encargaban de las labores domésticas como cocinar y limpiar, por lo que sus únicos deberes consistían en tener hijos y ser atractivas. En palabras de Pericles, "[l]a mejor reputación que una mujer puede tener es que entre hombres no se hable de ella, ni para bien ni para mal".

Además de las mujeres de la realeza, sólo a un tipo de mujer se le otorgaba una libertad similar: a la hetaira, es decir, la cortesana. Estas mujeres eran una rareza en casi todo sentido: recibían educación, eran reconocidas por su destreza en la danza y la música y pagaban impuestos; se les permitía participar en simposios, las borracheras donde se analizaba y debatía sobre filosofía. Eran mujeres solteras que tenían sexo casual con los hombres con quienes compartían el tiempo, pero no eran prostitutas; su vida era muy distinta a la de las ciudadanas casadas comunes y corrientes de las ciudades-Estado más estrictas. Así lo explica Apolodoro en el caso de Neera, un caso legal contra una hetaira que trató de hacer pasar a sus hijos por ciudadanos atenienses: "Tenemos cortesanas para el placer, concubinas para nuestras necesidades cotidianas y esposas para que nos den hijos legítimos y sean las guardianas fieles de nuestros hogares".

Algunas ciudades-Estado, como Esparta, eran más relajadas en sus actitudes hacia las ciudadanas promedio. (Sin embargo, hay que tomar en cuenta que no todo lo escrito sobre Esparta lo escribieron los espartanos.) Tal como las damas atenienses, las mujeres espartanas tenían esclavos para hacerse cargo de labores domésticas como el quehacer, pero hasta ahí llegan las similitudes. Los espartanos estaban muy interesados, ante todo, en la condición física, por lo que niñas y niños recibían entrenamiento atlético. Las mujeres podían incluso competir en carreras de carros en los festivales. De acuerdo con Pausanias, una mujer llamada Cinisca ganó la carrera de carros de cuatro caballos en los juegos del Panathinaikó (Panatenaico), y existe una estatua en el Templo de Zeus, en Olimpia, que conmemora su victoria.

Las mujeres espartanas no estaban tan confinadas en el hogar como sus hermanas atenienses. La castidad no era tan sagrada para una espartana como lo era para una ateniense, por lo que no se las obligaba a permanecer recluidas en las habitaciones de la casa destinadas a las mujeres. Sus cortas túnicas provocaron que otras ciudades-Estado las designaran, burlonamente, como "exhibidoras de muslos". Las mujeres espartanas tenían que ser jefas de familia cuando los hombres se iban a entrenar o a la guerra. Los deberes militares mantenían a los hombres lejos tiempo completo hasta finales de sus treintas y medio tiempo después de entonces. A cambio de sus destrezas en gestión las mujeres espartanas podían heredar riqueza de sus familias y también tenían permitido el divorcio. En su *Vida de Agis,* Plutarco afirmó que "los hombres de Esparta siempre obedecían a sus esposas y les permitían intervenir en asuntos públicos más de lo que a ellos mismos se les permitía intervenir en los privados".

La mayoría de las ciudades-Estado estaban en algún punto entre estos dos extremos. No obstante, incluso en Esparta las mujeres eran relegadas a labores de segundo orden. Las tareas que se les encomendaban eran considerablemente más interesantes que aquellas destinadas a las mujeres atenienses, pero seguían siendo tareas que para los hombres tenían poca importancia. Ninguna ciudad-Estado ponía a las mujeres primero ni elevó su estatus a un nivel equitativo al de los hombres.

Hay poca información sobre cómo habrá sido exactamente la vida cotidiana de las mujeres de Halicarnaso, la ciudad-Estado natal de Artemisia. Después de su reinado la reina Artemisia II de Halicarnaso (a quien se confunde a menudo con su predecesora en la piratería) gobernó y emitió decretos hombro a hombro con su esposo, lo que indica un estatus relativamente elevado para las mujeres... o al menos para las reinas. Una escultura de mármol en relieve de Halicarnaso que data de los siglos I a II d.C., que actualmente se exhibe en el Museo Británico, ofrece un atractivo atisbo de la sociedad de Artemisia. La escultura representa a dos gladiadoras enzarzadas en combate, lo que también demuestra la existencia de una noción de poder femenino fuera de la esfera doméstica. En lugar de representar a las mujeres lavando los platos o recostadas en batas perfumadas, el artista de Halicarnaso presentó a las mujeres como guerreras. Con base en este retablo podemos extrapolar que las mujeres de Halicarnaso no estaban confinadas en exclusiva al hogar y que gozaban de derechos más acordes a los de las mujeres espartanas que a los de las atenienses.

La trayectoria de Artemisia en la piratería antes de la batalla de Salamina no está bien documentada. Se desconoce cuál fue su primera aventura pirática, así como cuándo comenzó exactamente su actividad en este renglón. La obra *Estratagemas* de Polieno describe una de sus primeras proezas, cuando saqueó la ciudad de Heraclea del Latmos mediante un astuto ardid. Ella y sus hombres acamparon en la inmediatez de las murallas de la ciudad y organizaron todo un festival, con bailarines y música. Cuando la gente curiosa de Heraclea del Latmos salió a ver qué era todo ese alboroto, Artemisia y su tripulación irrumpieron por las puertas abiertas y tomaron la ciudad.

Sea como haya sido el resto de los comienzos de su trayectoria, es claro que Artemisia había navegado hacia Jerjes por algún tiempo antes de la batalla de Salamina. Jerjes I, también conocido como Jerjes el Grande, fue un rey persa que se proponía conquistar toda Grecia. Quizá sea mejor conocido a nivel popular por la novela gráfica y película *300,* que retrata muy a la ligera la batalla de las Termópilas entre los griegos y los persas. La continuación de esta película presenta a un personaje basado en Artemisia, que es protagonizado por la actriz Eva Green.

En realidad, Jerjes realizó una invasión en el 480 a.C., tomando, entre muchas otras grandes ciudades o sitios, Termópilas, Artemisio e incluso Atenas. Mientras Jerjes ocupaba toda la Ática y la Beocia —gran parte de lo que hoy es la Grecia central—, las fuerzas aliadas griegas ocupaban la posición clave del Istmo de Corinto, que mantenía a los persas fuera de la península del Peloponeso. Si caía Corinto, Jerjes podía irrumpir en Grecia occidental y seguir expandiendo su territorio.

Jerjes creía que era necesario derrotar a la poderosa armada ateniense para poder continuar con su dominio sobre Grecia. Una victoria naval decisiva para cualquier bando podría despertar ímpetu a favor del vencedor. Tanto los aliados griegos como los persas lo sabían, por lo que cada bando empezó a buscar la oportunidad ideal para emprender una batalla naval. A Jerjes le angustiaban las probabilidades de triunfar en una de estas confrontaciones: sus marineros persas no eran particularmente competentes; su ciudad capital, Sula, estaba a casi 1 600 kilómetros del mar, y antes de la guerra ni siquiera habían tenido una armada propia. En el otoño de 480 a.C. se había improvisado una armada persa con barcos y tripulaciones privadas, un grupo desigual de marineros con un entrenamiento casi nulo.

Así como la piratería en la antigüedad difería mucho de la idea popular de la piratería, los antiguos barcos piratas no se parecían casi nada a los barcos de altos mástiles y velas ondulantes que se muestran en las películas y en la televisión. Los barcos más comunes de la época eran birremes y trirremes, ambos un tipo de galera. De probable invención fenicia, estos barcos de madera medían de 24 a 40 metros de largo aproximadamente y tenían dos (bi) o tres (tri) filas de remos. Estaban diseñados para la velocidad y eran relativamente fáciles de maniobrar. Quizá tenían una sola vela para utilizarla cuando las condiciones eran favorables, pero su propulsión principal provenía de los remeros. Un barco requería de 100 a 200 remeros, a menudo esclavos. Los biremes y triremes tenían remos puntiagudos afilados, a veces cubiertos con metal para embestir otros barcos. Con frecuencia los remos tenían grandes ojos pintados para que pudieran "ver" a su presa. Hoy día sobreviven muchas representaciones de barcos de esta época, conservados en piezas de cerámica resguardadas en el Museo Británico, entre otros sitios.

La mayor parte de los barcos que elegían los piratas eran versiones más pequeñas y veloces que los birremes y trirremes. Eran pequeños para poder esconderse y maniobrar y lo suficientemente ligeros para desplazarse en aguas poco profundas. Un barco pirata no podía ganar una batalla cara a cara embistiendo con un birreme, así que tenía que ser capaz de superar en velocidad a los barcos más grandes. Se dice que los piratas ilirios inventaron su propio estilo de barcos piratas llamados *lembis,* que eran pequeños y muy veloces, con una sola fila de remos y sin velas, lo cual les permitía coger por sorpresa a los barcos más grandes, saquearlos y escabullirse hacia aguas menos profundas y más seguras. Los piratas menos sofisticados navegaban en piraguas y embarcaciones tipo balsas. Los barcos persas eran de un tipo más grande y menos maniobrable, mientras que los barcos de los aliados griegos eran mucho más ágiles y ligeros, similares a los barcos piratas, lo cual sería un factor importante en la batalla que estaba por venir.

Como Jerjes no estaba convencido de que su improvisada armada pudiera vencer a los aliados griegos en una lucha justa, su plan era continuar con la guerra por tierra hasta tener la oportunidad idónea de sorprender a Grecia en el mar. Jerjes consideró que esta oportunidad llegó, por fin, en septiembre de 480 a.C., cuando tuvo lugar lo que ahora se conoce como la batalla de Salamina.

De acuerdo con Heródoto, el general griego Temístocles tendió una trampa a los persas. Envió al campo persa un mensajero disfrazado de esclavo prófugo para decirles a sus enemigos que la armada griega estaba anclada en los estrechos de Salamina. Salamina era una pequeña isla a una milla náutica (1852 kilómetros) de la costa continental, y sus estrechos eran las aguas angostas entre la isla y la costa. Temístocles tenía esperanza de que los persas mordieran el anzuelo y se presentaran a la batalla, donde los griegos —a quienes, después de todo, no tomarían desprevenidos— los sorprenderían con sus fuerzas organizadas y ya listas.

La estrecha masa de agua le parecía a Jerjes un sitio ideal para terminar con los griegos de una buena vez. Creía que si podía bloquear su salida de los estrechos en ambos lados lograría atrapar a los griegos dentro de la bahía, donde podría masacrarlos. Conforme se preparaba para esta batalla preguntó a su consejo de asesores, incluida Artemisia, lo que debía hacer.

El consejo entero, excepto Artemisia, votó de forma unánime a favor de ir a la guerra. Ella le aconsejó abstenerse de ir, resguardar sus barcos y evitar la batalla. Le recordó que ya habían tomado Atenas —que había sido el objetivo del rey— y que no había necesidad de arriesgar una batalla naval en contra de marineros que eran superiores. Además, sus fuerzas terrestres seguían haciendo un buen trabajo, y si mantenían el ataque de igual modo pronto tomarían toda Grecia, sin tener que pelear en el mar.

Sobra decir que su prudente consejo no fue bien recibido entre los hombres persas sedientos de un enfrentamiento bélico, quienes, borrachos de poder tras su reciente victoria contra Atenas, querían ganar la guerra completa lo más pronto posible. Heródoto afirma que, después de que Artemisia brindó su consejo, "quienes la detestaban y la envidiaban debido al favoritismo que el rey demostraba hacia ella por sobre el resto de sus aliados, se regocijaron ante su declaración, esperanzados de que pagara con su vida". Desafortunadamente para ellos, Jerjes elogió su consejo, diciendo que la valoraba ahora más que nunca. No obstante, alistó su flota para la batalla.

La trampa de Temístocles funcionó tal como la había planeado. La flota griega, más pequeña y manejable, se agrupó a lo largo de la costa próxima al estrecho de Salamina, simulando una posición de resguardo. La flota persa, más extensa, constituida por alrededor de 1200 barcos, se dirigió hacia la angosta bahía conforme *ellos* tenían planeado, en líneas de tres barcos.

Cuando las líneas persas se abarrotaron en la bahía, los griegos hicieron su jugada. Se arrojaron súbitamente hacia el frente, con lo que cerraron la brecha entre las dos armadas, y lograron acorralar a los persas contra la costa continental griega. La línea frontal de los persas logró dar vuelta y retroceder, pero se encontró de frente con su segunda y tercera línea y no pudo escapar de la opresión de sus propias fuerzas. Los persas, confundidos e inmóviles, fueron presa fácil de los marineros superiores de la armada griega, quienes condujeron sus naves, más ligeras, alrededor de los bordes de las líneas persas y embistieron sus barcos. Refuerzos griegos arribaron del norte y bloquearon la salida de los persas hacia la bahía de Eleusis. Los barcos persas eran demasiado voluminosos y numerosos para poder hacer una retirada rápida.

Lo que había comenzado como una victoria fácil para los persas se perfilaba para convertirse en una pérdida devastadora. Los barcos carianos, entre ellos el de Artemisia —identificado como *Lykos* por Klausmann, Meinzerin y Kuhn, autores de *Women Pirates and the Politics of the Jolly Roger* [Mujeres piratas y la política de la bandera pirata]—, probablemente estaban en la segunda línea persa hacia el lado sur de la batalla, cerca del golfo de Egina. Justo en medio de la contienda, Artemisia se dio cuenta de que su predicción se había vuelto realidad: los griegos derrotarían a los persas en el mar. Flotaban pedazos de barcos persas a todo su alrededor y sus compañeros, que habían caído de barcos que se hundían o habían sido abatidos por arqueros griegos, yacían muertos o moribundos en el agua, tanto delante como detrás de ella. Los crujidos de madera astillada hacían eco como de balas, mientras los alaridos de los hombres muriendo inundaban el aire.

No era del interés de Artemisia unirse a las filas de los persas fallecidos. Era momento de escapar. Había un solo problema: estaba en plena batalla y los barcos aliados calindeos bloqueaban su ruta de escape hacia el Pireo y el mar. Los griegos le ganaban terreno a cada minuto. ¿Qué podía hacer?

Colisionar a *Lykos* contra un barco aliado a toda velocidad. Algunas fuentes sostienen que, antes de que Artemisia embistiera el barco, bajó una bandera persa e izó una griega para confundir a la flota griega. Polieno incluso reporta que ella a menudo navegaba con dos banderas, una griega y una "bárbara", y elegía cuál izar de acuerdo con su ubicación.

Desde un arrecife que se elevaba sobre la bahía Jerjes observaba la batalla, rodeado de algunos de sus consejeros, cuando uno de ellos vio cómo el conocido barco de Artemisia hundía otro barco. El hombre supuso erróneamente que ella había abatido un barco enemigo, no un aliado, lo cual habría despertado la ira de Jerjes, así que informó al rey de su victoria. Se dice que, en respuesta a su ataque, Jerjes exclamó: "Mis hombres se han convertido en mujeres y mis mujeres en hombres".

De acuerdo con Heródoto, Jerjes nunca descubrió que en realidad Artemisia había hundido un barco persa, pues ninguna nave calindea sobrevivió para contar la historia de su traición. Pero los griegos lo sabían: el capitán griego que lo atestiguó pensó que era griega o bien había traicionado a los persas.

Gracias a la astuta trampa de Temístocles y a la reticencia que mostró Jerjes a seguir el consejo de Artemisia, los griegos ganaron la batalla de Salamina. Después de eso Artemisia prácticamente desaparece de los registros históricos. Algunas relaciones sugieren que Jerjes la mandó a la ciudad griega de Éfeso para que criara a sus hijos ilegítimos, y que vivió ahí el resto de sus días como madre sustituta y maestra de los niños. La idea encaja con la trama arquetípica donde la "niña mala se vuelve buena", en la que una mujer salvaje es domada y se rinde ante el rol de género que le está destinado. Este tipo de relato ha tenido una popularidad sempiterna entre los historiadores de sexo masculino, dispuestos a usarlo para aminorar el poder de la leyenda de una mujer guerrera; está diseñado para enseñarle al lector que, aunque una mujer pueda divertirse e incluso realizar alguna acción grandiosa, al final se irá a casa y criará hijos, como es debido. Quizá, suponiendo que si permanecía expuesta a la opinión pública su traición contra Jerjes saldría a la luz, y entonces pagaría por ello con su vida, Artemisia en efecto se retirara después de la batalla o decidiera mantener un perfil bajo. Comoquiera que sea, aseverar que sacrificó su vida marítima para cuidar a los hijos de Jerjes parece un tanto forzado.

Incluso más dudosa resulta la historia escandalosa que cuenta Focio, el patriarca ecuménico de Constantinopla del siglo I d.C., quien sostiene que, habiendo desembarcado en Éfeso, Artemisia se enamoró de un hombre que la rechazó y por ello se suicidó. Esta historia no ha tenido una buena acogida, y no sólo porque Focio escribía alrededor de 1000 años después de la muerte de Artemisia sino porque, siendo un hombre religioso, tenía un motivo explícito para escribir esta historia: prevenir que los clérigos formaran vínculos amorosos. Su estrategia deliberada de hilar un atractivo relato cautelar podría haberlo llevado a fabricar un final ridículamente indigno para la historia de una pirata legendaria.

***

Este ejemplo de un historiador que cambia, falsifica o edita la historia de una mujer pirata para plantear sus propias ideas aparece una y otra vez. Por ejemplo, algunos académicos sugieren que la reina Dido, célebre gracias a la *Eneida*, era una guerrera y quizá incluso una pirata. Klausmann, Meinzerin y Kuhn explican que Elisa de Tiro, guerrera y líder, es la persona en quien Virgilio basó su representación de Dido en la *Eneida*. Sin embargo, Virgilio no fue muy cuidadoso ni riguroso con las fechas y las locaciones, y por su propia conveniencia dio un giro a la historia de vida de Elisa para hacer de "Dido" una mujer romana ideal, a quien después utilizó para justificar la venganza púnico-romana.

De acuerdo con estos investigadores, la verdadera Elisa / Dido no sólo fue fundadora de Cartago, sino también pirata. Fue la hija primogénita del rey de Tiro, una ciudad en Fenicia que era parte de un grupo de puertos aliados en el Mediterráneo oriental y cuna de una comunidad dinámica de marineros y comerciantes. Ella era heredera al trono, pero su hermano Pigmalión la destituyó y lo reclamó. Elisa huyó de la ciudad en búsqueda de un lugar para fundar una nueva patria fenicia. En su odisea de 11 años sobrevivió a muchas adversidades y visitó muchos sitios extraños antes de asentarse, finalmente, en lo que hoy día es Túnez, donde fundaría la ciudad de Cartago. Otros académicos disienten de esta valoración y afirman que una gran cantidad de relatos históricos y bíblicos establecen la identidad de Elisa y la ubican demasiado tarde en el tiempo como para que pudiera haber estado viva —y mucho menos involucrada sentimentalmente— con Eneas mientras éste huía de Troya. Sin embargo, resulta intrigante la teoría de que Virgilio manipulara a la heroica Elisa para convertirla en la Dido enamorada para su pesar, y sin duda no es imposible que una heroína pudiera ser calumniada así por los historiadores.

Sin importar lo que realmente ocurrió al término de la vida de Artemisia, las historias que existen sobre ella retratan de forma fascinante a una reina pirata temprana que no tenía miedo de confrontar a un rey o de darles la espalda a sus aliados para salvar su propio pellejo. Este acto de autopreservación funcionaría como un prototipo para los modos apátridas de las piratas más tardías. Doscientos cincuenta años después otra pirata seguiría los pasos de Artemisia: la reina Teuta de Iliria.

***

Mucho de lo que se conoce de la reina Teuta proviene de Polibio, quien fuera rehén convertido en tutor y luego en el autor de las *Historias,* una obra de 40 volúmenes de historia antigua de la que sólo sobreviven cinco volúmenes. Griego como era, Polibio habría crecido expuesto a las actitudes helénicas sobre las mujeres. Este sesgo misógino, que sostenía que las mujeres eran hiperemotivas y no eran valoradas en la esfera social más allá de sus labores domésticas, así como algunas de las fuentes en las que se basó para escribir sus libros, podrían haber teñido su forma de estudiar a Teuta. No obstante, constituye la fuente más extensa que hay sobre la reina Teuta y, por lo tanto, no es posible eludir su mención al realizar un recuento de su vida. Sin embargo, los lectores deben recordar este sesgo del autor y sopesar sus afirmaciones como corresponde.

El ascenso al poder de la reina Teuta comenzó cuando su esposo, el rey Agrón, murió a consecuencia de un jolgorio de borrachos. Iliria era una ciudad-Estado en la costa del mar Adriático, localizada en lo que hoy es la península balcánica. En 231 a.C. las fuerzas militares de Agrón derrotaron a la ciudad-Estado griega de Etolia y el rey ofreció un banquete como celebración. Al parecer festejó demasiado y murió una semana después. Su muerte implicó para Teuta la oportunidad de reinar a través de su hijastro Pineo, de quien fuera tutora durante su infancia.

En cuanto subió al trono, Teuta decidió incrementar la riqueza de Iliria. Les otorgó a todos los barcos de su armada una licencia que les permitía atacar barcos de otras ciudades-Estado, incluso de aquellas con las que Iliria estaba en paz en aquel momento. En esencia, la reina Teuta convirtió a los miembros de toda su flota en piratas y los alentó a que saquearan tanto como quisieran, por tierra o por mar... siempre y cuando, desde luego, trajeran los tesoros de vuelta a casa, a Iliria.

Los piratas de Teuta tuvieron un éxito rampante. Prefirieron el robo por tierra al atraco por mar y saquearon aldeas por toda la costa iliria e italiana. Las ciudades hermanadas, diseñadas para reprimir la piratería, resultaron en cambio ventajosas para los ilirios, que robaban sin miedo a represalias.

El desarrollo de las ciudades hermanadas —una cerca de la costa por motivos comerciales y la otra tierra adentro para albergar las fuerzas militares y otros recursos— fue una solución que resguardó los caudales y haberes de la ciudad de los atacantes, incluidos los piratas. Conforme desarrollaban sus comunidades, la piratería había tenido un gran peso en la mente de quienes planeaban las ciudades. La gente tenía tanto miedo a los ataques que no se atrevía a construir sus ciudades en la costa, a pesar de que eso era lo más lógico para propósitos mercantiles.

Un famoso ejemplo de esta construcción de ciudades hermanadas fueron Atenas y el Pireo. Localizada 19 kilómetros hacia el interior, Atenas era el centro de las artes, la cultura y la filosofía de toda Grecia. La ciudad estaba construida alrededor de la acrópolis, una alta cumbre en medio de la ciudad coronada de templos y monumentos a los dioses. Atenas contaba destacadamente con el edificio del Senado, el ágora (mercado al aire libre), el estadio Panathinaikó —donde se llevaban a cabo los precursores de los Juegos Olímpicos—, así como numerosos teatros y templos.

El Pireo era el puerto de Atenas y su ciudad hermana. Todo lo que Atenas requería del exterior llegaba a través del Pireo. Consistía en tres puertos separados: uno para labores comerciales y dos para la armada. Ciudad floreciente en sí misma, albergaba astilleros donde se construían barcos navales, al igual que oficinas, almacenes y burdeles. No era el núcleo de cultura y sofisticación que constituía Atenas, pero ésta no podía existir sin él.

Dos largas murallas conectaban a Atenas con el Pireo; medían siete kilómetros de largo y el espacio entre ellas permitía el traslado de personas y animales. Atenas también estaba rodeada de altos muros que protegían a la ciudad de invasores y garantizaban que durante un sitio o en época de guerra pudieran transportarse víveres desde el puerto del Pireo. Mientras Atenas no estuviera aislada del Pireo, podría sobrevivir.

Esta idea de las ciudades hermanadas, en parte destinada a contener la piratería, más bien sirvió para extender su influencia. Cuando piratas como Teuta y su flota descubrieron que las ciudades costeras tenían que esperar a que la fuerza militar local se trasladara de la ciudad del interior para montar la defensa, supieron que podían saquear una ciudad e irse mucho antes de que la guardia los alcanzara.

Teuta misma en ocasiones acompañaba a sus piratas a los saqueos y participaba con entusiasmo en los disturbios. Polibio cuenta una historia en la que Teuta y su flota desembarcaron afuera de una ciudad y se aproximaron a la muralla con recipientes de agua. La flota exclamaba que moría de sed y rogaba por agua. Cuando los ciudadanos abrieron la puerta, Teuta y su flota se deshicieron de los recipientes, tomando las espadas que habían escondido dentro de ellos, y procedieron a atacar la ciudad.

Teuta llegó a conocerse como el Terror del Adriático. Una vez que se cansó de ganar todas las batallas que inició cerca de su hogar fijó su atención en los romanos y las riquezas que tenían para ofrecerle. Sus barcos atacaron varias naves comerciales romanas, desplegando una serie de actos terroríficos que iban desde pillar los bienes del barco hasta esclavizar a su flota. Polibio sostiene que estos actos llamaron la atención del gobierno romano, que decidió enviar a dos emisarios para poner a la reina Teuta en su lugar y garantizar que comprendiera que a Roma no se la trataba con rudeza.

Cuando los hermanos romanos Gayo y Lucio Coruncanio arribaron a Iliria, intentaron sostener un diálogo respetuoso con la reina. Le solicitaron que emitiera una prohibición de atacar a Roma, idea que, según Polibio, ella escuchó con "aire insolente y despectivo". Luego respondió que la política de Iliria era no interferir con el derecho privado de los ciudadanos de atacar a quienes quisieran, incluso si resultaba ser Roma. Lucio, el hermano menor, no permitiría este insulto a Roma, por lo que respondió diciendo que si ella no emitía la restricción ellos la obligarían a emitirla. Teuta recibió su amenaza con "pasión mujeril" e "ira irracional".

Sin duda profundamente sorprendidos de que cualquiera, y más una mujer, osara desobedecerlos, los negociantes romanos emprendieron su regreso a casa. Desafortunadamente para Lucio los hombres de Teuta la obedecían y un grupo de ellos siguió sus órdenes de "matar al que había sido tan franco" al hablarle a la reina de forma irrespetuosa. (Apiano, otro historiador, cuenta el relato de modo un tanto distinto y atribuye el asesinato de Lucio al esposo de Teuta, el rey Agrón, quien no muere de forma tan anticipada en su versión de los hechos.)

De acuerdo con Polibio, Roma se vio muy afectada por el asesinato de Lucio a manos de Teuta. Sin embargo, la sola muerte de Lucio no era suficiente para urgir a Roma a la guerra contra Iliria. De no haber retomado la campaña territorial de su esposo, Teuta podría haberse perdido del aviso de Roma. De la mano de su gobernador real Demetrio, la reina había empezado a capturar ciudades sobre la costa oeste de lo que hoy es Grecia. Ese movimiento expandió el territorio de Iliria hacia el sur y la llevó peligrosamente cerca de interferir con los intereses territoriales romanos. Ahora Teuta no era sólo líder de un molesto grupo pirata: era una amenaza legítima. Cuando ella llamó a la puerta trasera de Roma, los romanos tuvieron que actuar.

En 229 a.C. Roma le declaró la guerra a Iliria y se aprestó a lanzar contra ella sus campañas marítimas y terrestres. El mandato de terror de Teuta sobre toda la región había dejado a muchas provincias griegas petrificadas y, para infortunio de la reina, éstas estaban dispuestas a unirse a cualquier fuerza mayor que prometiera oponérsele, incluidos sus enemigos romanos. Con el pretexto de protegerlos de los malvados ilirios, los romanos absorbieron territorios todo alrededor de Iliria, asegurándole a la población que Roma les ayudaría en su lucha contra la reina Teuta... todo por el modesto precio de su total rendición a los romanos.

La campaña naval de Roma fue tan exitosa como la terrestre, sobre todo porque su propio gobernador, Demetrio, vendió a Teuta a los romanos; después de su rendición, él permaneció en el poder y con gran parte de su territorio. Con la huida de las fuerzas ilirias, Teuta se vio forzada a escapar de la ciudad capital a su fortaleza en Rhizon, donde ella y los súbditos que permanecieron leales a ella soportaron un sitio de un año.

Finalmente, en 228 a.C. las provisiones y fortificaciones de Teuta contra el sitio se agotaron y tuvo que rendirse. Envió mensajeros a Roma para negociar un trato y, de acuerdo con Polibio, aceptó "pagar un tributo fijo y abandonar toda la provincia de Ilírico, excepto algunos distritos; y, lo que más afectaba a Grecia, aceptó no navegar más allá de Liso con más de dos galeras, que debían ir desarmadas". En cambio, Apiano afirma que rogó porque los romanos perdonaran las sucias acciones llevadas a cabo no por ella, sino por su esposo.

Sin importar las especificidades, Roma tuvo la gentileza de perdonarla y aceptar su rendición. Después de ello Teuta prácticamente desaparece de los registros históricos. Cuando su hijastro Pineo tuvo la edad para hacerlo, asumió el trono.

Polibio tenía muchos motivos para representar a la reina Teuta como una villana sedienta de poder. En primer lugar, muchas de sus fuentes primarias eran autores romanos que, naturalmente, pintarían a Teuta como instigadora de la guerra y se retratarían a sí mismos como inocentes. Además, es probable que compartiera el sesgo misógino de su época y quisiera asegurarse de que las futuras generaciones de helenos conocieran las consecuencias de poner a una mujer en el trono. Este tipo de revisionismo histórico es muy común en toda la historia de la piratería.

***

Si nos transportamos vertiginosamente mil años después, el revisionismo histórico aún no se ha superado. Los cronistas de los vikingos incluso lo llevan a un nuevo nivel, hilando hueros registros históricos con ficciones extravagantes para tejer sus historias sobre el amenazante poder femenino. De acuerdo con fuentes de la época, las desaforadas piratas vikingas terminaron conquistadas por los hombres y regresaron salvas a casa, donde fueron esposas y madres. ¿Existieron las piratas vikingas o fueron sólo un producto de la imaginación de los hombres para advertirles a otras mujeres que no alteraran el orden?

2
GUARDIANAS DE VALHALLA

INCLUSO en una historiografía repleta de mitos y leyendas pocas civilizaciones están por encima de los vikingos. Hasta un niño puede señalar un yelmo cornudo e identificarlo como equipamiento vikingo (a pesar de que los vikingos nunca los usaron; esos cascos se agregaron a la leyenda vikinga en el siglo XIX, pero ésa es otra historia). En su apogeo, estos bandidos célebres por su ferocidad controlaron una gran porción de Europa e incluso partes de Asia, y su rastro es aún visible en numerosas regiones del mundo moderno. Pero ¿qué se conoce en verdad acerca de estos rufianes escandinavos?

La respuesta es breve: no mucho. Casi toda la información disponible sobre los vikingos proviene de fuentes secundarias. Carecían de una cultura escrita tal como la conocemos hoy en día; utilizaron runas sólo para plasmar mensajes muy cortos y para etiquetar, más que para escribir historias. Preferían transmitir sus historias y tradiciones de forma oral por medio de canciones y sagas, una práctica que continuó incluso después de la incorporación del cristianismo y el alfabeto latino a su cultura. De manera que los únicos documentos existentes de la época vikinga que aportan descripciones de su civilización provienen de gente que ellos conquistaron; una fuente alejada de lo neutral. Los monjes cristianos, que recién habían perdido gran parte de su riqueza y a muchos de sus feligreses a manos de estos atacantes, no estarían en muy buena disposición hacia ellos al contar la historia del ataque. Por lo tanto, mucho de lo escrito sobre los vikingos en libros como las *Crónicas anglosajonas* y *Los anales de Úlster* debe tomarse con mucha cautela.

Siglos después finalmente se escribieron las sagas vikingas, y muchas de esas relaciones sobreviven hasta hoy. De manera que sí existen las historias que los escandinavos escribieron para los vikingos, y su estudio ha facilitado una mejor comprensión de la forma de vida de estos pueblos antiguos. Por ejemplo, una saga llevó a que los arqueólogos encontraran el sitio de un establecimiento vikingo en Terranova, L'Anse aux Meadows [La ensenada de las medusas], que se pobló cientos de años antes de que Colón llegara a América.

No obstante, estas sagas no pueden tomarse al pie de la letra como verdad absoluta. Las sagas vikingas se contaban con un propósito de entretenimiento, a menudo después de comer en una taberna. Las historias se elaboraban para alabar e inspirar, no para educar, y es muy probable que las hazañas que describen no hayan ocurrido tal como se cuentan.

Algunos descubrimientos arqueológicos recientes les han brindado a los historiadores una nueva perspectiva sin precedentes acerca de la vida vikinga. Los huesos y los objetos domésticos no pueden mentir como lo hacen las historias. Los últimos 30 años han arrojado algunos descubrimientos destacados que ofrecen una imagen inédita del mundo vikingo. Los arqueólogos han hallado por toda Europa artefactos como monedas, cepillos y otros utensilios del hogar, evidencia de que, además de los saqueos, los vikingos participaron de una vasta y extensa actividad comercial. Su comercio, de hecho, antecede a sus saqueos. Los vikingos eran un pueblo muy poco pacífico —practicaban la rapiña y el crimen, y su concepto religioso de la vida después de la muerte estaba basado en la gloria para los guerreros—, pero eran más que meros hombres y mujeres sedientos de guerra. Dejaron su tierra natal y se aventuraron al mar en búsqueda de sitios más hospitalarios para vivir y gente con quien negociar. Las prácticas polígamas en el hogar implicaban más herederos entre quienes dividir su patrimonio y sus tierras, así que tenían que navegar hacia otros sitios para construir casas y fincas. Esparcieron sus productos e ideas por todo el mundo y, con ello, abrieron nuevas rutas para el comercio. Cuando los vikingos se mezclaron y contrajeron matrimonio al interior de sociedades no vikingas, lo hicieron pacíficamente y sin contratiempos. Debido a que no les interesaba difundir ninguna clase de contenido ideológico, en lugar de ello se integraron a la cultura de su adopción. Este pueblo inclinado a cerrar tratos comerciales y motivado por la necesidad dista mucho de la imagen de hombres sanguinarios y viciosos de que habla la leyenda.

La arqueología también ha desvelado más información sobre el papel que jugaban las mujeres en la sociedad vikinga. Un estudio de 2011 publicado en la revista especializada *Early Medieval Europe* incendió internet con el encabezado de que la mitad de los guerreros vikingos eran mujeres. Una lectura más cuidadosa del estudio no sustenta esta afirmación; antes bien, revela que, en un lugar de sepultura, de 13 "migrantes nórdicos" seis eran mujeres y siete hombres. Los estudios anteriores fundamentaban en los ajuares funerarios (objetos enterrados junto a los cuerpos) el género del difunto, pero ésta era una ciencia imprecisa. Al emplear análisis de huesos en lugar de objetos funerarios, este nuevo estudio reveló el género con más certeza y probó dos cosas: una, que en los viajes hacia nuevas tierras las mujeres viajaban con los hombres, muy probablemente para integrarse de inmediato al asentamiento en la zona recién conquistada; dos, que la gente en la era moderna tiene una desesperada añoranza por demostrar la existencia de mujeres vikingas, como lo demostró la entusiasta reacción en línea tras la publicación del estudio. La gente quiere creer que las mujeres estaban ahí junto a los hombres, acuchillando con espadas de hierro y emitiendo crudos alaridos de guerra. La gente anhela saber si las almas de mujeres guerreras también pueblan el Valhalla, como lo hacen las almas de los guerreros.

Ciertamente Saxo Grammaticus, autor de la *Gesta Danorum,* texto fundacional danés del siglo XII, así lo creía, o al menos quería que sus lectores lo creyeran. Escribe: "Entre los daneses solía haber mujeres que se vestían para parecer hombres y dedicaban casi todo instante de su vida al ejercicio de la guerra". Esto lo afirma en una digresión, casi como si supiera que el público moderno tendría dificultades para aceptar sus afirmaciones y, con este entendido, quisiera subrayar que no está inventando estas cosas. No resulta sorpresivo que su obra sea fuente primaria de muchas de las historias que existen sobre piratas vikingas.

A pesar de las aseveraciones de Saxo, muchos académicos insisten en que, si bien no cabe duda de que las mujeres eran parte de la sociedad nórdica, nunca fueron guerreras. La historiadora danesa Nanna Damsholt denomina las historias de Saxo como "ficción pura". La profesora e investigadora sobre los vikingos Judith Jesch también disiente de Saxo y otras fuentes, y afirma que nunca ha descubierto ninguna evidencia fidedigna de que las mujeres formaran parte de los grupos de asalto vikingos. Aunque los arqueólogos han encontrado mujeres sepultadas en barcos, no han podido probar que fueran más que miembros de una sociedad marítima. A pesar de ello, estén basadas en hechos o en ficción, las historias de mujeres vikingas han prevalecido poderosamente en el curso de los siglos. Además de las vikingas de esta época perfiladas en el presente capítulo, a lo largo de los siglos se han preservado leyendas de mujeres escandinavas, posiblemente descendientes de los vikingos, que emprendieron la piratería marítima, como Christina Anna Skytte, Elise Eskilsdotter, Ingela Gathenhielm y Johanna Hård. Es claro que hay algo en estos pueblos y en esta tierra que genera historias de piratas, si no es que a las piratas mismas.

Una pregunta central sobre las piratas vikingas es si a los vikingos realmente habría siquiera que llamarles piratas. Realizaban casi todos sus saqueos por tierra y peleaban muy poco en el mar. Se trasladaban en bote a los sitios que saqueaban y sin duda constituían una cultura marítima, al grado de que sepultaban a muchos de sus muertos en botes. Sí fueron pioneros en métodos que después copiaron grupos de piratas posteriores, como los perros del mar de la reina Isabel y los bucaneros. Pero ¿los vikingos fueron piratas? Si uno denomina así a la reina Teuta y a sus secuaces, entonces es probable que los vikingos también puedan clasificarse en esa categoría. Al abordar este punto, Jo Stanley explica que la piratería está basada en el robo y que para los vikingos "conquistar enemigos, derrotar a los otros, podría ser visto como robo: de su vida, de sus barcos y de su derecho a luchar por una causa". Luego procede a afirmar que, casi siempre que una mujer es una guerrera con base en el mar, existe una tendencia a llamarla pirata de cualquier forma, así que tiene sentido incluir a las mujeres vikingas en la historia de las piratas. Conforme avanzan los siglos la definición de la piratería está en una constante evolución, y hacer una definición demasiado estrecha deja fuera a un gran número de mujeres que dejaron huella en el mundo marítimo y podrían haber sido ejemplo e inspiración para las piratas más tradicionales que las sucedieron.

El saqueo vikingo más antiguo del que se tiene registro ocurrió en el monasterio de Lindisfarne, una pequeña isla en la costa del noreste de Inglaterra, en el verano de 793 d.C. Lindisfarne era un renombrado monasterio que producía los evangelios de Lindisfarne, un lugar destinado a la erudición al que muchos cristianos habían donado tesoros y riquezas para la gloria de Dios... y con la esperanza de salvar sus almas. Aunque, debido a una serie de malos augurios —como tormentas eléctricas, tornados e incluso reportes de "dragones ígneos" por los aires—, los habitantes de Northumberland habían estado todo el año preparándose para una suerte de desastre, de acuerdo con la *Crónica anglosajona* este ataque superó sus peores expectativas. La masacre y el alcance del daño fueron peor de lo que nunca hubieran creído posible. De acuerdo con Simeón de Durham, historiador eclesiástico del siglo XII, el monasterio fue saqueado por sus objetos de valor; incluso fue despojado de sus altares. Muchos de los monjes fueron asesinados, ya sea con la espada o ahogados en el mar; otros fueron secuestrados por los vikingos para convertirlos en esclavos. Un historiador contemporáneo explica que el ataque se habría interpretado como un incidente que afectaba no sólo a Lindisfarne, sino también la propia alma de Inglaterra.

El de Lindisfarne no fue, para nada, un incidente aislado. Los golpes siguieron propinándose a medida que los vikingos se abrían paso desde Inglaterra hasta Irlanda, extendiendo su alcance conforme tomaban nuevos campos e islas. Ninguna zona costera se sentía segura, aunque los monasterios eran, por mucho, los objetivos más frecuentes de los vikingos. Los cristianos de toda Europa pensaban que los ataques eran un castigo de Dios. Una cita de Jeremías 1:14 potenciaba sus sospechas: "Desde el norte vendrá el mal sobre todos los habitantes de esta tierra". Nadie tenía los recursos ni las habilidades guerreras para resistirse a estos merodeadores del norte. Desde 793 hasta inicios del siglo XI deambularon por donde quisieron y se apoderaron de todos los tesoros que desearon.

Los vikingos tampoco se confinaron a las islas británicas. Tras perder ciudades como París, Burdeos, Limoges, Ruan y Toulouse ante los vikingos, para detener la masacre el rey franco Carlos el Calvo finalmente decidió pagarles a los vikingos una suma de protección. Para inicios del siglo X los franceses habían entregado 12 toneladas de vino, ganadería, plata y granos en un acuerdo al estilo de la mafia.

En sitios más remotos de Europa del este los vikingos estaban tan involucrados en la fundación de Rusia que incluso el nombre de este país proviene de un término vikingo. Los vikingos suecos eran llamados *rus*, sueco para "barquero", lo cual tiene sentido, pues los vikingos viajaban por bote río abajo. Dice la leyenda que el rey vikingo Riúrik unificó a las tribus eslavas que estaban en guerra y consolidó la fundación de la nación rusa.

El reciente descubrimiento de Terranova demuestra que los asentamientos vikingos se extendían hasta el norte de América. Eran muy pocas las zonas del planeta en donde no se sentía la presencia vikinga.

A pesar de su gran éxito, los vikingos no disfrutaron de una vida particularmente confortable. De acuerdo con Joan Druett, autora de *She Captains* [Capitanas], si bien eran excelentes para la navegación, las alargadas embarcaciones o *drakkars* no ofrecían mucho espacio para vivir, de forma que durante los viajes los vikingos tenían que dormir en la playa en bolsas de dormir hechas de piel, con sus armas al alcance de la mano. Comían carne cruda, vigilaban sin descanso y utilizaban perros como herramientas de primeros auxilios: sus perros de caza les lamían las heridas. Además de este estilo de vida primitivo, los propios saqueos les traían más dificultades y sufrimiento, sin mencionar los gélidos inviernos de vuelta a casa. Quizá la vida tan dura que vivieron es lo que hizo que los vikingos fueran guerreros tan consumados.

***

En la época vikinga se asoman una serie de mujeres guerreras. No abunda la información sobre cada una, pero el mero hecho de que tantas de ellas sazonen la literatura ya nos hace llegar un mensaje. Desafortunadamente, los relatos han sido tomados de sus raíces nórdicas y reescritos a través de la lente cristiana, lo que hace de muchos de ellos narraciones de advertencia destinadas a la cuidadosa lectura de buenas mujeres cristianas. En un ensayo sobre mujeres vikingas incluido en su libro *Bold in Her Breeches: Women Pirates Across the Ages,* Jo Stanley afirma que "la sociedad se estaba convenciendo de que había que dejar las formas de vida letales, salvajes, vengativas y de libertad itinerante, y de que las mujeres debían aceptar un papel sumiso y hogareño de raíz cristiana".

Las sagas nórdicas e islandesas, transmitidas de forma oral pero que con el tiempo se escribieron, son otra opción para explorar la perspectiva nórdica de las mujeres, aunque es muy probable que los académicos cristianos —cuyas obras reflejan visiones del mundo contemporáneas, más que relatos verdaderos de la época vikinga— se hayan entrometido en la redacción. En su mayoría no cubren mujeres *piratas,* más bien relatan los cuentos de Aud la Sabia —conocida como pobladora—, Freydís —hermana de Leif Erikson— y otras mujeres. Las vikingas tejían tapices que recientemente se han vuelto objeto de estudio: el textil como texto. Aunque no siempre representan mujeres, las historias que cuentan las telas están presentadas desde la perspectiva de una mujer y constituyen una ventana irrefutable hacia la mente de quien cuenta la historia. Es posible que las historias acerca de estas mujeres se hayan registrado con alguna intencionalidad sesgada, pero el lector es libre de imaginar lo que los autores dejaron fuera e intentar construir otra versión de estos relatos, una que esté libre de motivos religiosos o políticos.

En el libro 3 de la *Gesta Danorum* el lector se encuentra con Sela, que se nos presenta como una "experta guerrera versada en la errancia". Su hermano, Kolles (a veces llamado Kolle o Koller), rey de Noruega, está celoso del éxito del pirata Horwendil (u Orvendil) y desea eclipsar su popularidad. (Es revelador que un rey sintiera envidia por la vida de un pirata.) Kolles sale con su flota en busca de Horwendil, y a la larga uno se topa con el otro. En lugar de diezmar sus flotas en batalla, los dos hombres deciden arreglar sus diferencias en un solo combate mano a mano. Prometen luchar honradamente y sepultar al perdedor conforme a su posición. Cuando Horwendil vence a Kolles, por razones que no se explican en la narración decide cortarle otra rama al árbol familiar y combatir también a Sela, a quien en algunas traducciones se describe como "una guerrera amazónica y consumada pirata".

¿Por qué estaba Sela tan cerca de la pelea? ¿Acaso navegaba con la flota de Kolles en ese momento? ¿La elegiría Kolles como una suerte de segunda en el duelo con Horwendil? El relato de Saxo deja fuera todos estos detalles. Algunas versiones del relato afirman que Sela y Kolles eran rivales acérrimos situados en los extremos opuestos de la ley. Se disgustaran o no, por lo general hay consenso en cuanto a que ambos hermanos fueron asesinados por el pirata Horwendil, aunque el fastuoso rito funerario concedido a Kolles no se menciona en el caso de Sela.

El libro 8 ofrece otro caso de rivalidad entre hermanos, esta vez entre Tesandus (también conocido como Thrond) y su hermana Rusla. En algunas traducciones se llama Rusila a Rusla, aunque Rusila parece ser otra doncella que, junto con su hermana, Stikla, luchó contra el rey Olaf por su reino. A Rusla también se la suele asociar a la figura mitológica de Ingean Ruadh (la Doncella Roja). Tesandus había perdido la Corona de Noruega ante el rey danés Omund, lo cual enfadó mucho a Rusla. No podía soportar ver a su adorado país caer bajo dominio danés y le irritaba que su hermano pareciera satisfecho de dejar que esto ocurriera. Fue así que, ante la pasividad de su hermano, se vio orillada a tomar acción por sí misma. Rusla le declaró la guerra a su propio pueblo, que les había jurado lealtad a los daneses. Disgustado con esta disensión, Omund envió una unidad de sus mejores soldados a poner fin a su rebelión. Rusla destruyó al contingente danés, lo cual le dio una brillante idea: ¿por qué no buscar ir más allá de la independencia respecto de los daneses? ¿Por qué no tomar el control de Dinamarca y gobernar por sí misma ambas naciones?

La suerte le dio la espalda a Rusla, cuya invasión de Dinamarca fracasó y la obligó a voltear la nariz y correr para salvarse a sí misma y a sus tropas. En su retirada de los daneses se encontró con su hermano, a quien maniató de inmediato, despojándolo de todos sus barcos y tropas pero negándose a matar al propio Tesandus; esa decisión probaría ser su error fatal. El rey Omund envió su flota a Noruega para atacar la de Rusla, quien nuevamente fue derrotada por las fuerzas danesas. Cuando emprendió la retirada por segunda vez su hermano Tesandus la atacó y la mató. Algunas historias afirman que la mató a golpes de remo. Como recompensa por encargarse de Rusla en su nombre, Omund le otorgó a su antiguo rival Tesandus una gobernación.

Esta historia contiene mucho más que el relato de Sela, pero no hay suficientes detalles para satisfacer la curiosidad del lector. ¿Cómo era la vida de Rusla antes de zarpar a la mar? ¿Consideraba la repulsión de las fuerzas danesas como un deber patriótico o como una espléndida aventura? Cuando las fuerzas de Omund la siguieron de vuelta a casa en Noruega para una segunda batalla, ¿se habrá dado cuenta de que no podría vencerlos? ¿Alguna vez le habrá pasado por la cabeza rendirse? ¿Y por qué le perdonó la vida a Tesandus? ¿Habría creído que, cuando cambiaran los lugares, él haría lo mismo por ella?

El libro 8 también cuenta la historia de tres capitanas de *drakkars* que, aun teniendo cuerpo de mujer, habían sido bendecidas con "almas de hombres". Wisna, Webiorg y Hetha lucharon tanto por tierra como por mar. A cada mujer se le dedican sólo unas cuantas líneas de texto. Se dice que Wisna era una abanderada en la batalla y después perdió la mano derecha en combate. Webiorg derribó a un campeón antes de ser muerta en batalla, y Hetha fue nombrada gobernadora de Selandia (parte de lo que hoy es Dinamarca). Aunque casi no hay información sobre estas mujeres, los escasos fragmentos son suficientes para despertar la atención del lector.

Si bien al inicio puede resultar sorprendente que esta cultura guerrera, repleta de imágenes y héroes cargados de testosterona, tuviera tantas guerreras, un vistazo a la estructura religiosa de la época revela que, al menos de manera simbólica, las mujeres siempre fueron parte de la batalla. Yggdrasil, el árbol de la vida, era el centro del mundo nórdico. En las raíces del árbol vivían las Nornas, mujeres míticas que daban forma al destino humano e incluso al de los dioses. Estas mujeres eran similares a las Moiras de la antigua mitología griega. Los poderosos dioses masculinos, como Thor y Odín, estaban sujetos a los caprichos de las Nornas, en cuyas manos estaban la vida, la muerte y todo lo que hay en el medio. Pareciera que, en la mitología nórdica, las mujeres controlaban el mundo.

Además de las Nornas, la mitología nórdica incluye a las Valquirias. Estas asistentes de Odín rondaban por los campos de batalla de los vikingos y elegían quién viviría para luchar un día más y las batallas de quiénes habrían terminado para siempre. Entre los derribados, también elegían quién iría al glorioso Valhalla, el gran salón en el cielo donde los guerreros se preparaban para ayudar a Odín durante el Ragnarök, el fin del mundo para los vikingos. Los muertos no seleccionados eran escoltados a Fólkvangr, un campo del más allá bajo el mandato de la diosa Freyja. Las Valquirias se representan como seres hermosos y nobles que ayudan a los guerreros exhaustos a llegar a su destino final, pero también son siniestras: algunos relatos tempranos las muestran parloteando con alegría mientras tejen el tapiz del destino hecho de entrañas humanas y cabezas cercenadas. Aparecen en varias permutaciones a través de muchas tradiciones precristianas, pero en la cultura popular occidental han permanecido casi exclusivamente como Valquirias vikingas. Figurando al lado de los hombres y con una función vital en los rituales de guerra, estas mujeres demuestran que el pueblo nórdico antiguo aceptaba que las mujeres en efecto tenían un papel que jugar en la guerra.

La academia moderna sugiere que las Valquirias no eran hombres ni mujeres, sino un tercer género sin nombre que tenía atributos masculinos en un cuerpo femenino. Las representaciones originales de las Valquirias apoyan esta aseveración y distan mucho de los cuerpos sensuales, indiscutiblemente femeninos, que muestra el arte actual. Las mujeres mortales vikingas parecen compartir esta mezcla de rasgos masculinos y cuerpos femeninos, mucho más de lo que se pensaba originalmente. La investigación de Marianne Moen de los sitios de sepultura sugiere que la posición de estos lugares y de los ajuares funerarios indica una diferencia menor a la esperada entre hombres y mujeres. Ella cita a Cedreno (Cedrenus), un autor del año 970 a.C. que, habiendo sido testigo de una batalla entre rus y bizantinos, afirmó que estos últimos estaban sorprendidos del número de mujeres que encontraron entre los muertos en el campo de batalla. Debido al papel que tenían las casas en el comercio, incluso los papeles tradicionales de las mujeres —amas de llaves o amas de casa— podrían haber sido más públicos (masculinos) que privados (femeninos) de lo que se pensaba previamente; una mujer vikinga habría sido más parecida a una gerente de una tienda o de una fábrica que a un ama de llaves, pues los vikingos utilizaban sus casas como centros mercantiles. La investigación de Moen presenta algunas posibilidades novedosas que vale la pena seguir estudiando para comprender la vida vikinga.

***

Una pirata destacada de esta época fue Ladgerda (también conocida como Lagertha). En el libro 9 de la *Gesta Danorum* se cuenta su historia, que tiene un desfavorable inicio. De acuerdo con Saxo Grammaticus, el rey sueco Frey mata a un rey noruego y, en una jugada particularmente cruel, coloca en un burdel a sus mujeres para humillarlas de forma pública. Conmovido por la difícil situación de las mujeres, Ragnar de Dinamarca se traslada a Noruega para liberarlas... y para causar estragos al rey sueco. Cuando las noticias de la llegada de Ragnar llegan al burdel muchas mujeres se visten de hombres, escapan y se unen a su ejército. Una de ellas es Ladgerda, quien "con el pelo suelto sobre los hombros peleó al frente entre los más valientes".

Ragnar debe de haber entrado en *shock* al llegar al burdel. Esperaba que las mujeres, semidesnudas y atadas, lo alabaran como un héroe fuerte y guapo y lloraran de gratitud por su altruista plan de rescate. En lugar de ello se encontró con un grupo armado de guerreras en fila y listas para ayudarlo. Incluso si hubiera superado el cambio de planes, le habría sorprendido mucho descubrir que sus fieras camaradas eran, de hecho, las mismas mujeres a las que se supone que estaba rescatando. Era suficiente para poner a cualquier hombre de cabeza, pero, al parecer, a Ragnar no le preocupó demasiado; estaba demasiado ocupado en la furiosa batalla que peleó... desde luego con la ayuda de las mujeres.

Ragnar y las mujeres ganan la escaramuza. Luego, siguiendo el ejemplo de los cuentos de hadas, emprende una búsqueda, preguntando por doquier para averiguar quién era la misteriosa mujer: aquella que lo había llevado a "conquistar la victoria con el poder de una sola mujer". Al descubrir que es Ladgerda, que no sólo es valiente y muy hermosa sino también de noble cuna, decide cortejarla. Ella no parece estar muy atraída por él pero, con el conocimiento de que rechazarlo de forma directa no la haría sentirse particularmente a salvo, le permite cortejarla, no sin antes colocar a un perro bravo y a un oso frente a su morada para protegerse de los visitantes no deseados (a saber: sus pretendientes). Al parecer, incapaz de captar la indirecta, Ragnar acude a su hogar, mata al oso, sofoca al perro y toma a Ladgerda en sus brazos. Ambos se casan y tienen tres hijos.

Para que al lector no le inquiete que Ladgerda haya tenido un destino innoble, debe saber que la historia no termina ahí. Aparentemente, al darse cuenta de que una mujer que emplea bestias salvajes para ahuyentar a los hombres podría no estar tan prendada de él, el esposo de Ladgerda la deja por otra mujer. No obstante, cuando Ragnar se ve envuelto en una guerra civil de vuelta en casa, en Dinamarca, pide ayuda a Noruega. ¿Y adivinen quién llega al rescate? Su ex esposa, Ladgerda, que con sus 120 barcos inclina la balanza de la batalla, asegurando la victoria de Ragnar. Sin embargo, la reunión de los viejos amantes no es dulce: después de la batalla Ladgerda apuñala a su ex esposo con una lanza que escondía en su vestido. Luego se limpia la sangre y reclama el trono danés, pues, como lo indica Saxo Grammaticus, "esta dama tan presuntuosa consideraba que era más agradable reinar sin su esposo que compartir con él el trono".

La historia de Ladgerda incluye muchos más detalles que los relatos de la mayoría de las otras mujeres que presenta el *Gesta Danorum,* pero aun así no parecen suficientes. Sus acciones demuestran con claridad exactamente cómo se sentía de haber sido forzada a casarse, abandonada y después convocada para ayudar a su ex esposo. Pero ¿qué ocurrió entre todos estos episodios? ¿Qué fue de esta mujer tan extraordinariamente provista de agallas? Algunos académicos han señalado la similitud entre su historia y la de la diosa Thorgerd, personaje que aparece en varios mitos. La historia de Ladgerda cobra más sentido si, en efecto, se la considera una diosa y no una mujer mortal. Entre las damas guerreras sólo ella es capaz de sacar la mayor ventaja de un hombre que la desea y gobernar un reino. Es la única que tiene un final feliz. Un poco de intervención pagana divina podría haber sido la única forma de que una mujer vikinga saliera primera en esta compilación de historias sobre la adecuación de mujeres salvajes a los valores cristianos. Diosa o mortal, el arrojo, el talento y la ambición de Ladgerda la vuelven una heroína irresistible y un modelo de pirata temprana.

***

Además de las numerosas doncellas acorazadas y otras vikingas guerreras que aparecen en la *Gesta Danorum* y otras fuentes, hay al menos una mujer de esta época a la que se le denomina de manera explícita "pirata". La princesa Alfhild, conocida también como Awilda, suele enlistarse junto a otras piratas famosas, como Anne Bonny y Grace O'Malley. Originalmente se presenta al lector en la *Gesta Danorum*, seguido por un texto del siglo XVI escrito por Olaus Magnus, *History of the Northern Peoples* [Historia de los pueblos del norte]. De acuerdo con Joan Druett, Alfhild ingresó a la era moderna a través de la obra de Charles Ellms de 1837, *The Pirates Own Book* [El libro propio de los piratas], que es, en esencia, un resumen de la descripción que hace de ella Magnus, con muchos adornos cuyo objetivo era vender ejemplares. El relato de Ellms es responsable de un hecho que se cita a menudo pero que es del todo impreciso. Él sitúa la historia de Alfhild en el siglo V, durante una escaramuza vikingo-sajona. No obstante, todos los relatos previos de la vida de la princesa la sitúan mucho después, en la época vikinga, *ca.* 790 a 1000 d.C. Cabe suponer que Ellms tomó como escenario el primer conflicto vikingo que encontró y no sintió la necesidad de investigar más. La popularidad del libro de Ellms propició que casi siempre se atribuya la historia de Alfhild al siglo incorrecto.

Dejando de lado las fechas, la historia de Alfhild es fascinante. Saxo Grammaticus cuenta que era una princesa, hija de Siward, rey de los godos. De belleza legendaria, era tan impactante que hacía el esfuerzo de esconder la cara en su manto para prevenir que su atractivo "provocara la pasión de alguien más": una frustrante pero quizá predecible evidencia temprana de la tan arraigada idea de que las mujeres son responsables de las reacciones de los hombres hacia ellas.

A pesar de sus grandes esfuerzos, la belleza y la riqueza de Alfhild lograron atraer a un buen número de pretendientes. Su padre, en su sabiduría, le ofreció dos serpientes como guardianas. Algunas de las versiones de la historia también afirman que la encerró en una torre elevada, al estilo de Rapunzel. Cualquiera que quisiera desposar a Alfhild debía derrotar a las serpientes para poder tenerla. Quien lo intentara y fallara sería capturado y decapitado de inmediato. Su cabeza cercenada sería empalada en una estaca, presumiblemente como advertencia a otros potenciales pretendientes acerca de los peligros de la empresa.

La protección del rey Siward hacia su hija podría parecer extrema, pero en realidad era algo muy común en la época de los vikingos (excepto las serpientes entrenadas). De acuerdo con Druett, las mujeres —y las princesas en particular— eran propiedades, bienes valiosos para conceder o negociar. El padre y los hermanos hacían grandes esfuerzos para mantener a una mujer pura y así asegurarse de que estuviera en perfecto estado para que, cuando llegara el momento de casarla, obtuvieran la máxima rentabilidad de la inversión.

A pesar del imponente costo que traería el fracaso, muchos pretendientes en verdad aceptaron el desafío de obtener la mano de Alfhild. No escaseaban las cabezas empaladas en estacas cuando el príncipe Alf decidió intentarlo. Empleó un truco audaz para sobrepasar a las temidas serpientes: cubrió su ropa en sangre para enloquecerlas. Se deshizo de la primera serpiente con un pedazo de acero al rojo vivo que empujó dentro de su garganta. La segunda serpiente encontró la muerte con una lanza en la boca. La explicación de Saxo suena como si Alf hubiese sido particularmente audaz en la forma en que se deshizo de las serpientes, pero la idea de apuñalarlas se les podría haber ocurrido a varios de los esposos potenciales previos. Quizá los pretendientes anteriores no eran tan expertos en lanzas artesanales como el apuesto príncipe Alf.

Tras exterminar a las serpientes de la princesa, el príncipe Alf reclamó su mano. Lo que no sabía es que había un cambio: el rey Siward declaró que, para oficializar a la pareja, la princesa Alfhild tenía que aprobar al hombre. Sin duda el rey pensaba que su hija vería con bondad al apuesto príncipe y que los planes de la boda se llevarían a cabo de inmediato. Pero Alfhild tenía otros planes.

Hay unas cuantas versiones sobre lo que ocurrió a continuación. En algunos relatos Alfhild afirma que el príncipe Alf sí es de su agrado, pero decide pedir consejo a su madre y, por alguna razón, su madre está en contra del matrimonio y escarmienta a Alfhild, acusándola de sacrificar su castidad al primer tipo apuesto que se le cruzara. La cautelosa doncella se horroriza y de inmediato rechaza al príncipe Alf. En otras versiones de la historia a ella no le interesa el príncipe en lo más mínimo y desaparece antes de que él incluso pueda intentar cortejarla. Magnus, el autor del siglo xv, explica que "una locura de mujer" la hace renunciar al príncipe. Su determinación de "permanecer casta" es la causa de que desdeñe al bien parecido pretendiente.

Resulta fascinante la idea de que su madre la hubiera convencido de no casarse. ¿Qué motivación podría haber tenido la reina? ¿Acaso percibió algún defecto de carácter en el príncipe, quien ha quedado fuera del relato? ¿O quería evitarle a su hija la vida que ella misma vivía, casada con un caudillo? Quizá quería que su hija aguardara una mejor oferta que resultase más valiosa para la familia. Cualesquiera que fueran los motivos, es raro no sólo ver a una mujer decidir si ha de casarse o no, sino también que otra mujer tenga injerencia en esa decisión.

Sin importar la razón que tuviera Alfhild para rechazar al príncipe Alf, todas las versiones de la historia concuerdan en que lo hizo. Enterró su manto de doncella, probablemente incluido el casto manto en el que escondía su rostro, y vistió prendas de hombre. Reunió a algunas otras mujeres con una mentalidad afín, quienes también parecían ansiar una nueva forma de vida, y juntas robaron un bote. No pasaría mucho tiempo antes de que los miembros de esta tripulación de mujeres se convirtieran en piratas.

¿Cómo pudo ocurrir esto? Es probable que la princesa y sus amigas no tuvieran ninguna experiencia previa de navegación. Ella no habría sabido cómo hallar su camino con la ayuda de las estrellas, cómo leer las mareas y cómo interpretar las pistas que da la naturaleza, por ejemplo las rutas de las aves migratorias. Su vida en la torre habría contribuido poco a prepararla para las dificultades y privaciones que le esperaban en el mar. Era joven, estaba protegida y, hasta hacía poco, muy preocupada por permanecer casta y evitar que se encendieran las pasiones de los hombres. ¿Qué pudo poseerla como para huir y convertirse en pirata? ¿Acaso sufría la pérdida de su hogar y su familia, pero lo percibía como una consecuencia de sus esfuerzos para no ser mancillada por el hombre? El lector no puede más que imaginar qué habría pasado por la mente de la princesa al ver su hogar perderse en la oscuridad mientras su barco se alejaba más y más de todo lo que ella había conocido hasta entonces.

Sin importar los sentimientos de Alfhild, ¿cómo lograron ella y sus amigas maniobrar un *drakkar* solas? Por lo general los *drakkars* no eran lo mejor para marineros novatos. Estos barcos poderosos forman parte del legado vikingo tanto como el (inexacto) yelmo cornudo. Su largo habitual era de 30 metros. Tenían largas y angostas cubiertas hechas de placas sobrepuestas separadas por un material resistente al agua, formando un conjunto asegurado con clavos de hierro. Este tipo de construcción del cuerpo de la nave se conoce como casco trincado. Los mástiles a menudo estaban bañados en oro y existía la tradición de teñir de rojo el cordaje. Al navegar, de los costados del barco colgaban los escudos de los guerreros, lo que brindaba una protección adicional, además de una mayor decoración.

Si bien estos barcos eran extremadamente bellos, estaban diseñados ante todo para ser veloces y duraderos. Se usaban lo mismo para la guerra que para el comercio. Los *drakkars* construidos ex profeso para la exploración y el saqueo eran particularmente ligeros, para poder transportarlos por tierra durante los robos terrestres. Algunos eran tan ligeros que la tripulación podía cargarlos. Podían navegar en aguas de apenas algunos metros de profundidad. Se requerían alrededor de 50 remos para impulsar el bote. Algunos *drakkars* tenían mástil y una vela cuadrada, construida con esmero y decorada por mujeres con colores brillantes y suntuosas telas. Los barcos no tenían proa y popa *per se* y por ello podían girarse con rapidez, una técnica que, en condiciones traicioneras, podía salvar vidas. Debido a la costumbre vikinga de sepultar a los hombres en sus barcos, con los años se han descubierto muchos de ellos, por lo que se conoce bastante sobre estas naves. El barco más grande y en mejores condiciones recuperado hasta ahora es el *Skuldelev 2,* que mide casi 30.5 metros de largo y hoy en día se exhibe en el Museo de Barcos Vikingos en Roskilde, Noruega.

Entonces, ¿cómo lograron la princesa Alfhild y sus amigas mantener sus *drakkars* a flote? Saxo Grammaticus no ofrece detalles sobre cómo consumaron esta hazaña, pero no las deja solas por mucho tiempo. Por una fortuna milagrosa, las mujeres se encuentran con un grupo de hombres que recientemente habían perdido a su capitán. Dependiendo de qué versión se siga, o bien les impresionó la belleza de Alfhild o bien a empujones fueron reclutados, pero los hombres terminaron bajo el mando de Alfhild en su barco. Ambas versiones de la historia tienen elementos absurdos: ningún grupo de marineros que se respete aceptaría a un capitán foráneo, y menos a una mujer, basándose sólo en su apariencia. Es bien sabido que los hombres realizan tonterías por una cara bonita, pero esto pondría en riesgo su vida y su modo de subsistencia. Y si los hombres fueron capturados, ¿qué podría haber causado que Alfhild y su tripulación emprendieran este secuestro? ¿Necesitaban ayuda extra en el barco o sólo les apetecía un poco de compañía masculina? Lo que las motivaba a viajar, en primera instancia, era alejarse del matrimonio, por lo que no parece probable que cambiaran de opinión y decidieran que, después de todo, sí querían hombres a bordo de su bote. En cualquier caso, la tripulación de Alfhild creció y continuaron robando como hasta entonces.

A pesar de que existen relatos acerca de cómo eran los saqueos vikingos, visto desde la perspectiva de quienes los sobrevivieron no tenemos ninguna información sobre el estilo particular en que Alfhild ejercía la piratería ni sobre ninguna de sus incursiones. Saxo sí revela que el príncipe Alf hizo muchos viajes para encontrarla, así que se puede inferir que por algún tiempo fue difícil dar con ella. Se dice que realizó hazañas "más allá del valor de una mujer", así que se puede inferir también que algunos de sus viajes de piratería fueron exitosos. Al menos por un tiempo logró evitar su captura.

Finalmente, tras una aventura que implicó caminar sobre un mar congelado para involucrarse de lleno en una batalla, Alf y sus hombres alcanzaron a Alfhild y sus piratas de sexo femenino. (Para este punto de la historia han desaparecido misteriosamente los hombres que había capturado antes.) Alf y sus hombres empiezan a pelear contra la tripulación de ella y les sorprende el garbo que poseen las fuerzas enemigas y lo ágiles que son sus extremidades. Borgar, compañero de Alf, le retira el yelmo a Alfhild, revelándole así a su superior que su oponente es, en efecto, su amada, a quien ha estado buscando todo este tiempo. (Esta parte de la historia no encaja del todo, pues los yelmos vikingos no tapaban toda la cara y no habrían logrado ocultar la identidad de Alfhild.) Tan pronto la reconoce, se da cuenta de que debe "pelear con besos y no con armas". En lo que seguramente tendría que ser un pasaje romántico, él la sostiene cerca de sí mismo, la obliga a cambiar su atuendo de hombre por una vestimenta más femenina y la fecunda con una hija llamada Gurid. La segunda al mando de Alfhild, Groa, sufre un destino similar a manos del mencionado Borgar, uno de los tripulantes de mayor jerarquía en el bando de Alf.

Al final de la historia las mujeres son devueltas a casa, los hombres están al mando de nuevo y se restaura el orden del universo. Nadie se toma la molestia de preguntarle a Alfhild cómo se sintió al ser capturada con lujo de fuerza por el hombre al que ya había rechazado una vez. Pero los lectores de hoy no pueden evitar preocuparse por el estado mental de la pobre Alfhild al ir de regreso a casa, prácticamente en calidad de prisionera. Habiéndosele ofrecido un destino del cual no quería formar parte, se había desprendido de su identidad y convertido en alguien nuevo. Tuvo éxito en la navegación y el expolio, dos difíciles tareas, pero al final sus éxitos fueron descartados del todo. A pesar de todo lo que logró, sigue siendo una mujer, y cuando una mujer es deseada por un hombre sus propios sueños y deseos no tienen importancia. Sin importar cuán alto llegue, ella no puede superar su propia biología. ¿Por qué no hay más muestras de indignación a nombre de Alfhild? ¿Por qué la historia no termina con la pareja de vuelta en casa, sólo para que el rey Siward o, mejor aún, su esposa le corten la cabeza a Alf por no respetar los deseos de su hija y la coloquen en una estaca junto a la de todos los demás pretendientes? En la versión de Saxo Grammaticus, Alfhild no obtiene justicia; alguién más deberá escribir esa historia.

Saxo Grammaticus elaboró la historia de Alfhild a modo de una fábula con moraleja. Esto, aunado al hueco en la trama sobre cómo logró Alfhild navegar un *drakkar,* hace que sea muy difícil creer en su leyenda tal como está contada. Pero eso no significa que en su historia no haya un grano de verdad. En su saga se han confirmado suficientes personajes para dar credibilidad a su existencia. Pudiera ser que ella, en efecto, viviera, pero su vida podría haber ocurrido de manera muy distinta a la que Saxo escribió en su libro. Quizá debido a su esfuerzo por distorsionar la historia de su vida dándole la forma de un relato cautelar se requirieron esos saltos narrativos en la lógica discursiva que son tan molestos para los lectores. Independientemente de si Alfhild vivió en realidad, su historia es muy apreciada, a pesar del final. Desde el siglo XII ha sido parte del folclor nórdico, sobreviviendo por mucho más tiempo a las historias de otras personas que en definitiva existieron.

En el despuntar del siglo XI la era vikinga ya estaba en declive Para entonces se les habían terminado los pueblos y sitios por conquistar y, en su mayor parte, se habían asentado en todo el continente europeo. Pasarían casi tres siglos antes de que las piratas volvieran a ser protagonistas. Tomaría una guerra de un siglo de duración —la Guerra de los Cien Años en Europa— darles a algunas mujeres la oportunidad de salir de sus papeles tradicionales y convertirse en guerreras y líderes. Algunas de ellas se convertirían no sólo en guerreras sino también en piratas.

3
DONCELLAS GUERRERAS DEL MEDIOEVO

La Edad Media se extendió por 10 siglos en Europa, desde el colapso del Imperio romano hasta el Renacimiento. Fue un periodo turbulento colmado de luchas por tierras, títulos, religiones e incluso los derechos de las mujeres. Uno de los más grandes y sanguinarios conflictos de la Edad Media —la Guerra de los Cien Años— de hecho se desencadenó por la cuestión de si las mujeres podían heredar la Corona francesa. Si en 1328 le hubieran permitido a Isabel de Francia reclamar el trono para sí misma, o incluso para su hijo —tal como intentó hacerlo—, quizá el conflicto se habría evitado o, al menos, habría sido muy distinto.

La ley sálica —que impidió que Isabel heredara la Corona francesa a pesar de ser la siguiente en la línea de sucesión sanguínea— es un código de leyes que gobierna muchos aspectos de la vida civil y criminal. Quizá su principio más conocido sea la parte que se refiere a las mujeres: "Ninguna porción de la herencia pasará a una mujer; toda la herencia de la tierra pasará al sexo masculino". Sus raíces se remontan al año 500 d.C., cuando los francos escribieron las leyes. Entre éstos, el gobernante más famoso fue Carlomagno, pero no fue él el responsable de la codificación de la ley sálica. A partir del año 500 d.C. hubo varias reencarnaciones de la ley y diversos grupos la impusieron en distinto grado. Por ejemplo, un rey merovingio dividió sus bienes en partes iguales entre su hija y sus hijos, a pesar de la ley. En Francia había fungido como la ley de la tierra desde 1316, lo que significó que Isabel no podía heredar la Corona ni heredársela a sus hijos varones, pues no es posible legar un derecho que no se posee.

A lo largo de los siglos se emplearon muchos argumentos para imponer la práctica de la herencia exclusiva de los varones, desde prácticas meramente misóginas hasta otras de una incoherencia ridícula. En *Women of Medieval France* Pierce Butler intenta analizar un argumento que utilizó un abogado francés. Éste plantea que: *a)* el Evangelio de Mateo proclama que los lirios del campo se hallan magníficamente ataviados pero *no trabajan ni hilan* (las cursivas son de Butler), *b)* Francia es el reino del lirio debido a la proliferación del símbolo de la flor de lis en el escudo de armas, de manera que *c)* el reino no puede pasar de un hombre magníficamente ataviado —simbolizado con una espada— a una mujer menos magnífica —simbolizada con una rueca, herramienta utilizada para hilar lana o lino—. Pareciera que no hay límite a la creatividad de algunos hombres en cuanto se refiere a inventar razones por las cuales las mujeres no son iguales a ellos.

Si bien la ley sálica se empleaba para justificar que las mujeres no llegaran al trono, en la Edad Media las mujeres de la nobleza, en general, tenían más derechos que las mujeres nacidas en familias de bajos recursos. En algunos sentidos la clase social, mucho más que el género, fue el divisor que predominó durante ese periodo. Una mujer pudiente podía ejercer alguna influencia a través del poder de su esposo, y, en ocasiones, tenía más control sobre su hogar si su esposo estaba ausente. Además del acceso al dinero y los bienes materiales, era típico que las mujeres pudientes tuvieran también sirvientes para asistirlas en labores domésticas como cocinar, coser y lavar la ropa. El poder era sólo de los ricos, así que incluso si una mujer pobre tenía acceso a todo lo que su esposo poseía no habría esperado ejercer ningún poder social, pues, para empezar, su esposo no tenía poder alguno. Una campesina podía esperar ayudarle a su esposo en su negocio, así fuera agricultor en el campo o artesano en el pueblo. Cualquiera que fuese su oficio, su esposa lo asistía en sus labores, además de realizar su propio trabajo al cocinar, limpiar, criar a los hijos y otras labores domésticas.

***

Con todo el desorden de esta época, naturalmente aumentó la popularidad de la piratería. Los marineros muy oportunistas sabían que los reinos estarían demasiado ocupados luchando entre ellos como para dedicar muchos esfuerzos a contener esta actividad. El hecho de que durante este periodo los reinos no contaran con marinas oficiales contribuyó a que aflorara la piratería marítima. Con alianzas políticas y líderes políticos en constante cambio, no había fuerzas unificadas que pudieran aliarse para resistir la amenaza pirata. Con el tiempo, conforme avanzó la Edad Media, grupos como la Liga Hanseática —un grupo de gremios y ciudades situados en lo que hoy es Alemania— lograron aliarse para combatir la piratería. Una de las contribuciones de la Liga Hanseática a la vida marítima fue su revisión del diseño de un barco de casco circular y un solo mástil, denominado coca. Estas cocas hanseáticas tenían muchos atributos prácticos —como una vela cuadra montada y costados altos— que influirían mucho en el diseño de casi todos los barcos de vela y de guerra europeos en los siglos subsiguientes.

Más allá de la piratería general del periodo, durante esta época también se produjeron formas tempranas de corsarismo. El corsarismo es la práctica de realizar piratería para alguien más como "pirata oficial" de esa entidad, que suele ser un gobierno. Se requería de una licencia o una patente de corso otorgada al pirata por la entidad (como, por ejemplo, el rey). Esto hacía del pirata ilegal un corsario legal. Con la patente de corso el barco podía atacar buques comerciales enemigos del reino sin sufrir castigo por su crimen, siempre y cuando los atacantes trajeran al reino una parte del tesoro. Muchos gobernantes —de forma destacada la reina Isabel I— gustaban del corsarismo, pues permitía que los ciudadanos privados cumplieran las órdenes del Estado sin necesidad de que éste se ensuciara las manos. Era una forma decente de ganarse la vida y era en extremo beneficioso para la nación de origen, que podía obtener mucha riqueza con poco esfuerzo. Es fácil ver por qué el corsarismo persistió durante tantos siglos, aunque el término *corsario* no se utilizó con regularidad sino hasta el siglo xviii.

A pesar de las monumentales penalidades que tenían que sobrellevar las mujeres medievales, algunas piratas se hicieron famosas durante este periodo. Aunque eran mujeres de la nobleza y, por tanto, sufrían menos que sus contemporáneas más pobres, de todas formas tuvieron que sobrevivir al parto y a las nociones medievales de atención sanitaria para hacerse un lugar en la historia.

***

A la guerra de sucesión bretona, que tuvo lugar al principio de la Guerra de los Cien Años, Klausmann, Meinzerin y Kuhn la denominan la "Guerra de las Tres Juanas", por el nombre de las tres mujeres que estuvieron en el centro de la acción: Juana de Flandes, Juana de Belleville (Jeanne de Clisson) y Juana de Penthièvre (Juana la Coja). Dos de estas Juanas, en particular, lucharon por el derecho de su familia al trono, tanto por tierra como por mar. Estas mujeres demostraron ser guerreras extraordinarias que defendieron con furia lo que consideraban suyo. Sus vidas y leyendas son como un puente que une a las vikingas que las antecedieron con las corsarias berberiscas que vinieron después.

Se requiere de un breve recuento del conflicto para comprender de forma más completa a estas mujeres. Durante la Edad Media, Bretaña —una provincia en la costa oeste de lo que hoy es Francia— era un Estado independiente gobernado por un duque. Unas partes de Bretaña eran leales a los ingleses, mientras que otras juraron fidelidad a los franceses, pero la mayoría de los bretones se consideraban, primero y ante todo, bretones. A diferencia de las culturas inglesa y francesa, la cultura bretona tenía una única y sana dosis de tradiciones celtas y paganas, así como de algunas tradiciones cristianas más modernas. Por encima de los reyes de Inglaterra y Francia, eran leales al duque de Bretaña y no se integrarían a Francia sino hasta 1532. En resumen, el ducado era importante para los bretones, y la lucha para determinar quién tenía un derecho legítimo sobre él era algo por lo que estaban dispuestos a ir a la guerra. Tanto Inglaterra como Francia tenían interés en la conclusión, pues el duque bretón solía hacer alianzas con un país o con otro. Conforme comenzaba la Guerra de los Cien Años, ambos bandos sabían que Bretaña podría ser un poderoso aliado en su lucha.

Juan III era duque de Bretaña en 1341 y murió sin descendencia. Originalmente había nombrado a su sobrina, Juana de Penthièvre, como su sucesora. Juana estaba casada con un poderoso miembro de la nobleza, Carlos de Blois, familiar del rey de Francia, Felipe VI. No es de extrañar que los franceses respaldaran el derecho de Juana (y de Carlos) al ducado. Sin embargo, antes de su muerte Juan III se reconcilió con la familia ensamblada de la que había estado alejado por mucho tiempo y nombró como heredero a su medio hermano Juan de Montfort. Juan era la opción inglesa para el ducado. Ambas casas —la Casa de Blois y la Casa de Montfort— sentían que tenían el derecho al trono y las dos estaban preparadas para luchar por él.

El recurso más grande de Juan de Montfort en esta lucha fue su esposa, Juana de Flandes (Jeanne de Montfort),[1] conocida así debido a su parentesco flamenco (su hermano era conde de Flandes). Ella desposó a Juan de Montfort en 1329 y tuvieron dos hijos. Gran parte de lo que se conoce sobre ella se origina del autor francés Jean Froissart, cuyas *Crónicas* son importantes textos de la historia medieval. Sólo tenía cosas buenas que decir acerca de Juana, y afirmaba que

---

[1] En inglés, mejor conocida como Joanna of Flanders. [T.]

tenía "el coraje de un hombre y el corazón de un león". Otras fuentes sostienen que su historia podría haber inspirado a otra Juana famosa: Juana de Arco.

A pesar de todo lo que abarca Froissart, sigue habiendo huecos en el conocimiento histórico sobre Juana de Flandes. Froissart se complace en educar al lector respecto a la Juana de Flandes soldado y guerrera, pero permanece mudo respecto a la mujer. No se sabe con certeza, por ejemplo, cómo fue su relación con su esposo. ¿Persiguió el ducado con tal fervor por amor o acaso por su deseo de poder? Aunque existe un mayor número de documentos históricos sobre Juana de Flandes que sobre muchas otras piratas, aún hay varias cosas que un lector querría saber. Aunque muestren cierta simpatía hacia De Flandes, los registros de Froissart dejan fuera muchos elementos que enriquecerían el relato.

Cuando el ducado estuvo disponible en 1341, De Montfort y su esposa sabían que lo más probable era que los franceses se alinearan con la Casa de Blois, dado que el rey francés era primo de Carlos de Blois. Por lo tanto, decidieron adelantarse a la competencia y empezar a gobernar inmediatamente, como si Juan ya fuera el duque. Los De Montfort fueron a Nantes, la capital bretona, y consiguieron un buen número de seguidores en el pueblo de Bretaña. Al parecer, de haber habido un voto popular De Montfort y su esposa se habrían llevado al bolsillo el ducado, pero no era una cuestión que el pueblo pudiera decidir: debía hacerlo el Tribunal de los Pares, en París.

Juan de Montfort fue citado a comparecer en París ante el rey Felipe. En su camino viajó a Inglaterra a rendirle homenaje al rey inglés, Eduardo III. Una vez que De Montfort arribó a París, Felipe se vio decepcionado por el argumento de que era el pariente más cercano al reciente duque de Bretaña y, por ello, tenía más derecho. El rey francés llamó a los Pares para que escucharan y juzgaran ambas peticiones y le prohibió a De Montfort retirarse de París hasta escuchar la audiencia. Juan no era ningún tonto; sabía que era poco probable que los Pares votaran por él y que, si permanecía ahí, le esperaría la cárcel o algo aún peor, de manera que por la noche se fugó y regresó a Nantes con su esposa.

Y ¿quién era su rival, el tal Carlos de Blois? Los registros respecto a su carácter son contradictorios: algunos lo declaran un santo, mientras que otros lo retratan como un sádico y un extremista. Se decía que iba a misa varias veces al día, con una piedrita en el zapato, y se golpeaba hasta sacarse moretones cuando rezaba. De hecho fue canonizado como santo, pero su santidad fue revocada a finales del siglo XIV y no fue restaurada sino hasta 1904. A pesar de su devoción, fue conocido por su crueldad y brutalidad en batalla. Sin importar sus inclinaciones personales, la relación de su esposa con el duque fallecido y las relaciones de él con el trono francés lo hacían un contendiente poderoso para el ducado.

Tal como había predicho Juan de Montfort, en septiembre de 1341 los Pares declararon a la Casa de Blois como la legítima heredera al ducado. De Blois marchó a Nantes, capturó a Montfort y lo encarceló en una torre del Louvre en París. Es probable que De Blois estimara que, con su rival en prisión, su derecho al trono estaba asegurado y sus problemas solucionados; con lo que no contaba era con la esposa de su rival, a quien el encarcelamiento de su esposo no bastaría para eliminarla de la batalla. No: Juana de Flandes no renunciaría al reclamo de su familia, incluso si tenía que luchar por sí sola.

Imaginemos la escena en que Juana recibió la noticia de la captura de su esposo. ¿Cómo habría recibido la nueva? Quizá al principio entró en *shock* y le tomó un tiempo asimilar la información. La pareja no había contemplado este escenario. ¿Qué pasaría ahora? ¿Acaso vendría De Blois por ella y por sus hijos? Juana habría estado consciente de la reputación de De Blois y no podía sino imaginar el terrible destino que éste tenía planeado para ella, su pequeña hija y su pequeño hijo.

Alguien, ya fuera un amigo y consejero o Juana misma, elaboró un plan para reclamar el ducado en nombre de su hijo. Mientras su hijo varón viviera, la Casa de Montfort tendría una oportunidad. Si Juana tenía esperanza de volver a ver a su esposo, tenía que terminar la lucha que él había iniciado.

De acuerdo con Pierce Butler, Juana reunió a los amigos y soldados fieles que le quedaban, les mostró a su pequeño hijo —de nombre Juan, como su padre— y los exhortó: "Oh, señores, no se abatan por mi señor, a quien hemos perdido: no era más que un hombre. Observen aquí a mi pequeño hijo, quien, por gracia de Dios, lo restaurará". Ella les prometió abundantes riquezas si permanecían con ella. Juana llevó este desfile a las calles, viajando de cuartel en cuartel y otorgando dinero y armas dondequiera que iba para asegurarse de que todos estuvieran contentos, fuesen bien pagados y, sobre todo, se mantuviesen fieles a la familia Montfort. Tras asegurar sus tropas, Juana llevó a su familia a la fortaleza de Hennebont, desde donde aguardaría el ataque de De Blois.

Más que cualquier otro episodio de su historia, el desempeño de Juana durante el sitio de Hennebont es lo que más seduce a sus lectores. Cuando arribaron De Blois y sus hombres, Juana misma se puso equipo de protección y cabalgó por todo el pueblo, exhortando a la gente a luchar con valor y con todo lo que tenían. Tenía disposiciones especiales sólo para mujeres: que rasgaran sus faldas, levantaran piedras de las calles y se las lanzaran a los atacantes... y que si tenían ollas disponibles con cal viva se la vertieran también encima. Desde una torre elevada observó el campamento enemigo. Cuando los hombres de De Blois habían cabalgado hacia los campos y se preparaban para el ataque, dejando el campamento vacío excepto por algunos jóvenes, Juana hizo su jugada. Salió cabalgando junto con unos 300 de sus hombres e incendió todo el campamento. El ataque destruyó muchas de las provisiones del enemigo, así como su alojamiento. Cuando los hombres de De Blois regresaron furiosos de los campos, Juana y sus hombres se internaron a hurtadillas en un castillo cercano tomando refugio hasta que pudieran volver a casa a salvo. Este osado y efectivo plan de Juana le mereció el apodo *la Flamme,* "la flama" en francés.

De Blois enfureció por la forma en que esta mujer advenediza lo tomó por sorpresa y redobló entonces sus esfuerzos para tomar Hennebont, pero sus hombres siguieron sufriendo fuertes pérdidas cada vez que se enfrentaban a las fuerzas de Juana de Flandes. Pareciera que, al enfrentarse los bandos cara a cara, no iba a capturar a esta candidata a duquesa en Hennebont, por lo que tomó a una buena porción de sus hombres y se fijó el objetivo de adueñarse en su lugar de la cercana Auray. Las fuerzas que dejó atrás para atormentar a Hennebont tuvieron mucho mejor desempeño que el del propio De Blois, y muchos consejeros de Juana le recomendaron que se rindiera. Ella se negó e insistió en que las fuerzas inglesas que había solicitado hacía mucho tiempo llegarían finalmente a rescatarlos. Algunos relatos sostienen que les suplicó a los lores de Bretaña que la respaldaran y le enviaran ayuda inglesa dentro de los tres días siguientes. A pesar de la presión constante, una vez que declaró que Inglaterra vendría Juana no cedió y permaneció fija junto a la ventana mirando hacia el mar. Al segundo día detectó los barcos ingleses y gritó: "Veo la llegada de los socorristas de Inglaterra". Las fuerzas inglesas, en efecto, venían a ofrecerle refuerzos, pero el mal clima los había retrasado mucho.

A pesar de la llegada y el apoyo de Sir Walter Manny, Juana y sus tropas perdían terreno contra De Blois y sus hombres. Se aferraron a Hennebont pero perdieron Auray, Dinan y otras ciudades. Sabía que no resistiría mucho más a este paso y tenía que apelar a un poder mayor: el del rey de Inglaterra, Eduardo III, así que zarpó hacia allá para hacer su petición en persona.

Al final Eduardo le concedió lo que solicitaba y ella navegó de vuelta a casa con una flota de barcos bajo el mando de Roberto d'Artois. Antes de que pudieran volver a Bretaña sufrieron el ataque de Sir Louis de España, que se había unido a las fuerzas de De Blois. Frente a la costa inglesa ambas flotas se enfrascaron en una feroz batalla naval. Los registros indican que Juana tenía una pequeña espada que empuñaba con valor y enfrentó a las fuerzas españolas mano a mano. Tras un intenso día de lucha, una enorme tormenta arrasó con los barcos, haciéndolos volar en todas direcciones y dando así fin a la batalla. Los barcos franceses y españoles terminaron cerca del Canal de la Mancha, mientras que Juana y sus fuerzas desembarcaron cerca de Vannes, una ciudad que alguna vez había sido amigable y que lograron recuperar casi sin esfuerzo. Si fue el destino, Dios o la propia habilidad superior de Juana para navegar lo que llevó a los barcos ingleses a desembarcar a salvo el mundo nunca lo sabía. De alguna forma, Juana escapó de una fuerte batalla naval tan sólo un día después de que comenzara y se encontró a sí misma no muy lejos de casa, lo que le permitió regresar a salvo a Hennebont.

En 1345 Juan, el esposo de Juana, escapó del Louvre y obtuvo de parte de Eduardo III un ejército propio para pelear. Regresó a Bretaña, pero fue muerto en batalla. No se sabe si marido y mujer volvieron a verse alguna vez antes de su muerte. Ahora Juana estaba realmente sola en su lucha por obtener el ducado. Continuó luchando por casi 20 años, hasta 1364, cuando Carlos de Blois fue abatido en la batalla de Auray. Juana de Penthièvre fue obligada a renunciar a su reclamo por el ducado y conformarse con ser condesa de Penthièvre. Una vez que la Casa de Blois quedó fuera del camino, el joven Juan de Montfort finalmente recibió el ducado y fue nombrado el legítimo duque de Bretaña, título que mantuvo hasta su muerte y que después heredó a su hijo.

Algunos relatos indican que Juana no llegó a disfrutar del reino de su hijo, por el que había peleado tanto y durante tanto tiempo. Varias versiones afirman que ella tenía una enfermedad mental y fue confinada en un castillo en Inglaterra bajo la atención de un cuidador, por lo que nunca regresó a Bretaña. Es probable que muriera en Inglaterra alrededor de 1374. Algunos sugieren que en realidad no estaba enferma, sino que era una mera presa política de Eduardo III, quien quería asegurarse de que Bretaña continuara siendo aliada de los ingleses. Aunque una enfermedad mental puede asolar a cualquiera en cualquier momento de la vida, sí resulta sospechoso que una mujer que lideró con éxito una campaña militar por más de 20 años sin mostrar signos previos de enfermedad de pronto sucumbiera de forma tan dramática como para requerir de cuidado y confinamiento permanentes. Parecería más factible que, sabiendo de lo que la mujer era capaz, Eduardo no quisiera dejar al azar su lealtad, y con ella la de Bretaña a Inglaterra. De ser cierto, la historia de Juana de Flandes tuvo un final notablemente infeliz: traicionada por un hombre que la usó para sus propios fines políticos fingiendo ayudarla. Esperemos que haya encontrado consuelo al saber que, al menos, su lucha no fue en vano; incluso aunque no hubiera vuelto a Bretaña para ver por sí misma a su hijo en el trono, podía morir con la convicción de que el hombre que ella consideraba el legítimo heredero al ducado, su hijo Juan, gobernaba Bretaña. Haciendo frente a adversidades imposibles, esta mujer emprendió una guerra y resultó victoriosa. Los Montfort retuvieron el control del ducado de Bretaña hasta que dejó de existir, cuando se anexionó a Francia en 1547.

A pesar de su fin probablemente ignominioso, a Juana se la recuerda con afecto en la historia. El filósofo David Hume la denomina "la mujer más extraordinaria de su época". Se la considera el modelo cimero de la mujer guerrera en Francia —a pesar de que luchó *contra* Francia— y, como se ha mencionado, se considera una fuente de inspiración para Juana de Arco. Pero ¿fue una pirata? Bueno, en definitiva fue una guerrera, que ya es un buen principio. También peleó batallas en el mar, incluida aquella infame contra Sir Louis de España, yendo al extremo de embarcarse en un duelo de espadas durante la reyerta. Sin embargo, su verdadero linaje en la piratería proviene de su "robo" del ducado de la Casa de Blois, la flor y nata oficial de París. Con su ingeniosa maniobra en Hennebont (que recuerda la astucia del saqueo de Latmos a manos de Artemisia), se las arregló para birlarle el ducado a De Blois, y eso la hace una pirata: ciertamente no un ejemplo perfecto de pirata de libro de texto, pero sí alguien con el indiscutible derecho a ocupar un lugar propio entre sus hermanas en el panteón de las piratas.

***

Otra pirata de esta época también llevó por nombre Juana: Juana de Belleville. Aunque, a diferencia de Juana de Flandes, Belleville sí es merecedora de una breve mención en *The History of Piracy* de Gosse, su vida no está tan bien documentada como la de De Flandes. Su historia sigue siendo muy popular como leyenda popular francesa, pese a que, como se dijo antes, en la guerra de sucesión bretona luchó —a semejanza de Juana de Flandes— en contra de la Corona francesa. Los historiadores franceses, al parecer, no permiten que nimiedades como la lealtad a la patria interfieran con la historia heroica de una buena pirata, lo cual enriquece notablemente su historia.

Juana de Belleville nació en Belleville-sur-Vie, un castillo y fortaleza en la costa oeste de Francia. Sus padres eran nobles acaudalados y ella probablemente disfrutó de una bucólica niñez en las tierras del castillo, que heredaría con el tiempo. El historiador Richard Bentley la denominó "una de las mujeres más bellas de su época". Sin embargo, su niñez no duró mucho, pues a los 12 años la aliaron en matrimonio con un noble bretón. Tuvieron dos hijos antes de la muerte de éste en 1326.

Juana fue viuda durante cuatro años antes de casarse con su segundo esposo, Olivier de Clisson, un noble muy rico con quien tuvo cinco hijos. Según numerosas fuentes, la relación, si bien no fue precisamente un vínculo de amor, al menos fue una alianza mutua a todas luces exitosa. A los 30 años de edad Juana había tenido dos esposos y siete hijos. ¿Qué más lograría después de eso?

Cuando llegó la guerra de sucesión bretona, Olivier eligió apoyar a su amigo Carlos de Blois en su reclamo por el ducado. Al parecer peleó con lealtad a favor de la Casa de Blois, pero Carlos de Blois se convenció de que De Clisson era un traidor y se había unido a los ingleses. No hay claridad sobre por qué creyó esto. Algunas leyendas afirman que cuando De Clisson fue capturado por los ingleses en Vannes en 1342 la recompensa que se exigía por su regreso le pareció sospechosamente baja a De Blois. Esto lo llevó a concluir que De Clisson no había luchado con tanta valentía como podría haberlo hecho, y que quizá no era tan leal a la Casa De Blois como afirmaba serlo. Otras versiones del relato establecen que Clisson en efecto cambió de bando, aunque son mucho menos frecuentes estas relaciones. En cualquier caso, De Blois ya no tenía certeza de que su amigo velara por sus intereses. Esto no servía. Durante una tregua en la batalla de 1343 Dc Blois ideó un plan con el rey francés, Felipe VI, para asesinarlo. Olivier y otros lores bretones recibieron una invitación a Francia con el pretexto de un participar en un torneo amistoso. No obstante, cuando arribaron a tierras francesas De Clisson fue arrestado, llevado a París y juzgado como traidor de Francia. Fue sentenciado y condenado a muerte. Después de su ejecución, su cabeza fue enviada a Nantes, capital de Bretaña, y se exhibió en una pica como advertencia para otros posibles futuros desertores de la causa francesa.

Las acciones del rey Felipe conmocionaron a la población. El juicio de Olivier no ofreció ninguna evidencia pública de que fuera culpable: tan sólo se adujo que él había confesado ser un traidor. Además, la exhibición de un cadáver solía reservarse para ocasiones en que el criminal era una persona común o de clase baja. El pueblo sintió que el rey Felipe había ido demasiado lejos y que quizá había asesinado a un hombre inocente. Y nadie sintió más furia que la viuda de De Clisson, Juana de Belleville.

Cuando se enteró de que su esposo había sido engañado para ir a Francia y luego asesinado sin razón ella entró en acción. Si los franceses ya no eran aliados de su esposo, entonces ella dejaría de apoyarlos. Cortó todos los lazos con la Casa de Blois y dedicó su vida a hacer que los franceses pagaran por lo que le habían hecho a su familia. Pero antes, según algunas fuentes, llevó a sus hijos a Nantes para que vieran la cabeza de su padre.

Para un lector moderno podría parecer un tanto desconcertante, por decir lo menos, que Juana eligiera exponer a sus jóvenes hijos a tal violencia. Sin duda los chicos ya estaban devastados por la noticia de la muerte de su padre; traumatizarlos aún más con la evidencia de su asesinato en sí pareciera, en el mejor caso, redundante y, en el peor, cruel. Pero Juana no buscaba proteger a sus chicos del dolor. Ahora conocía lo duro y despiadado que podía ser el mundo, donde incluso los hombres inocentes podían ser asesinados a manos de reyes. Juana eligió mostrar a sus hijos lo dura que es la vida para encender en ellos una llama de odio, llamas gemelas de la que ahora ardía en su pecho. En su mundo no había tiempo para el pesar, sólo para la venganza.

Tras su viaje a Nantes, Juana comenzó a juntar el dinero que necesitaría para montar un ejército que aterrorizara a los franceses. Gran parte de sus tierras se las había confiscado el rey Felipe debido al "crimen" de su esposo. Vendió lo que le quedaba, incluidas sus joyas y muebles (algunos relatos afirman que también vendió su cuerpo), para equipar un ejército. Su objetivo era expulsar por completo a los franceses de Bretaña. Hay muchos y variados relatos de los lugares que atacó y carecen de mucho detalle, pero casi todos coinciden en que cualquiera que fuese el lugar que tomaba, lo hacía de forma sanguinaria. Masacraba a cada uno de los habitantes de cada sitio, excepto a uno o dos, a quienes dejaba vivos para que le informaran a Francia exactamente quién había realizado el acto.

El camino que Juana eligió tras el asesinato de su esposo parece casi impensable, pero quizá fue preferible a las alternativas que tenía frente a ella. Ya fueran ricas o pobres, no podía decirse que la vida de la mayoría de las mujeres medievales fuera agradable. Tenían dos modelos a seguir: Eva, la mujer caída, y la Virgen María (manifestación original de la dicotomía Madona/prostituta). Sin duda muchas mujeres sentían que su lugar estaba en algún sitio intermedio entre estos dos iconos. No tenían acceso a la educación. La expectativa de vida no era muy larga. Irónicamente, muchos académicos sostienen que tras la peste negra de mediados del siglo XIV el estatus de las mujeres medievales mejoró brevemente debido a la poca gente que quedó con vida. Las mujeres sobrevivientes podían recibir mejores sueldos gracias a que había empleos mejor pagados disponibles y así se podía retrasar el matrimonio, aumentando sus probabilidades de sobrevivir. El parto era un espectro que acechaba a todas las mujeres casadas. Se estima que 20% de las mujeres en la Edad Media murió en las labores de parto, 5% durante el nacimiento y otro 15% debido a complicaciones posteriores al parto. Cuestiones que se consideran menores hoy en día, durante esa época solían resultar fatales. La presencia de las parteras —uno de los pocos oficios desempeñados únicamente por mujeres— ayudaba a hacer más seguro el parto, pero una vertiginosa variedad de complicaciones podía matar a una mujer embarazada. Juana había sobrevivido a numerosos partos; quizá sentía que había burlado a la muerte y, por lo tanto, podía exterminar franceses a voluntad, cediéndoles su lugar.

Ausente su marido, Juana habría tenido la opción de entrar a un convento. La vida de las monjas era ligeramente más fácil que la vida de una mujer casada promedio: en el convento había algo de acceso a la educación básica; las monjas no tenían miedo de morir en el parto; igual participaban en labores domésticas, cocinando y produciendo cosas para el convento, además de las muchas horas que dedicaban al estudio y el rezo. Las monjas *podían* escalar en los rangos religiosos —el único puesto con movilidad ascendente para una mujer en la Edad Media—. En ocasiones la abadesa, jefa de un convento, no sólo aconsejaba a las monjas bajo su cuidado sino también a los monjes de algún monasterio contiguo. Además de la reina, la abadesa probablemente tenía el cargo más alto que podía tener una mujer en esa época. Pero a Juana no le interesaba estar recluida en un estilo de vida religioso: buscaba venganza. Así que se hizo a la mar, forjando un nuevo camino.

Juana decidió que prefería la batalla naval a la terrestre. No dejaría de hacer que los franceses pagaran, pero lo haría en el mar. Con lo que le quedaba de dinero zarpó hacia Inglaterra con dos de sus hijos para armar una pequeña flota de tres barcos. Se desconoce el paradero de sus otros hijos en ese tiempo. Algunos relatos dicen que uno de ellos murió en este viaje a causa de las inclemencias del clima. Se dice que después mandó al otro hijo que seguía vivo a vivir en la corte inglesa con el joven Juan de Montfort, que tiempo después se convertiría en el nuevo duque de Bretaña. Estos detalles sobre sus hijos sólo están presentes ocasionalmente en la leyenda de Juana. Independientemente de que tuviera a sus hijos consigo o no, y de cuántos de ellos sobrevivieran al viaje, Juana pronto armó su flota de barcos, a la que llamó la Flota Negra. Pintó de negro estos barcos y tiñó de color rojo sangre sus velas. No le interesaban la sutileza ni el subterfugio. Quería que la gente que la viera venir supiera el destino que le aguardaba. A sus víctimas no les tomaría por sorpresa el ataque, como sí le había ocurrido a su esposo.

Juana y su Flota Negra navegaron a lo largo del Canal de la Mancha, haciendo presa de todo barco francés que tuvieran al alcance. Su plan era el mismo que el terrestre: asesinar a todos, excepto a uno o dos mensajeros. Las leyendas sobre su brutalidad se expandieron con avidez por toda Europa, y la "Leona de Bretaña" se convirtió en una temida pirata. Algunos relatos afirman que fue una corsaria oficial de Inglaterra, pero los ingleses habrían tenido que pasar por alto su inclinación personal por decapitar a todo noble francés que capturaba, pues ello no era exactamente un protocolo corsario. Sin embargo, pudo haber mantenido a las fuerzas inglesas abastecidas de provisiones durante varias batallas contra los franceses. Su servicio a los ingleses parece haber sido, con todo, una ocurrencia tardía —mucho menos importante para ella que la destrucción de las tropas francesas—. Se desconoce si tenía algún cariño especial por la Casa de Montfort, pero su odio a la Casa de Blois era profundo y claramente obraba en beneficio de los De Montfort.

La muerte del rey Felipe VI en 1350 no disminuyó la piratería de la Leona, quien durante otros seis años continuó causando estragos a los barcos franceses en el Canal de la Mancha. Unas fuentes estiman que la trayectoria pirática de Juana duró 13 años en total. En lugar de presenciar la guerra completa y asegurarse de que su candidato ganara el ducado en la guerra de sucesión bretona, ella se retiró ocho años antes de que concluyera el conflicto y se casó con un adjunto del rey Eduardo III.

Este acto de Juana y su cobertura histórica dejan muchas preguntas sin respuesta: ¿por qué decidió casarse una tercera vez? Si era tan útil a las fuerzas inglesas, ¿por qué no les ayudó a terminar la guerra? ¿Cómo conoció a Sir Walter Bentley, su nuevo esposo? Quizá esta acción muestra que no estaba realmente en la batalla para respaldar a De Montfort, sino simplemente para causarle daño a De Blois y al rey Felipe. Pero entonces ¿por qué no retirarse a la muerte de Felipe? Quizá se le acabó el dinero para mantener a su Flota Negra; tal vez la viuda solitaria se enamoró apasionadamente del *lord* inglés; quizá simplemente se cansó de navegar; acaso, tras tantas capturas y decapitaciones, su ansia de venganza un día por fin se sació. Lo único certero es que se casó con Sir Walter y dejó atrás sus días de piratería. El rey Eduardo le había heredado a Sir Walter varios castillos y tierras por sus servicios a Inglaterra. Algunas relaciones afirman que a Sir Walter se le cedió el control de los territorios e intereses ingleses en Bretaña. Las versiones difieren en torno a qué propiedades se les dieron a los Bentleys y cuándo, pero la mayoría de las leyendas concuerdan en que al final la pareja se estableció de vuelta en Francia, en el Castillo Hennebont, el mismo que tuviera un papel tan decisivo en el relato de Juana de Flandes. Juana de Belleville murió unos años después, alrededor de 1359.

***

Si bien la Leona de Bretaña no cuenta con tantas páginas en los libros de historia como las otras Juanas, existen algunos documentos históricos que comprueban su existencia. Un documento de la corte francesa de 1343 confirma la confiscación de las tierras de Juana debido a su traición a Francia. El mismo año un documento inglés le otorgó a Juana un ingreso económico. También se la menciona como aliada inglesa en documentos relacionados con la tregua dc 1347 entre Inglaterra y Francia. De manera que, aunque las leyendas de su Flota Negra podrían haberse vuelto más exageradas al paso de los años y las décadas, al menos existe evidencia de que esta mujer vivió alguna vez y de que cambió de bando en la guerra de sucesión bretona.

¿Por qué hay menos información acerca de Juana de Belleville que de Juana de Flandes? Sin duda las hazañas de De Belleville son más interesantes desde una perspectiva puramente pirática, pero, históricamente, los conflictos navales se registran con menos precisión que las batallas terrestres, sobre todo si hay alguna cuestión de sucesión involucrada. Ciertamente De Belleville no formaba parte directa del reclamo de sucesión, y quizá por eso la dejaron fuera. El folclor francés ha mantenido viva su leyenda durante todos estos siglos; de otra manera, en lugar de haberse convertido en la atracción principal que de hecho fue, podría haber sido una mera nota al pie de la historiografía.

¿Por qué estas dos mujeres escaparon al revisionismo moral de que fueron objeto sus antecesoras piratas? Es difícil saberlo con certeza, pero es probable que el orgullo nacional haya tenido algo que ver. En una época de alianzas constantemente fluctuantes, las naciones emergentes requerían de héroes a los cuales sumarse, y quizá estaban lo suficientemente desesperadas como para aceptar a una mujer de abanderada. Cabe resaltar que, si bien las historias son conocidas y pueden verificarse en documentos oficiales, la mayoría de los detalles sobre la vida de estas mujeres se limitan al folclor. Los historiadores oficiales las omitieron, lo que ha favorecido que su leyenda florezca libremente en voces no oficiales, muchas de ellas de mujeres. Cualquiera que sea la razón, es grato atestiguar la celebración, y no el castigo, de estas mujeres tan fuertes.

Vale la pena mencionar a Juana de Penthièvre, la tercera Juana en la Guerra de las tres Juanas. Aun cuando no luchó en el campo de batalla como lo hicieron las otras dos, era una mujer despabilada cuyas astutas tácticas mantuvieron en juego por mucho tiempo a su esposo, Carlos de Blois. Tras la muerte de éste, ella protegió el derecho de que los bretones mantuvieran el ducado lejos del control francés, incluso aliándose con los De Montfort para asegurarse de preservar la libertad de Bretaña.

Una vez zanjado el asunto de la sucesión bretona, la Guerra de los Cien Años continuó librándose con furor durante casi otro siglo. El ducado de Bretaña estaba asegurado, pero antes de ser resuelta, la cuestión de a quién pertenecían las coronas francesa e inglesa cobraría aún muchas vidas y batallas en las que se veía envuelta la mayor parte de Europa occidental. Mientras tanto, en el Mediterráneo ya estaba en curso otra batalla épica de donde emergerían algunos de los piratas más temidos. Los piratas siempre están rodeados de un aura legendaria, pero éstos en particular quedaron expuestos a participar en algunas de las narraciones más estrambóticas que se hayan elaborado. A pesar de que muchas de estas historias no eran verídicas, resulta irónico que al ser contadas por sus enemigos hayan incrementado, de hecho, el poder de los piratas y obraran a su favor. Estos piratas fueron los corsarios de Berbería.

4
UN CUENTO DE CENICIENTA
ENTRE LAS CORSARIAS

A MEDIDA que llegaba a su término la Guerra de los Cien Años en Europa, el sultanato otomano pasó de ser un reino a convertirse en un enorme imperio. El Imperio otomano era un Estado islámico que, en su apogeo, se extendía del sureste de Europa hasta el norte de África. Durante el siglo XVI la cuenca del Mediterráneo y sus alrededores fueron el centro de un arduo conflicto religioso entre cristianos y musulmanes por controlar la zona. Durante unos 150 años, de 1500 a 1650, un grupo de piratas fue parte vital del conflicto. Ellos infundieron terror en la zona y causaron un daño significativo a las potencias europeas y cristianas. Su crueldad fue legendaria y las historias de sus proezas se extendieron por todo el mundo. Se les conocía como los corsarios berberiscos, algunos de los más terroríficos piratas de todos los tiempos. Gobernaron el mar Mediterráneo hasta la adquisición francesa de Argel en 1830.

Los piratas berberiscos habían estado ahí desde el colapso del Imperio romano, pero no tomaron verdadero impulso hasta convertirse en una seria amenaza a finales del siglo XV. *Corsario*, un término que se utiliza de manera indistinta junto con la palabra *pirata*, pero que se utilizaba para designar a los piratas del norte de África, fue un nombre muy conocido durante este periodo. A los niños se les contaban historias de corsarios berberiscos para asustarlos e incitar así su buen comportamiento. Si se portaban mal, los piratas berberiscos se los llevarían y nunca más volverían a casa.

Si bien se puede demostrar que gran parte de las leyendas berberiscas son falsas, ésta —la relativa al acto de secuestrar gente— es totalmente cierta: en su cenit, los piratas berberiscos a menudo secuestraban y esclavizaban cristianos. Se estima que entre 100 000 y más de un millón de cristianos fueron capturados y vendidos como esclavos por los corsarios berberiscos. Las personas desaparecían y muy pocas volvían a su casa y a su familia tras el pago de un rescate. Esta práctica se preservó hasta los inicios del Imperio británico, aunque no se mencionaba mucho en la prensa ni en la literatura de la época. Los corsarios no sólo capturaban nuevos esclavos en el mar, sino también en poblaciones costeras en Portugal, Inglaterra, España y Francia. La esclavización de cristianos por piratas berberiscos pronto hallaría un eco en la esclavización de africanos por cristianos, lo que causaría tensión en el gran número de personas que protestaron ante los horrores de la esclavitud blanca a manos de los berberiscos, al tiempo que seguían apoyando la esclavitud negra.

En 1631 todos los habitantes del pueblo irlandés de Baltimore fueron separados de sus hogares y sometidos a una vida de esclavitud en el norte de África. En plena noche, una banda de piratas encabezada por el renegado Morato Arráez entraron al puerto con remos envueltos en yute, silenciosos como tumbas. Él y sus hombres se deslizaron en las calles, posicionándose frente a cada puerta del pueblo. Cuando vino la señal, los piratas entraron en acción, vociferando fieramente y abatiendo puertas. Sacaron a hombres, mujeres y niños de sus camas y los echaron a la calle, matando a los que se resistían. Al final, los piratas tomaron más de cien prisioneros y llevaron a estas almas infortunadas hasta Argel, donde los subastaron. Sólo algunos de los aldeanos sobrevivieron para ver Irlanda otra vez.

Es probable que la cruenta reputación de los piratas berberiscos haya sufrido cierta exageración. Dado que los Estados cristianos estaban inmersos en una guerra santa contra los Estados islámicos, el sesgo antimusulmán habría gozado de cierta popularidad entre los historiadores cristianos de la época. Para los cristianos era de gran interés demonizar a sus enemigos a través de una amplia propaganda —la cual involucraba, por ejemplo, el conveniente olvido de que una buena parte de estos corsarios berberiscos eran, de hecho, cristianos nacidos en Europa que habían cambiado de bando para poder participar en una piratería más lucrativa—. Sin embargo, los corsarios no se esforzaron en contrarrestar su reputación; por el contrario, se deleitaban en ella. Cuando se lanzaban sobre un barco enemigo, los miembros de la tripulación solían estar tan aterrorizados ante la amenaza berberisca que se rendían de inmediato. Las leyendas de la amenaza berberisca facilitaban mucho el trabajo de los corsarios, pues, en efecto, hacían una buena porción del trabajo que les tocaba a ellos. Aunque la mayoría de los que adquirieron fama eran hombres, había entre ellos una corsaria que también era reina: Sayyida al-Hurra, la última mujer con el legítimo título islámico de "al-Hurra".

Gran parte de lo que se tiene registrado acerca de los corsarios berberiscos es una enredada mezcla de mito, leyenda y realidad. Por ejemplo, debido a su cruel naturaleza, a menudo se hace referencia a los corsarios como la fuente original de la palabra *bárbaro*. Sin embargo, la historia verdadera es un poco más complicada. La palabra griega *barbaros* significaba, simplemente, "fuereño", "forastero" o "no ciudadano". Con el tiempo se aplicó también a diversas civilizaciones que no eran de base griega ni romana, y al final el término se aplicó a cualquier cultura ajena. El término *Berbería* o *costa berberisca* casi siempre se asocia al origen étnico berberisco de los pueblos del norte de África, pero también se dice que los romanos les decían bárbaros a los del norte de África debido a su herencia no romana, sin importar si eran o no, en efecto, berberiscos. La palabra *bárbaro* a menudo se utiliza simplemente para denominar a las "personas de Berbería", de manera que, técnicamente, sí comparte una raíz común con los piratas berberiscos, pero antecede la existencia de los corsarios. Muchas otras historias que involucran a los corsarios berberiscos son una atractiva mezcla de ficción y realidad.

Entonces ¿qué es lo que ellos hacían realmente? ¿Qué los volvía tan eficientes? Dadas las numerosas similitudes entre ellos, a menudo se les compara con un grupo más tardío de forajidos: los bucaneros. Tal como ellos, los corsarios estaban localizados en una zona relativamente pequeña. Los corsarios berberiscos estaban principalmente en tres puertos: Argel, Túnez y Trípoli, además de algunos grupos pequeños a lo largo de las costas del norte de África. Ambos grupos también se componían sobre todo de corsarios, más que de verdaderos piratas. Definidos técnicamente, los corsarios eran quienes atacaban solamente a los enemigos del Estado. Los gobernantes locales, llamados *beys*, ofrecían licencias de corsarismo a cambio de 10% de las ganancias, más cuotas portuarias. Los bucaneros gozaban de un arreglo similar, aunque a menudo menos reglamentado, con los gobiernos locales de su zona. No obstante, no se organizaban exactamente igual. Los bucaneros y los corsarios diferían en sus métodos, su vestimenta y en la duración del tiempo en que estuvieron activos. Durante su apogeo los corsarios también tuvieron un mayor ascendiente sobre la imaginación del público, probablemente gracias a una combinación entre lo exitosos que eran y el miedo que infundían.

Aunque esta regla no siempre se seguía de manera estricta, bajo su propio arreglo con los *beys* los corsarios atacaban cualquier barco no musulmán, en particular los de países con los que el imperio estaba en guerra. Este sistema beneficiaba tanto a los *beys* como a los corsarios, quienes podían utilizar los puertos bulliciosos a las órdenes de aquéllos para vender y comercializar sus mercancías robadas —desde bienes hasta esclavos—, así como reparar sus barcos y armamento y obtener provisiones y tripulación para su siguiente viaje. A cambio, los *beys* o los sultanes del imperio los podían llamar para luchar contra los cristianos en batallas navales. De hecho, los corsarios participaron en todas las batallas principales del siglo xvi, reforzando la flota del sultán y brindando sus expertos conocimientos de navegación en detrimento de los adversarios cristianos (en su mayoría españoles).

Los gobernantes de la zona valoraban y alentaban la actividad corsaria en contra de sus enemigos, y no sólo por la potencia y el arrojo que mostraban en la lucha. Como explica Angus Konstam en *Piracy: The Complete History,* la geografía de la zona también jugó un papel en la popularidad de los corsarios. La costa del norte de África corre justo a lo largo del límite con el vasto desierto del Sahara, lo cual vuelve casi imposibles la agricultura y otras empresas terrestres. Si acaso habrían de venir, las riquezas tendrían que llegar por mar. Los corsarios eran la columna vertebral en las economías de ciudades portuarias y brindaron enormes riquezas al Imperio otomano. El imperio mismo tenía su sede en Estambul, que estaba lo suficientemente lejos de la costa del norte de África como para permitirles a los gobernantes y corsarios locales la libertad de acción suficiente para llevar a cabo sus negocios sin interferencia. A excepción de cuando eran requeridos en la guerra, la mayor parte del tiempo el imperio dejaba a los corsarios solos para que hicieran lo que quisieran.

A pesar de la reputación de extraños y extranjeros que los europeos conferían a los corsarios, un sorprendente número de ellos se parecía mucho a sus víctimas europeas. Se estima que varios miles de corsarios berberiscos venían de Europa. Muchos de ellos, incluidos algunos de los más famosos, tenían ascendencia holandesa. Aprendieron a navegar en Europa, pero llegaron a la costa del norte de África para aprovechar las amplias licencias corsarias que emitían los *beys* y los sultanes de la zona. La conversión al islam parecía un precio pequeño que pagar para volverse más rico de lo soñado. A estos conversos se les conocía como *renegados.* Se decía que eran de los piratas berberiscos más rudos y despreciados. El que el mundo occidental convenientemente olvidara mencionar el hecho de que algunos de los "bárbaros" más temibles eran, en realidad, de su propia estirpe constituye otra instancia de revisionismo histórico.

***

La influencia de los corsarios en la cuenca del Mediterráneo menguó alrededor de 1650; sin embargo, debido a su papel en el desarrollo de los Estados Unidos son merecedores de una nota al pie en la historia de esta nación. Antes de la declaración de independencia las colonias estadunidenses estaban protegidas de los piratas berberiscos bajo el tratado de paz que Inglaterra sostuvo con los corsarios. Las naciones que no estaban en paz con los corsarios tenían que arriesgarse a un ataque o pagar un tributo: una exorbitante cuota de protección. Las cuotas no estaban reguladas y podían cambiar en cualquier momento de acuerdo con los caprichos de los gobernantes (como sucedía con los tratados de paz). Un gobernante berberisco podía declarar el fin de un tratado de paz cortando una bandera frente a la embajada de una nación rival.

Ya sin la protección de Inglaterra y, por tanto, forzados a establecer su propio acuerdo con los corsarios, los Estados Unidos habían pagado dos millones de dólares como tributo en el momento en que el presidente Thomas Jefferson tomó posesión. Jefferson decidió que la nación en ciernes tenía que posicionarse para probar que debía ser tomada en cuenta con seriedad y que era capaz de defenderse de potencias extranjeras. En 1801 Jefferson le declaró la guerra a Trípoli. Esta guerra duró más de una década y dos presidencias antes de que los Estados Unidos estuvieran, finalmente, a salvo de la amenaza de los corsarios berberiscos. También llevó a la creación de la Marina estadunidense, que se construyó expresamente para combatir a los corsarios. Aunque a menudo se olvida en las clases y conferencias sobre la historia moderna de los Estados Unidos, la lucha contra los corsarios estará por siempre inmortalizada en la cultura estadunidense, de manera un poco insólita, a través del himno de la Marina: "De los salones de Moctezuma a las costas de Trípoli".

Los corsarios berberiscos produjeron una serie de piratas notables, ningunos más famosos que los hermanos Barbarroja. Su preponderancia en gran parte de la Berbería y la guerra que sostuvieron contra España hacen que estos hombres sean personajes de innumerables leyendas e historias. Se dice mucho de ellos, pero muy poco puede verificarse, ni siquiera sus nombres. Algunas fuentes afirman que se les llamaba Barbarroja debido al color de su barba; empero, otros dicen que, debido a su bondad, el hermano Aruj era conocido como Baba Aruj, siendo *Baba* el título honorífico para "padre"; el término después se occidentalizó como Barbarroja. Más allá de la procedencia de su nombre, estos hombres dejaron una gran huella en la historia de la región. Según se dice, ayudaron a Sayyida al-Hurra en sus inicios.

Desde los grandiosos hermanos Barbarroja hasta los corsarios de menor estirpe, los piratas berberiscos utilizaban, a grandes rasgos, la misma técnica de ataque: se acercaban al barco enemigo navegando detrás suyo hasta abordarlo desde la popa. Utilizaban ganchos de agarre y otras herramientas para saltar a bordo y confrontar a la tripulación en un combate mano a mano. Atacaban principalmente buques comerciales, que carecían de combatientes entrenados, por lo que las batallas solían ser cortas. Además, la temida reputación de los corsarios por lo general propiciaba que, para salvar su vida, las tripulaciones optaran por rendirse de inmediato. Los que eran tomados como prisioneros eran subastados o vendidos como esclavos de regreso en el puerto. Muchas personas capturadas por los corsarios ya eran esclavos antes: galeotes que remaban en los barcos. Ésta era otra razón por la cual los barcos corsarios a menudo salían victoriosos en la batalla: tenían la ventaja de estar tripulados enteramente por piratas libres, que estaban más motivados para defender sus propios barcos.

El método de ataque favorito de los corsarios estaba diseñado conforme a las fortalezas y debilidades de su barco. La galera corsaria marcó una diferencia con los barcos de guerra de la época y se parecía más a los barcos piratas de la antigüedad, con fuertes semejanzas a los barcos monorremo que utilizaban los griegos antiguos. Las nuevas galeras tenían un mástil o más, pero también entre 20 y 30 remos, cada uno de los cuales requería de tres a seis remeros. En la cuenca del Mediterráneo la falta de brisa hacía que un barco permaneciera muerto en el agua sin otra forma de propulsión. Gracias al poder de los remeros, el regreso a las galeras permitió que los corsarios prácticamente danzaran alrededor de su presa cuando no había viento.

La mayoría de los corsarios berberiscos utilizaban un diseño de galera modificada, llamada galeota, que era más pequeña y más rápida que una galera tradicional, lo cual brindaba a los piratas una ventaja aún mayor sobre sus objetivos. Las galeotas tenían un solo mástil; en lugar de 20 o 30 remos, tenían entre 12 y 24 remos, que podían ser operados por sólo dos remeros cada uno. No hay que olvidar que en las galeotas piratas los remeros eran hombres libres y no esclavos, que eran los remeros elegidos para las galeras no piratas. La decisión no era del todo altruista, pues, además de la motivación creciente para pelear, el tamaño reducido del barco requería que todos los tripulantes se incorporaran al abordaje para poder lograr el mayor impacto. Los corsarios tenían galeras más grandes, pero las utilizaban para asaltos, como embarcaciones de refuerzo y como naves de mando. En ocasiones, durante los ataques corsarios se utilizaban tartanas, que eran muy similares a las galeotas, con la excepción de que tenían dos mástiles en lugar de uno.

Las galeras también tenían un castillo de proa especial equipado tanto con artillería orientada hacia el frente como con cañones giratorios. No obstante, las armas no eran el elemento más deseable del diseño, pues los corsarios evitaban los tiroteos a toda costa. Un combate con armas de fuego dañaba a ambos barcos y reducía el valor de reventa del barco capturado, por lo que no era prudente desde el punto de vista financiero. La ligereza de la galera, que la hacía más maniobrable, también implicaba que era menos resistente y más vulnerable en los combates frente a frente; de ahí que se hiciera popular el método del abordaje, pues les permitía a los corsarios utilizar la rapidez a su favor sin exponer sus debilidades ante los barcos enemigos. El diseño de la galera la mantuvo en boga en los siglos siguientes y fue utilizado por piratas de todo el mundo, incluida, muy probablemente, la reina del Mediterráneo, Sayyida al-Hurra.

**

En 1492 Fernando e Isabel, los monarcas católicos de España, concluyeron la lucha entre cristianos y musulmanes por el control de la península ibérica, que había durado casi 800 años. Esta sangrienta batalla, conocida como la Reconquista, culminó con la captura española de Granada. Muchos miles de musulmanes consideraron insoportable la vida bajo el mandato cristiano y huyeron de España, emigrando al norte de África, que les resultaba más acogedor. Una de las innumerables familias que emprendió el trayecto hacia el sur fue la Banu Rashid, una tribu poderosa y de considerable riqueza. Una de las hijas de la familia Banu Rashid, nacida alrededor de 1485, nunca olvidaría lo que se siente el exilio y el dolor que éste ocasionó en su familia. Dedicaría su vida a hacer que los españoles pagaran por lo que habían hecho. Su nombre real se ha perdido, pero creció bajo el nombre de Sayyida al-Hurra, que significa "la mujer soberana [que ejerce] el poder".

Pasó su niñez en Chauen (Xauen), una ciudad en lo que hoy es Marruecos que alojó a una gran comunidad de refugiados en esa época. De niña, Sayyida debió de pasar innumerables noches escuchando a los adultos hablar sobre cuánto odiaban a los cristianos españoles y cómo harían cualquier cosa por vengarse de ellos. A menudo se hacían planes de volver a España y las incursiones contra los españoles eran casi permanentes. Muchos exiliados estaban obsesionados, si no con la idea de volver a casa, sí con la intención de dañar a los españoles. Tiene lógica que, tarde o temprano, tener un plan de acciones prioritarias común provocara la entrada en contacto de este grupo de refugiados iracundos con los corsarios. Mientras Sayyida crecía, esperaba pacientemente la oportunidad de unirse ella misma a los corsarios berberiscos, lo que no ocurriría sino más de 20 años después.

Desde niña habían comprometido a Sayyida con un hombre llamado Abu al-Hasan al-Mandri. Las fuentes no aclaran si desposó a al-Mandri padre, que era unos 30 años mayor que ella, o a al-Mandri II, su hijo. De cualquier manera él la apoyó, o al menos le permitió involucrarse en sus asuntos políticos. Su esposo era el gobernante de Tetuán, una población cercana en lo que hoy día es Marruecos, a unos 65 kilómetros de Chauen.

Incluso si su matrimonio no fue por amor, al parecer el esposo de Sayyida por lo menos la respetaba. Le permitía gobernar con él y participar en sus esfuerzos por reconstruir la ciudad de Tetuán, que había sido destruida por los castellanos alrededor de 1400. Los al-Mandris enviaron una delegación al sultán de Marruecos, Abu al-Abbas-Amhad ibn Muhammad, de la dinastía de los wattásidas, y pidieron su autorización para volver a poblar la ciudad y defenderla de los atacantes. Ésta posiblemente fue la primera vez que Sayyida entró en contacto con el sultán, quien tendría un papel muy importante en su vida tras la muerte de su esposo. Una vez que el rey aceptó, los al-Mandris devolvieron minuciosamente a Tetuán su antiguo esplendor y la convirtieron en una punzante metrópolis, con una gran mezquita y pequeñas callejuelas laberínticas para protegerse de invasores. Hoy en día la antigua ciudad de Tetuán ha sido declarada patrimonio de la humanidad por la UNESCO.

El esposo de Sayyida murió en 1515. Tras su muerte, ella heredó su título y se proclamó entonces la única gobernadora de Tetuán.

Este acto sentó precedente para muchas mujeres piratas que vendrían después de ella, entre ellas Cheng I Sao. Al heredarlo tras la muerte de su esposo, una mujer era capaz de asumir el poder. Sayyida fue confirmada de manera oficial como prefecta de Tetuán, pero pronto la ascendieron a gobernadora de la zona, con lo que obtuvo de forma legítima el título de al-Hurra, que significa "mujer libre e independiente".

Durante el Imperio otomano la vida de todas las mujeres islámicas estaba sujeta a la sharia, un sistema moral y religioso considerado la ley infalible de Dios. Proveniente de la profecía religiosa y no de legisladores humanos, gobierna toda clase de asuntos, desde los convencionales como el crimen y el comercio hasta los más personales, como la alimentación, los encuentros sexuales y la higiene corporal. Bajo la sharia, las mujeres deben vestir un velo cuando están cerca de hombres que no sean su esposo o sus familiares cercanos. No obstante, en la época de Sayyida las mujeres bajo la sharia tenían más libertad que las mujeres bajo muchos sistemas legales de Occidente. Por ejemplo, las interpretaciones tradicionales de la sharia indicaban que las mujeres islámicas podían divorciarse, mantener sus apellidos después del matrimonio y manejar sus propios asuntos financieros.

Para Sayyida no bastaba el triunfo político. Ahora que tenía mucho poder, decidió usarlo para hacer que sus enemigos pagaran por lo que le habían hecho a su familia y a su pueblo. Casi 800 kilómetros la separaban de la base de operaciones del corsario berberisco Jeireddín Barbarroja en Argel, pero, de algún modo, la prefecta de Tetuán entró en contacto con el último y más famoso hermano Barbarroja y consiguió algunas recomendaciones sobre el negocio de ser corsario. Se desconocen los detalles sobre cuándo, cómo y dónde se conocieron, pero uno imagina que al temible pirata al principio le entretuvo y después le impresionó la mujer de Tetuán. Sayyida comenzó a ejercer el corsarismo y, de acuerdo con Fatima Mernissi en su libro *The Forgotten Queens of Islam* [Las reinas olvidadas del islam], pronto se convirtió en la "indiscutible líder de los piratas en el Mediterráneo occidental".

Sayyida entra a los registros históricos a través de las bitácoras de transacciones de las autoridades españolas y portuguesas que trataron con ella. Era la persona que podía liberar a un rehén o negociar los términos para el comercio. En los documentos españoles y portugueses Sayyida figura como una fuerza preponderante en la zona. España y Portugal no la consideraban un mero fastidio sino una legítima potencia naval: una verdadera rival. Siempre se la nombra sólo como "Sayyida al-Hurra"; nunca se menciona su nombre real.

Sayyida rigió sobre el Mediterráneo occidental durante 20 años. Aunque nadie sabe de cierto si en efecto navegó con los piratas que comandaba, definitivamente estaba a cargo, y esto era de público conocimiento. Sus equipos de corsarios robaban en tierra, tomaban prisioneros y esclavizaban cristianos. Las tripulaciones corsarias hundían barcos europeos. El dinero que ella obtenía de sus labores regresaba a Tetuán, que gracias a su trabajo ya era próspera. No sólo Sayyida sino también muchas de las familias exiliadas de Tetuán sentían que habían sido recompensadas por la injusticia que habían sufrido. Sayyida se aseguró de que los españoles supieran que los moros de Granada no habían olvidado el trato que habían recibido.

Justo antes del término de su reinado Sayyida decidió volver a casarse. En 1541 la viuda de casi 30 años fijó la vara muy alta. Eligió como pretendiente ni más ni menos que al propio sultán de Marruecos: Abu al-Abbas Ahmad ibn Muhammad, gobernante del reino de Fez. Muchos años antes, como recién casada, ella le había pedido ayuda para la reconstrucción de su ciudad. Ahora florecía la ciudad que él le había ayudado a hacer renacer de las cenizas, y ella regía no sólo sobre la ciudad sino también sobre la mitad del mar Mediterráneo. La joven parece haber impresionado sobremanera al sultán, y las fuentes afirman que quería mucho a Sayyida.

Estaba tan enamorado de su nueva prometida (o totalmente bajo su influencia) que aceptó su petición de dejar la capital de Fez y desplazarse hasta Tetuán para que la boda fuera en casa de Sayyida. El viaje, de unos 270 kilómetros, no era particularmente largo, pero era una distancia muy grande para un gobernante. De acuerdo con *The Historical Dictionary of Morocco*, no hay precedentes de que un sultán haya dejado su ciudad capital para casarse, y ésta fue la única vez que ocurrió algo así en la historia de Marruecos. Después de la boda Sayyida rehusó irse de Tetuán y continuó gobernando como antes. Cabe preguntarse, para empezar, por qué quiso volver a casarse. Es claro que sentía que algún valor tenía, de otra manera nunca lo habría hecho, pero no parece que tuviera interés en mantener una casa o en vivir en la misma ciudad que su nuevo esposo. Tal vez sentía que una alianza con el sultán incrementaría su poder.

¿Qué pensamientos cruzaban por su mente el día de su boda?

¿Acaso se representaba a la niña asustada que había sido obligada a dejar atrás su hogar? Había atravesado una gran distancia, tanto literal como figurativamente, al pasar de ser una refugiada indefensa durante su niñez a la reina de un imperio. ¿Se habría imaginado, al comenzar su viaje, el lugar donde terminaría?

En la historia de Sayyida no se menciona si su nuevo esposo tenía otras esposas o concubinas, ni quiénes configuraban su harem; por cierto, éste es un concepto que se ha malinterpretado en Occidente desde la primera traducción occidental de *Las mil y una noches*. Completada en 1717, la traducción francesa de Antoine Galland de los cuentos popularizó las excitantes imágenes de las niñas esclavas cautivas en el harem, pasivos receptáculos que existen sólo para el placer masculino. La odalisca del arte occidental, reclinada indolentemente, semidesnuda y haciendo contacto visual con el observador, es parte de este mismo concepto. Durante muchos años los harems se percibieron como una prisión para las mujeres del sultán, donde los hombres podían buscar cualquier placer.

Los hombres occidentales que viajaban al Imperio otomano perpetuaron esta perspectiva. La historiadora Patricia Ebrey afirma que "las crónicas de viajeros invariablemente revelan tanto de sí mismos como de aquellos a quienes describen", y en este caso es verdad: a los hombres jamás se les permitía siquiera entrar a los harems. Inventaron y extrapolaron estos lugares de juego sexuales a partir de la fantasía y el cotilleo, creando en el proceso un mito que perduraría por generaciones. No fue sino hasta que las viajeras occidentales tuvieron acceso a esos sitios cuando empezó a surgir un panorama claro sobre la vida dentro del harem. Los testimonios de mujeres en primera persona comienzan en la época victoriana, por lo que son significativamente posteriores a Sayyida. Sin embargo, constituyen la mejor fuente disponible. Este conocimiento puso de cabeza las viejas ideas, pero la imagen erótica de las niñas bailarinas permanece hasta nuestros días.

La académica Leslie Peirce, al afirmar que el término *harem* "invoca la pureza y el honor religiosos", observa que el harem era más afín a un espacio religioso que a una prisión, un lugar donde las mujeres podían escapar del burdo mundo de los hombres. Existían en los hogares comunes, así como en los palacios, y eran, en esencia, grandes habitaciones donde podían entrar las mujeres y los hombres de su familia inmediata. En estos cuartos multiusos las mujeres comían, se hacían compañía y, a veces, dormían, dependiendo de la familia. Los visitantes victorianos los describen como suntuosamente equipados, cómodos y extremadamente agradables.

Dentro de los palacios reales, incluido el harem imperial, donde vivía el sultán del Imperio otomano, esos lugares seguían cumpliendo la misma función esencial, pero todos los elementos estaban magnificados a la medida del sultán. De acuerdo con el Corán, los hombres podían tener hasta cuatro esposas. Los sultanes a menudo tenían cuatro, pero no era común que se casaran oficialmente con estas mujeres sino hasta después del siglo xv. (El matrimonio de Solimán el Magnífico con su compañera Roxelana constituyó una fuerte ruptura de la tradición; pero abundaré sobre ello más adelante.) Además de las esposas, en el legendario Palacio de Topkapi, ubicado en lo que hoy es Estambul, el sultán mantenía esposas y también concubinas de diversos rangos en el harem. Dentro del harem imperial también estaban los hijos del sultán y sus nodrizas; sirvientas esclavas, que no tenían contacto sexual con el sultán y atendían como empleadas domésticas a las mujeres, y la *valide sultan*, la madre del sultán. Cada persona en el harem tenía una posición específica en el orden social y todos sabían exactamente cuál era su papel.

En la cima del harem estaba la *valide sultan*. Ejercía poder absoluto dentro de él y, a menudo, también afuera. La *valide sultan* podía gobernar como regente si su hijo era incapaz de hacerlo, y muchas de ellas continuaron gobernando incluso cuando sus hijos llegaron a la adultez (aunque de manera indirecta, influyendo a sus hijos). Sus habitaciones estaban entre el sector de los sirvientes y el de la familia, de manera que podía supervisar a todos. Recibía el mayor estipendio económico diario de entre todas las mujeres del harem y manejaba grandes sumas de dinero. La *valide sultan* estaba a cargo de algunas concesiones de tierras y de la recaudación de impuestos, que usaba para pagar sus obras públicas. La historia está llena de escuelas, hospitales, mezquitas y muchas otras edificaciones construidas bajo el auspicio de la *valide sultan*. Estas mujeres no podían gobernar de manera directa, pero hicieron lo más que pudieron dentro del sistema existente para ejercer poder sobre el sultán y controlar el destino de su reino. De acuerdo con Peirce, en el harem vivían "en el mero corazón de la vida política".

Debajo de la *valide sultan* estaban las esposas, conocidas como *kadin*. El protocolo obligaba al sultán a visitar a sus mujeres por estricto orden. La única razón por la que una mujer podía perder su turno en la fila era si por algún motivo estaba indispuesta. Cuando ingresaba al palacio, cada mujer era acogida por un oficial de alto rango; se le asignaba ropa nueva, asistía a una "escuela de buenos modales" para aprender los códigos sociales de cortesía y le enseñaban el arte de la lectura, para que pudiera leer el Corán. Las niñas que mostraban aptitudes musicales recibían instrucción sobre instrumentos musicales para tocar para el sultán. Las mejores eran seleccionadas como concubinas para él. Las mujeres de menor talento podían permanecer como *ikbal,* una clase más baja de cortesana. Si alguna mujer no era elegida para ninguna de las dos, se convertía en sirvienta, pero después de nueve años de servicio podía solicitar su libertad, cuando por lo general se casaría con un oficial de alto rango, con una dote completa. Uno se imagina una versión reducida de este sistema en el palacio marroquí de Fez, pero desde luego que Sayyida nunca fue residente en el harem de ese palacio; prefería quedarse en su propio hogar, sin estar bajo la autoridad de nadie excepto de sí misma.

Por desgracia, su matrimonio no la protegió de lo que vendría tan sólo un año después; de hecho, pudo haber acelerado su destino. En 1542, 50 años después de que su familia huyera de España, el reinado de 30 años de Sayyida llegó a su fin. Alguien la destituyó; muchas fuentes consideran que se trató de alguno de sus hijastros, uno de los hijos del rey. A pesar de haber sido una soberana bienamada por sus súbditos, a quienes había traído prosperidad por más de un cuarto de siglo, no tenía a nadie a quién acudir para proteger su derecho al trono. ¿Cómo reaccionó el pueblo de Tetuán ante la pérdida de Sayyida? ¿Estaba devastado o secretamente gustoso? No hay forma de saber qué sentimiento embebía la zona en esa época. La vida de Sayyida, en general, está muy poco documentada, pero sobre este tema prácticamente no hay nada. La mayoría de las fuentes sólo mencionan su deposición, y nada más.

***

Es curioso que, aunque su nombre no lo hiciera, el modelo de gobierno de Sayyida pudiera haber sentado precedente en su lado del mundo. Alrededor de 1534, en Estambul, el sultán Solimán el Magnífico rompió con 200 años de tradición otomana y se casó legalmente con una de sus concubinas, a quien se la conocería como Hürrem Sultan, durante el reino de Sayyida. Hürrem Sultan era la primera mujer en ejercer el poder dentro del sultanato de las mujeres. Conocida en Occidente como Roxelana y nacida en Ucrania occidental, al parecer fue hija de un cura, pero los tártaros la secuestraron y la vendieron al sultán. Un embajador de la corte de éste la describió como "joven mas no hermosa, si bien agraciada y pequeña". Hürrem escaló en la jerarquía de las concubinas y, con el tiempo, ella y el sultán Solimán se enamoraron profundamente. Cuando él estaba fuera en alguna campaña bélica, intercambiaban cartas amorosas, a menudo en forma de poemas; muchas de ellas sobreviven hasta nuestros días. Aunque Hürrem era la segunda concubina —la madre del heredero del sultán estaba antes que ella en la fila—, logró desbancar a la primera esposa y a su hijo, y con el tiempo aseguró a su hijo como presunto heredero. Se la conocía como *Haseki Sultan* (esposa principal del sultán), y ejercía considerable influencia sobre él (y, en consecuencia, sobre el imperio). Se decía que ella "tenía la brida de la voluntad del sultán en sus manos". El sultán dejó de visitar a sus demás concubinas por placer sexual y permaneció en una relación monógama, dedicado a Hürrem hasta que ella murió.

Solimán unificó el harem (antes alojado en otro lugar) con el resto del palacio, llevando a las mujeres del ámbito privado a la esfera política. De ahí en adelante las esposas y las madres de los sultanes podían estar a su lado y ejercer influencia en sus decisiones y asuntos. La participación de Hürrem fue decisiva al acercar a las mujeres al corazón del poder; no obstante, a menudo se la describe como una arpía confabuladora que embrujó al sultán. Sin embargo, tal como había intentado hacer Mahidevran, la primera esposa, ella sólo estaba protegiendo a su hijo. Es posible que la ansiedad respecto a Hürrem provenga de su doble papel como madre de un príncipe y esposa de un sultán. Antes las mujeres habían sido madres primero y concubinas mucho después. El matrimonio legal de Hürrem la volvía madre y esposa. ¿Cómo podía servir a los dos hombres al mismo tiempo? Era una posición insostenible que volvía a la gente en su contra. Simplemente no podían entender por qué el sultán rompería la tradición y la desposaría legalmente; sospechaban del gran poder que ella ejercía sobre el sultán. Además, ella perturbaba el potente vínculo establecido entre madre e hijo. A partir de que Hürrem ingresó al palacio, Hafsa, la propia madre de Solimán, dejó de tener el mismo poder que tenía antes.

Hürrem murió antes que el sultán, que estaba completamente desamparado. Fue sepultado junto a ella en la grandiosa mezquita construida para sepultar a su joven hijo, que murió de viruela. Su hijo mayor, Selim II, sucedió a su padre en el trono. Selim II era un borracho que privilegiaba el placer por encima de los asuntos del Estado. Su esposa también formó parte del sultanato de las mujeres. Aunque su madre había tenido una influencia considerable en la política del imperio, su esposa Nurbanu —nacida en Venecia bajo el nombre de Cecilia antes de que Barbarroja la secuestrara y se la diera al sultán a los 12 años de edad— tuvo todavía más control sobre el imperio, dada la radical falta de interés de su esposo por gobernar. Ella mantuvo una extensa correspondencia en el extranjero, incluso con Catalina de Médici —a su vez regente del rey Enrique III de Francia—. Como Roxelana antes que ella y las mujeres que la sucedieron, Nurbanu prácticamente gobernó el Imperio otomano a pesar de carecer de poder oficial. En términos de estatus y poder, ellas fueron más una contraparte de las reinas de Occidente que concubinas.

Estas mujeres a menudo eran contradichas por consejeros del sultán y tenían que ser sumamente cuidadosas al ejercer su poder. No podían marcharse a la guerra tal como hacían los hombres; debían contentarse en pacíficos despliegues de poder, como obras caritativas y edificaciones públicas. Muchas mezquitas, escuelas y otros monumentos fueron construidos por estos sultanes fantasma. Si bien en ocasiones los historiadores califican el sultanato de las mujeres como una aberración, Peirce establece que fue una consecuencia inevitable de las políticas de género de la época. Sin duda Sayyida fue parte de esas políticas en la zona.

Es posible que el ejemplo de Sayyida mostrara a Solimán el Magnífico que las mujeres y la política podían mezclarse en armonía, aun cuando no hay evidencia de que hubiera una conexión directa entre ella y el sultán imperial. No obstante, resulta significativo que conforme una pirata poderosa obtenía mayor poder en Marruecos, el sultán del imperio considerara adecuado terminar con una prohibición centenaria y otorgar más poder a las mujeres. El sultanato de las mujeres perduró por más de 100 años, por lo que es posible que la influencia de Sayyida haya subsistido mucho más tiempo de lo que duró su propio reinado.

¿Cómo es que desaparece una mandataria tan destacada, consorte del sultán de Marruecos? No hay información sobre qué fue de ella tras su destitución. Supuestamente la despojaron de su título, trono y propiedad. Quizá quedó absorbida dentro del hogar de su marido. Tal vez la ejecutaron. O quizá se escabulló en mitad de la noche y se refugió entre las muchas familias a las que había ayudado durante su reinado. Uno espera que después de todo lo que le aconteció en su tumultuosa carrera se le haya conferido, si no un final feliz, al menos uno pacífico. Comoquiera y cuando sea que haya muerto, se fue a la tumba segura de haber sido una gran mandataria y haber revitalizado su nueva ciudad natal de Tetuán.

Así pues, ¿por qué el nombre de Sayyida quedó fuera del registro de la historia? Tal vez su sucesora se esforzó por borrarla, como hiciera el Vaticano con las diosas paganas tradicionales. Quizá la sociedad de su época podía aceptar que las mujeres tuvieran algunos derechos equivalentes a los de los hombres, mas no que los superaran como líderes y, por lo tanto, erradicó su contribución. Si bien no se recuerda su vida con exactitud, al menos sus oponentes guardaron registro de ella. Habría sido una gran pérdida que su vida se hubiese esfumado del todo entre los intersticios de la historiografía.

El apogeo de los corsarios berberiscos se extendería por otros 100 años tras la desaparición de Sayyida. Pero, justo cuando su reinado llegaba a su fin, a algunos cientos de kilómetros de distancia en el Atlántico nacía otra mujer pirata. La suya también fue una historia de lucha contra sus opresores y de esfuerzos por brindar justicia a su familia, y también sería nombrada una reina pirata. Grace O'Malley fue una de las dos piratas que gobernaron las olas durante el reinado de otra fiera reina: Isabel I.

5
LA REINA VIRGEN Y SUS PIRATAS

En *Pirate Queen: In Search of Grace O'Malley and Other Legendary Women of the Sea* [Reina pirata: en busca de Grace O'Malley y otras mujeres legendarias del mar], Barbara Sjoholm explica: "Ser pirata [como mujer] es afirmar que cualquier cosa que deseas te pertenece". Esta máxima, escrita para describir a la pirata del siglo xvi Grace O'Malley, también se aplica a su adversaria, la reina Isabel I. Si bien nunca navegó mucho más lejos de casa que río abajo de Greenwhich, Isabel vivió su vida y gobernó su país muy a la usanza de los piratas, confiando en sí misma antes que en nadie más y expandiendo su imperio por todos los medios necesarios... incluidos los de dudosa legalidad. Condenó la piratería de manera pública para tranquilizar a España, pero en lo privado le brindó su apoyo a una flota de "perros del mar": piratas que contrataba para robar los tesoros españoles, estar enterada de las operaciones en el mercado de esclavos y defender a Inglaterra de sus enemigos. Además de estos perros del mar, la reina Isabel estuvo involucrada con al menos dos mujeres piratas, una a su favor y otra en su contra. La pirata leal a la reina era Lady Mary Killigrew, y la pirata irlandesa que infundía terror en los corazones ingleses era Grace O'Malley.

El camino de Isabel —una de las más famosas mandatarias de Inglaterra— hasta el trono fue largo y sinuoso. Hija del rey Enrique VIII y la decapitada Ana Bolena, fue declarada ilegítima y eliminada de la línea de sucesión debido a la anulación del matrimonio de sus padres. Mientras que su media hermana, María Tudor, estaba en el trono, Isabel fue encarcelada. El gobierno católico de María percibía su religión protestante como una amenaza. A pesar de su afamado embarazo falso (quizá debido a un quiste o tumor en los ovarios que podía simular los síntomas de un embarazo), María murió sin tener un heredero. Esto permitió que Isabel entrara de nuevo a la fila y, con 25 años de edad, fue coronada reina Isabel I de Inglaterra.

En el momento de su coronación el imponente Imperio británico era apenas un producto de su imaginación, o de la de cualquier otra persona. Tras una serie de cortos reinados, a Inglaterra le urgía algo de estabilidad. El país estaba en quiebra y dividido por la discordia religiosa, en ese entonces no tenía colonias y hacía lo posible por evitar irse a la guerra contra España, conflicto que no podía encarar ni del cual, en definitiva, tenía posibilidades de sobrevivir. En resumen, Inglaterra era débil. El país necesitaba un gobernante fuerte para reabastecer sus arcas, mejorar sus defensas y expandir sus propiedades. Con Isabel I Inglaterra obtuvo justamente eso.

Isabel comprendió el proverbio de que "para hacer dinero hay que gastar dinero", por lo que a menudo le pedía fondos al Parlamento. Su padre había usado al Parlamento para generar la reforma protestante en Inglaterra, pero Isabel sentía que si tan sólo se le otorgaba el dinero que requería ella misma podía hacer las reformas que su país necesitaba, sin ayuda del Parlamento. De acuerdo con el historiador y profesor Johann Sommerville, la expectativa era que los reyes y las reinas gobernaran el país con fondos recaudados por la aduana y por otros medios ordinarios. Se suponía que las guerras y otras empresas extraordinarias eran subsidiadas con los impuestos que el Parlamento se mostraba renuente a proveer. En las sesiones parlamentarias se discutía a menudo cuándo se casaría Isabel y daría a luz un heredero, lo que a ella le resultaba molesto, pues consideraba que no correspondía al gobierno decidir cuándo o con quién se casaría. Mientras permaneciera en estado de soltería permanecería en conflicto con el Parlamento, por lo que, para obtener el dinero que quería, debía buscar otros medios.

¿Y quién mejor que los piratas para proveer de un pequeño ingreso a la reina Isabel? La astuta reina comprendió que España embarcaba regularmente toneladas del tesoro obtenido del Nuevo Mundo a Europa, y que aquellos lentos galeones españoles podrían interceptarse a favor de Inglaterra. Reclutó a un grupo de navegantes expertos —corsarios— con sus propias naves para que robaran el tesoro español.

Se llamaba "perros del mar" a los corsarios de la reina Isabel. Estos hombres le brindaban efectivo para el progreso de Inglaterra. Sus ataques constantes contra España y la flota del tesoro español mantuvieron a este país a la defensiva y aplazaron el eventual ataque a Inglaterra, con lo que Isabel compró tiempo para fortalecer sus defensas. Algunos estiman que la interferencia de los perros del mar retrasó la invasión española unos 20 años. Quizá su mayor logro, sin embargo, fue su papel decisivo en la derrota de la Armada española en 1588, conocida como la más grande victoria naval inglesa de todos los tiempos.

El rey Felipe II de España, un monarca católico, estaba cansado de los ataques de la Inglaterra protestante al comercio de España y le consternaba el apoyo de Inglaterra a los rebeldes holandeses en los Países Bajos españoles. Hizo planes para conquistar Inglaterra y establecer así la supremacía católica, eliminando a un enemigo que podía amenazar su propio poder. Felipe aglomeró una flota inmensa de 130 naves que incluía 2 500 armas, y en la empresa participaban 8 000 navegantes y casi 20 000 soldados. La idea era tomar el Canal de la Mancha e introducir un ejército en Inglaterra a través de Flandes. Gracias a los corsarios, la flota inglesa estaba mucho mejor armada y era más rápida que la española, pero la infantería de España era inmensamente superior. Felipe pretendía abordar las naves inglesas y enfrentarlas, de ser necesario, en una lucha mano a mano. Estaba seguro de que vencerían a Inglaterra.

El 21 de julio de 1588 la Armada Invencible navegaba dentro del rango de los cañones ingleses de largo alcance. A lo largo de la siguiente semana España tomó ventaja frente a Inglaterra, pero no sin serias pérdidas a causa de los bombardeos de los ingleses. Para cuando arribaron a Calais, el 27 de julio, los españoles sabían que no podrían ganar el control del canal. Tenían que tramar otro plan.

Inmediatamente después de caer la medianoche y justo cuando España se reagrupaba, los ingleses enviaron naves en llamas hacia el congestionado puerto de Calais, frustrando cualquier otro plan para los españoles más allá de un presuroso escape. La armada rompió la formación y retrocedió hasta Gravelinas, un pequeño puerto flamenco en los Países Bajos españoles. Inglaterra los siguió y libró la batalla de Gravelinas, una victoria decisiva para los ingleses que envió a la Armada Española derrotada y cojeando de vuelta a España, rodeando Escocia e Irlanda. El viaje de regreso fue difícil y en el trayecto perdieron a muchos más hombres y naves. Para cuando lo que quedaba de la armada logró volver a España había perdido aproximadamente la mitad de la flota y a unos 15 000 hombres. Esta increíble victoria para Inglaterra le valió a la reina Isabel el reconocimiento como una monarca de gran consideración y posicionó a Inglaterra en el mapa como una creciente potencia mundial que había que vigilar.

¿Cómo lo logró? La victoria de los ingleses se debió, en parte, a un participante clave en la batalla de Gravelinas, que fue Sir Francis Drake, uno de los perros del mar más famosos de la reina Isabel. Era primo de otro perro del mar, Sir John Hawkins, quien lo introdujo en el negocio. No obstante, conforme emergió de sus inicios como perro del mar hasta convertirse en el primer hombre en circunnavegar el mundo, llegaría el día en que la fama de Drake superaría a la de Hawkins. Al principio Drake era un comerciante de esclavos, pero tras un ataque de la flota del tesoro español en lo que hoy día es México se dedicó a destruirla. Llevó a cabo con éxito el atraco del fortín español Nombre de Dios y tomó muchas naves españolas, incluido el enorme y sumamente valorado barco *Señora de la Concepción,* lo cual le mereció la distinción de caballero por parte de la reina Isabel. Siempre se le recordará con cariño en Inglaterra, pero en España lo llamaban *el Dragón.* Su labor en la derrota de la Armada española en 1588, así como su éxito como navegante, lo retratan como un héroe de guerra inglés, pero hay que recordar que comenzó como uno de los piratas favoritos de la reina Isabel.

Tal como Drake, Sir John Hawkins comenzó como un marinero que decidió hacer su fortuna con el comercio de esclavos. Hawkins tuvo el cuestionable honor de ser considerado el primer hombre inglés en establecer un comercio triangular rentable. El comercio triangular, como su nombre lo indica, era una ruta de tres paradas: un barco recogía esclavos en África, los intercambiaba por artículos en el Nuevo Mundo y luego regresaba a Europa para vender los bienes por dinero. Sir John recaudó considerables ganancias para Inglaterra y sus inversionistas con el comercio de esclavos, lo cual hizo muy feliz a la reina Isabel. En el siglo XVIII el comercio triangular contribuiría al auge de la piratería en el Caribe y la llevaría a su edad de oro, de manera que, en cierta forma, Hawkins fue el abuelo de esta época dorada.

Además de cosechar éxito en la esclavitud, Hawkins también era un destacado constructor de barcos. Ingresó al consejo de la Armada en 1578, 10 años antes de la derrota de la Armada Española en Gravelinas, y produjo mejoras en el diseño de los barcos que contribuyeron a catapultar a Inglaterra como una potencia mundial. Antes de él, las batallas navales se peleaban mediante barcos que se embestían entre ellos, en las que el ganador abordaba el barco enemigo y continuaba la lucha mano a mano. Los galeones estaban diseñados para ganar este tipo de batallas, pues eran cortos y anchos, con estructuras tipo castillo en la proa y la popa. Eran lentos y más difíciles de maniobrar, pero la velocidad y la agilidad no eran prioritarias en una pelea de embestida.

Hawkins se dio cuenta de que, con el invento de los cañones de largo alcance, esta técnica de lucha no duraría mucho más. Realizó cambios en el diseño de los galeones para brindarles a los barcos de Inglaterra la ventaja en las batallas de artillería de largo alcance. Disminuyó la altura de los castillos en la proa y la popa, lo que hacía a los barcos más estables, y alargó las cubiertas haciéndolas a la vez menos anchas, lo cual permitía que los cañones tuvieran un impacto máximo y hacía que las naves fueran más rápidas y más fáciles de maniobrar. Sin su visión y habilidad la batalla de Gravelinas habría tenido otro desenlace. Si bien Isabel debe haber lamentado perder a Hawkins como perro del mar, le fue más útil como constructor de barcos y administrador de la Armada, nombrándolo caballero en 1588.

Además de a sus perros del mar más exitosos y afamados, la reina Isabel tenía contratados a muchos otros piratas, entre ellos algunas mujeres. De manera oficial no podía avalar la piratería, y emitió leyes severas que hicieron mucho más difícil ejercerla, pero en lo privado dependía de su apoyo financiero. Una familia, la de los Killigrews, hizo de la piratería un negocio familiar, y no sólo una sino dos mujeres estuvieron involucradas: Lady Elizabeth y Lady Mary Killigrew, suegra y nuera, formaron parte de una operación pirata que transcurrió por muchos años del siglo XVI desde su base en Cornwall.

Hay mucha confusión respecto a qué mujer fue responsable de qué acto de piratería, dado que ambas tenían el apellido Killigrew como nombre de casadas. Muchas fuentes funden la vida de ambas en una sola. Al parecer, la suegra era la menos pirata de las dos, mientras que la nuera fue protagonista de la mayor parte de las escenas legendarias en las historias. Elizabeth Killigrew, de soltera Trewinnard, era madre de Sir John Killigrew IV. Sir John era vicealmirante de Cornwall, pariente de sangre del ministro de la reina Isabel, William Cecil, Lord Burleigh, y pirata. Philip Gosse, autor de *The History of Piracy*, llama a la familia una "auténtica oligarquía de corsarios capitalistas". Si bien no solían participar por sí mismos en incursiones piratas, controlaban todos los demás aspectos del negocio. ¿Necesitas un barco? Habla con los Killigrews. ¿Necesitas sobornar a algún oficial? Los Killigrew te echarán una mano. ¿Hay una disputa con la tripulación sobre los pagos? Los Killigrews vendrán al rescate. Desde su hogar en Arwenack House, la familia se aseguraba de que los bienes robados fueran valuados correctamente (con la Corona recibiendo su parte, desde luego) y el negocio lucrativo de la piratería para la reina fluyera sin contratiempos. Su ilustre prosapia y su elegante hogar funcionaban como una fachada perfecta para sus turbias transacciones; nadie sospechaba que una dulce dama y un noble *lord* fueran destacados fugitivos.

Mary Wolverston, hija del "caballero pirata" Philip Wolverston, se casó con Sir John Killigrew IV tras la muerte de su primer esposo. Se desconoce cómo se conocieron o cómo realizó ella el viaje de más de 600 kilómetros desde su casa de infancia en Suffolk hasta la costa de Cornwall. Es posible que se hayan conocido a través de los negocios de piratería del padre de Mary. Tuvieron cinco hijos.

Debido a que Sir John era vicealmirante de Cornwall y gobernador real del Castillo de Pendennis (una fortaleza cercana construida por Enrique VIII), tenía muchas responsabilidades. Según algunas fuentes, Mary usó esto a su favor y participó en varias incursiones piratas cuando su esposo estaba ausente. Si bien Sir John tenía aprecio por los aspectos comerciales de la piratería, no sentía la necesidad de estar involucrado en ella personalmente. Su esposa prefería una aproximación más directa y disfrutaba salir a formar parte del ataque. La pareja escondía los bienes robados en su casa y pagaba generosos sobornos para asegurar la discreción de sus oficiales. Los piratas que trabajaban para los Killigrews sabían que la familia los cuidaría, compartiendo incluso algunos alimentos que servían las mujeres Killigrew en la casa principal. Cuando un pirata tenía un barco oficial tras él sabía que tenía que navegar justo hacia Arwenack House, donde Sir John remaría hasta el oficial para ofrecerle un buen viaje de cacería por algunos días, cortesía de los Killigrews. El oficial estaría satisfecho, y el pirata podría desembarcar su carga con seguridad una vez que la ley ya no estuviera ahí. El sistema funcionaba a la perfección y todos obtenían lo que querían... especialmente la familia Killigrew.

Con tantos oficiales en el bolsillo, los Killigrews se salían con la suya dando muestra de un comportamiento más bien egregio. Con el tiempo se volvieron tan audaces que sus proezas no podían salir impunes. Resulta muy interesante que, al parecer, fuera una acción de Lady Mary lo que finalmente los puso bajo la ley.

En 1582 o 1583, depende de la fuente, un barco hanseático desembarcó en el puerto de Falmouth, frente a Arwenack House. (La Liga Hanseática fue una confederación de ciudades que, del siglo XIII al XVII, abarcó desde el mar del Norte hasta el mar Báltico.) El mal tiempo obligó a la nave a anclarse y enviar dos hombres a la costa para gestionar un refugio para la tripulación durante la tormenta. Estos dos hombres, llamados Felipe de Orozo y Juan de Charis en algunas versiones de la historia, le explicaron su situación a la amable dama de la casa de Arwenack, quien les sirvió un té frente a una cómoda chimenea. Ella les explicó que el barco estaría a salvo en el puerto hasta que cesara la tormenta, y que la tripulación podía resguardarse en una casa de huéspedes en el cercano Penryn. Los caballeros, confiados en la mujer y a sabiendas de que la Liga Hanseática e Inglaterra estaban en paz, tomaron su oferta.

En cuanto salieron por la puerta, Lady Mary le echó un vistazo al barco y decidió que quería quedárselo. A sus casi 60 años de edad en ese entonces, seguía siendo lo suficientemente joven como para una travesura aventurera. Reunió una tripulación que incluía a dos de sus empleados domésticos y navegó hasta el barco en la noche, amortiguando sus remos con tela. Subieron al barco, asesinaron a la tripulación que quedaba ahí y cargaron los bienes a los barcos en los que se habían aproximado. Algunos de los piratas Killigrew tomaron el control del barco hanseático y se lo llevaron —según algunas fuentes, a Irlanda—. Cuando De Orozo y De Charis regresaron, ya con el cielo despejado, en el lugar donde había estado su barco de 144 toneladas sólo encontraron gaviotas.

Furiosos, los hombres levantaron su queja ante la Comisión de Piratería en Cornwall, liderada por el hijo de Lady Mary. Como era de esperarse, la comisión no encontró al culpable. Todavía molestos e incapaces de resignarse, De Orozo y De Charis llevaron su queja al más alto nivel en Londres, donde finalmente llegó al escritorio de la propia reina Isabel. La reina estaba en aprietos. Hacer caso omiso de la evidencia arrolladora (y de que el propio hijo de Mary había presidido el juicio previo) la haría aparecer como necia y posiblemente provocaría hostilidad por parte de la Liga Hanseática, pero tampoco quería perder a los Killigrews como aliados. ¿Cómo podría equilibrar ambos intereses?

Lady Mary y sus dos empleados domésticos fueron juzgados por piratería. Todos resultaron culpables y fueron sentenciados a muerte. Sin embargo, Lady Mary fue indultada en el último minuto. Algunas fuentes afirman que su esposo, adinerado y provisto de muy buenos contactos, aseguró su liberación, pero la teoría más popular es que la reina Isabel la perdonó. De haber sido así, parecería que la reina lo hizo como un agradecido reconocimiento de los servicios de piratería prestados por los Killigrews en el pasado, abrigando una esperanza de que Lady Mary siguiera disponible para sus futuras necesidades. Después de todo, Isabel parecía lo suficientemente lista para no morder la mano que le daba de comer.

Viéndolo bien, el perdón de Lady Mary no era inesperado, pero otra pirata —esta vez del lado enemigo— también había recibido el perdón de la buena reina Bess. Se trata de una figura legendaria en Irlanda, a quien se celebra en canciones y leyendas, pero que ha sido casi olvidada por la historia. De no ser por los registros ingleses de sus hazañas, sería casi imposible demostrar su existencia. Su nombre era Gráinne Ní Mháille, y fue la reina pirata de Irlanda.

Si bien es una pirata conocida, sus hazañas constan principalmente en leyendas. Hay abundantes historias de su vida, sobre todo acerca de su niñez. Nació en el seno de una familia de jefes marítimos, los O'Malley, hija de Dudara y Margaret, alrededor de 1530. Muy probablemente nació tierra adentro, en el condado de Mayo, pero quizá pasó gran parte de su infancia en Clare Island, en la bahía de Clew, donde su familia tenía un castillo. Los O'Malley conformaban un clan de acaudalados pescadores que en ocasiones robaban y recaudaban impuestos de manera extraoficial y sin autorización. Desde muy temprana edad Gráinne —que en inglés pasó a Grace— mostró su deseo y aptitud para seguir a su padre al océano.

En algunas historias Grace tiene un hermano a quien no le interesa navegar, pero en otras versiones a él no se le menciona. Sin importar cuántos hermanos tuviera, era inédito que una niña siguiera las huellas de su padre en lugar de las de su madre. Si bien la Irlanda precristiana otorgaba a las mujeres una buena cuota de libertad y poder, el cristianismo había erradicado esa temprana equidad y se había asegurado de que las mujeres permanecieran en casa. En casi todas las demás etapas de la historia irlandesa Grace se habría confinado a la casa y el fogón.

Fue una suerte para Grace haber nacido en el siglo XVI. En esa época Irlanda todavía era gobernada por jefes y clanes guerreros, y no por un gobierno central. La situación política no había cambiado en miles de años, pero, bajo la forma del Renacimiento en Europa central, la modernización avanzaba a todo vapor y los modos provincianos de Irlanda no tenían muchas posibilidades frente al progreso. El despojo de la identidad de Irlanda a manos de los ingleses le otorgó a Grace la oportunidad de irrumpir en la desintegración de la estructura de poder y atribuirse a sí misma gran parte de él.

En cualquier siglo habría tenido que ser una formidable marinera para sobrevivir a las peligrosas aguas cercanas a las costas de Irlanda con suficiente valor y determinación para convencer a su padre de que tenía la fuerza para emprender una vida marítima. Ir a la mar no era tarea para corazones endebles, pero dice la leyenda que la joven Grace muchas veces mostró sobradamente su valor cuando era niña. Cuenta una historia que una parvada de águilas estaba molestando al ganado en las tierras de los O'Malley y Grace, que apenas medía más que ellas, atacó a las aves, matando a la mayoría y ahuyentando al resto; pero no salió ilesa de la batalla: un águila le rasguñó la frente, dejándole hondas marcas que portaría por el resto de sus días.

Otra leyenda explica que sus padres le dijeron que no podía ir al mar porque era niña. Impávida, Grace se cortó todo el pelo, se disfrazó de niño y de todas formas se unió a la tripulación de su padre. Es poco creíble que su padre no reconociera a su propia hija, incluso con el pelo corto, pero esta historia sigue siendo popular. Uno de los muchos nombres por los que se le conoce a Grace es Granuaile, que a grandes rasgos se traduce como "Grace la calva".

Una tercera leyenda de su juventud transcurre cuando ya se había unido a la tripulación de su padre. Durante un ataque de los ingleses a su barco Grace se dio cuenta de que su padre estaba en aprietos. Desobedeció su orden de permanecer bajo cubierta y subió precipitadamente a la lucha. Se le subió encima por la espalda al atacante de su padre y lo golpeó hasta que cedió. No sólo sobrevivió al ataque, sino que también salvó la vida de su padre.

A pesar de su pasión por el mar, seguía siendo hija de un jefe y tenía labores que cumplir en tierra firme. A los 16 años contrajo matrimonio con un buen partido en términos políticos, Donal O'Flaherty, heredero del jefe de un poderoso clan vecino. Los O'Flaherty eran un grupo ruidoso, tan temido por la gente común y corriente que en las iglesias de Galway solía escucharse este refrán: "Que el Señor nos libre de los fieros O'Flaherty". A Grace, con su espíritu fiero, probablemente no le intimidaba la naturaleza salvaje de su esposo, a quien le dio tres hijos: dos varones y una mujer.

A Donal lo apodaban "Donal el de las batallas", que parece acorde con su espíritu amante de las trifulcas. Mientras él libraba batallas y gastaba recursos, la gente de su clan moría de hambre. Desesperados, recurrían a su esposa Grace para pedirle ayuda para alimentar a sus familias. Legalmente, como mujer no tenía derecho a usurpar el papel de su esposo como jefa, pero el clan era feliz de reconocerla como líder espiritual, si bien no de nombre, mientras continuara salvando a los niños de la hambruna.

Con el tiempo Grace y Donal seguramente pelearon respecto al hecho de que ella asumiera su papel de líder, pero él fue asesinado antes de que el asunto llegara a un punto crítico. Un relato detalla la forma en que Donal llevó a sus hombres a la guerra por un castillo que alguna vez fue suyo pero había sido tomado por un clan enemigo. Este castillo, llamado Cock's Castle, era una fortaleza insular. Cuando Donal fue asesinado en batalla, en represalia Grace reunió a las tropas de su difunto esposo y organizó un ataque al castillo, recuperándolo para los O'Flaherty, lo que Donal no había podido lograr. Luchó con tanto arrojo y ferocidad que la fortaleza fue rebautizada, de manera extraoficial, con el nombre de "Hen's Castle".[1]

A pesar de su clara y probada habilidad para liderar el clan de su esposo, tanto en la guerra como en la paz, la ley de Irlanda le prohibía ascender de manera oficial al puesto de jefa. Se eligió a un primo de Donal para remplazarlo. Habiendo sido una jefa tan ejemplar, Grace no se hundiría en el papel de viuda dócil, por lo que decidió que había sido suficiente tanto del clan O'Flaherty como de obedecer órdenes ajenas. De ahora en adelante nadie que no fuera ella regiría sobre sí misma. Volvió a su hogar en Clare Island, pero no sola: un grupo de hombres de O'Flaherty que le eran fieles preferían continuar a su servicio en lugar de obedecer al remplazo de Donal, por lo que la escoltaron de vuelta a la bahía de Clew. Una vez segura en casa, reunió a algunos hombres más, juntando con el tiempo una tripulación de unos 200, tomó posesión de algunos de los barcos de su padre e inició su carrera de pirata.

Debido a su destacada pericia como navegante y su inigualable conocimiento de la costa irlandesa, en muy poco tiempo Grace se volvió muy exitosa. Navegaba en galeras irlandesas controladas tanto por remos como por una sola vela. Se dice que utilizaba un *bìrlinn* irlandés, que asemejaba un *drakkar* vikingo en construcción. Esos barcos eran muy maniobrables y rápidos al remo, lo cual les daba ventaja en las numerosas bahías e islas de Irlanda occidental. Lo más común era que estas embarcaciones tuvieran de ocho a 12 remos, pero se dice que Grace tenía al menos un barco con 30 remos. Como muchos piratas que la antecedieron y que la sucedieron, logró usar la geografía tanto para esconderse de sus víctimas como para escapar

---

[1] Sustituyendo así con *hen*, "gallina", el vocablo *cock*, "gallo". [T.]

de ellas una vez que las despojaba de lo que quería, ya fuera seda, vino o plata. Los barcos ingleses, escoceses y de otras partes de Europa no tenían posibilidad de adentrarse tras ella en el laberinto de pequeñas islas y ensenadas a lo largo de la costa. Los mapas no cubrían la Irlanda de Grace. Quien quisiera detenerla primero tenía que ser capaz de encontrarla y, durante algún tiempo, nadie pudo hacerlo.

Más tarde los intereses estratégicos llevaron a Grace a contraer matrimonio una segunda vez. El hombre elegido fue Richard Bourke (también conocido como Burke), un líder de Connacht en la línea de sucesión al Mac Williamship, el más poderoso cargo de gobierno en la zona. Éste tenía una gran flota de naves de comercio y, aún más importante, Rockfleet Castle. Esta fortaleza estaba mejor ubicada para proteger su flota y a su tripulación que su propia base en Clare Island. La mayoría de las fuentes establecen que Grace se propuso desposar a Richard por "un año seguro", una curiosa convención que sobrevivía de las Leyes Brehon. Éstas, el antiguo código civil irlandés, las Leyes Brehon, fueron populares en la Edad Media y estaban por extinguirse en los tiempos de Grace, habiendo caído en desuso gran parte de ellas durante la conquista de Irlanda a manos de los Tudor. Con esta ley, durante el primer año de matrimonio cualquiera de los dos, el hombre y la mujer, podía retirarse a voluntad y el matrimonio se consideraría oficialmente anulado. Dice la leyenda que Grace esperó hasta tener suficiente control sobre el castillo y después convenció a Richard de que saliera. Cerró las puertas del mismo y gritó desde las almenas cuando él cabalgaba a casa: "¡Richard Bourke, estás despedido!", lo cual bastó para terminar con su matrimonio. Sin embargo, la pareja siguió presentándose como marido y mujer y después de esto trabajaron juntos en empresas de piratería, lo cual sugiere que Grace pudo haberlo corrido, pero con el tiempo lo tomó de vuelta y su matrimonio no terminó formalmente. Grace y Richard tuvieron un hijo juntos, Tibbott-ne-long.

Cuando un representante inglés visitó la costa occidental irlandesa en 1576 Grace le garantizó sus servicios, diciendo que su esposo haría básicamente cualquier cosa que ella le pidiera, lo cual impulsó al visitante a proclamar que Grace era "una mujer bien conocida por sus triquiñuelas en todas las costas de Irlanda". Resulta inquietante que ella eligiera entregarse a los ingleses cuando se había dedicado a robarles. No obstante, Sir Henry Sidney le otorgó el título de caballero a Richard antes de volver a casa, convirtiendo a Grace en Lady Bourke.

De este periodo proviene otra leyenda popular sobre la valentía de Grace. Estaba navegando con Richard y su tripulación cuando dio a luz a su último hijo, a quien nombró Tibbott-ne-long (Theobald o "Toby el de los barcos"). Un día después de su parto su barco fue atacado por feroces corsarios argelinos. Sus hombres no pudieron detenerlos, por lo que fue requerida Grace, que descansaba bajo cubierta. La leyenda dice que los maldijo: "Que en un año estén siete veces peor, ya que no pueden estar ni un día sin mí", y subió a unirse a la batalla. Su aspecto desaliñado alarmó tanto a los corsarios que inclinó la balanza de la batalla y repelió a los enemigos. Se dice que después volvió a su habitación, entre quejas, y colgó en su puerta un mensaje de "No molestar".

En 1577 fue capturada por primera vez por el conde de Desmond mientras asaltaba sus tierras. La enviaron a Dublin Castle, donde estuvo encarcelada durante 18 meses. Finalmente fue liberada como pieza de negociación para aquietar la rebelión de su esposo, pero después de su liberación tanto Richard como Grace siguieron siendo tan piratas como siempre.

El momento y la ubicación fortuitos del nacimiento de Grace habían sido un regalo que le permitió llegar al poder, pero ese obsequio venia con fecha de caducidad y, desde que nació, el reloj había estado haciendo *tic tac*. Su suerte terminó cuando la reina Isabel envió a un nuevo gobernante a Irlanda, Richard Bingham, en 1583: el mismo año en que murió Richard Bourke, el segundo esposo de Grace.

El padre de la reina Isabel, Enrique VIII, había sido el primero en pensar en la idea de convertir a Irlanda en una colonia inglesa, e Isabel estaba determinada a volver realidad el sueño de su padre. Ingenioso y despiadado, Bingham era parte del plan para derrotar a los jefes hasta someterlos como súbditos ingleses. Odiaba a Grace en particular, así como el espíritu libérrimo irlandés que ella representaba. Al parecer el sentimiento de Grace era recíproco, pues antes de ser capturada por Bingham lideró tres revueltas en su contra. A él le habría encantado colgarla, pero en el último minuto un jefe de Mayo la salvó intercambiando a algunos rehenes por su vida, una prueba de lo mucho que la respetaban los jefes de la zona. Pero a Bingham no se le negaría la venganza sobre Grace. Confiscó su ganado y sus cuadras de caballos y raptó a dos de sus hijos: Owen O'Flaherty, de su primer matrimonio, y Tibbott-ne-long, de su segundo. Owen murió bajo custodia de Bingham —algunas historias cuentan que lo asesinaron sus hombres—. Grace sabía que esta vez no habría escape de último minuto. Había llegado el momento de apelar al más alto poder que pudiera imaginar: otra reina.

En 1593 Grace envió una carta directamente a la reina Isabel, pidiéndole que su hijo Tibbott fuera liberado. No intentó esconder su pasado pirático, pero sí procuró ponerlo todo en un tinte de conmiseración, alegando que sus circunstancias la forzaron a tomar las armas para mantener a su familia y a su pueblo. Grace pidió que Tibbott y el otro hijo que le quedaba, Murrough, pudieran preservar sus tierras bajo las leyes inglesas, y no las irlandesas. Ésta fue una jugada inteligente diseñada para protegerlos del cambio que ella sabía que vendría. Las demandas bajo las leyes irlandesas serían prácticamente inválidas tan pronto como Inglaterra culminara con la captura de Irlanda. Si Isabel le otorgaba esto, Grace dedicaría su vida a navegar contra los enemigos de aquélla, sirviendo sólo a la reina, lo cual, convenientemente, dejaba a Bingham fuera de la ecuación. Envió esta misiva a Inglaterra y esperó una respuesta.

La reina Isabel estaba intrigada por esta reina pirata que se había dirigido a ella con tanto atrevimiento, a pesar de sus obvias acciones del pasado en contra de Inglaterra. Envió una lista de 18 interrogatorios a los que Grace, la reina pirata, respondió sagazmente. Grace le ofreció a la reina Isabel las partes menos reprobables de su vida y su trayectoria, y le pintó una linda imagen de ser una mujer avispada y extraordinaria, parecida a la propia reina de Inglaterra. Mientras tanto, Bingham aumentó las apuestas y acusó a Tibbott de traición. Si iba a juicio, era muy probable que lo colgaran. Grace ya había perdido a un hijo a manos de Bingham y no perdería otro. No podía esperar más, y en julio de 1593 zarpó a Inglaterra con las respuestas a los interrogatorios, determinada a encontrarse en persona con la reina Isabel. Éste fue un movimiento extremadamente atrevido, especialmente para una pirata famosa. Los puertos de Inglaterra estaban adornados con los cadáveres putrefactos de criminales colgados, incluidos los piratas. Si iba a Inglaterra, Grace sabía que quizá no volvería con vida; pero su amor por Tibbott (y su flota) era más fuerte que su amor por su propia seguridad. Hablaría con la reina y traería a su hijo de vuelta a casa, o bien moriría en el intento.

Contra los deseos de Bingham, la reina le otorgó a Grace una audiencia en el otoño de 1593. El detalle exacto de lo que transcurrió cuando las reinas se encontraron quedará por siempre perdido en la historiografía. Hay muchas leyendas acerca de lo que cada mujer llevaba puesto, de cuál era más alta y de lo que ocurrió cuando una cortesana le ofreció a Grace un elegante pañuelo de encaje. (La historia cuenta que Grace se limpió la nariz con él y después lo arrojó a la chimenea, para el horror de la dama. Grace explicó que en Irlanda basura es basura, más allá del valor del pedazo de tela.) Se cree que un relieve en madera de las dos reinas quizá represente su encuentro, pero sólo las dos mujeres que estuvieron presentes supieron de cierto lo que ocurrió. Muchas fuentes afirman que la conversación fue en latín, pues Grace no hablaba inglés e Isabel no hablaba irlandés, pero las cartas de Grace dejan ver que hablaba inglés, así que su encuentro bien puede haber transcurrido en ese idioma. La audacia de Grace y el insólito sentido del humor de Isabel deben haber dado por resultado una animada discusión.

Sea cual fuere lo que hayan discutido estas dos mujeres —cuyas vidas eran tan distintas y, a la vez, tan parecidas en lo fundamental—, a Grace le fue permitido volver a casa y su hijo Tibbott fue liberado. También se le permitió volver a la piratería, esta vez con la bendición de la reina Isabel. Para su gran indignación, Bingham recibió instrucciones de dotar a Grace de una suerte de pensión que la mantuviera durante su vejez. Hizo el intento de protestar y desobedeció directamente las órdenes de la reina colocando tropas en las tierras de Grace y ordenándole que las alimentara, pero al final vivió la deshonra de ser restituido a Inglaterra. Estas dos mujeres, que habían llegado a la cima del mundo de los hombres y se convirtieron en líderes de su pueblo, lograron juntarse y, durante un tiempo, enderezar su mundo.

El encuentro con la reina Isabel —y la victoria para su hijo— es el clímax dramático del relato de Grace. Regresó a casa directo a la piratería, luchando incluso contra un barco de guerra inglés. No obstante, su mirada estaba siempre sobre su propio legado y el de su hijo, así que, cuando Tibbott fue promovido al Mac Williamship, Grace colgó su bandera irlandesa e instaló a Tibbott al mando de sus barcos, dándole órdenes de navegar para Su Majestad. Durante la batalla de Kinsale, la última de la Guerra de los Nueve Años, que aseguró la conquista inglesa de Irlanda, Tibbott luchó del lado inglés. En 1603 fue nombrado caballero y, con el tiempo, se convertiría en el vizconde de Mayo. También en 1603 Grace murió de vieja, en su casa en Rockfleet Castle. Coincidentemente, la reina Isabel murió el mismo año. Se dice que Grace fue sepultada en Clare Island, en una abadía junto a su amado mar.

Este chisme sobre la deserción de Tibbott es, quizá, parte de la razón por la cual la mayoría de los historiadores irlandeses no recuerdan con mucho agrado a Grace O'Malley, y a veces incluso la ignoran. Si bien es cierto que navegó contra los ingleses durante gran parte de su carrera, cuando fue conveniente cambió de bando. Puso primero a su familia y habría hecho cualquier cosa por salvaguardar su seguridad, incluso traicionar una vieja alianza. No era una mujer que encajara bien en un molde de heroína o de patriota. Grace O'Malley era leal, ante todo, a su propio ser y a su propia libertad, como Juana de Belleville antes que ella, otra mujer con mayor presencia en el folclor que en la historia oficial. La incapacidad de categorizar a Grace con facilidad deja un sabor amargo en boca de muchos historiadores irlandeses.

Sin embargo, a pesar de la falta de cobertura por canales históricos convencionales, hay algo de su vida que brilla lo suficiente como para que sus leyendas hayan pervivido por tanto tiempo. Quizá se deba a su herencia irlandesa: Irlanda es una tierra de poetas y trovadores, y no estaría dispuesta a dejar escapar un tema tan tentador sin celebrarlo en sus canciones e historias. Eso podría explicar la fama de Grace, comparada con la de los Killigrews ingleses. Es cierto que el papel de las mujeres Killigrew se jugó más detrás de las cámaras que en escena, pero su presencia en la tradición popular de los piratas es diminuta al lado de la de Grace.

Ese hecho también podría deberse a la carencia de un biógrafo diligente para los Killigrew. En gran parte debido a la incansable labor académica de Anne Chambers y su obra seminal sobre Grace, *Granuaile,* ha salido a la luz mucha más información oficial sobre Grace O'Malley. Con un comprensivo partidario que cuente su historia, ¿cómo podría Grace no generar algo de fama? En las últimas décadas se han puesto en escena algunas obras de teatro sobre Grace en todo el mundo, e incluso hay un Granuaile Heritage Center en el condado de Mayo. Nunca antes había habido más interés en la vida de esta pirata. Su leyenda continúa inspirando a las mujeres de hoy, tal como debió haber inspirado a las mujeres piratas que la sucedieron durante la época más infame y celebrada de la piratería: la edad de oro.

6
LA EDAD DE ORO

La bandera pirata [*Jolly Roger*]. El temido pirata de barbas largas. Los días de sol bochornoso y las balsámicas noches caribeñas. Muchas de las imágenes que se han vuelto representativas de la palabra *pirata* se originaron en la edad de oro de la piratería, un periodo que engendró más piratas legendarios e historias épicas que casi todas las demás épocas combinadas. Si le pides a alguien que comparta algún dato de la piratería y conoce alguno, lo más probable es que éste pertenezca a la edad de oro.

Para ser algo de lo que se habla tan seguido, resulta sorprendente lo difícil que es definir la edad de oro de la piratería. Delimitarla en el tiempo ya es complicado. Algunos historiadores la ubican de 1650 a la década de 1730, mientras que otros le atribuyen sólo una fracción de ese periodo. El profesor Marcus Rediker enmarca la edad de oro entre 1716 y 1726 —tan sólo 10 años—, y el historiador Angus Konstam le otorga una de las definiciones más cortas: ocho años, de 1714 a 1722. Dónde se dibuja la línea depende de algunos factores: si se incluye el periodo de los bucaneros, cuál ejecución marca en efecto el último gran pirata colgado en la horca, y datos así. Si bien todas las definiciones tienen fundamento, una más amplia y generosa le brinda al lector la oportunidad de adquirir una comprensión más clara de cómo se dio y cómo evolucionó la edad de oro.

Tres movimientos o etapas principales definen la edad de oro: el de los bucaneros, de 1650 a la década de 1680; el de la ronda del pirata, de 1690 a la década de 1700, y el periodo posterior a la guerra de sucesión española, de 1713 a la década de 1720. El último periodo suele desprenderse del resto y se le llama la edad de oro, tal como la definen Rediker y Konstam, mientras que los primeros dos nunca se sostienen solos como una edad de oro. Los primeros dos periodos son como borradores de la versión final de ésta; durante tales periodos las políticas y tácticas de la edad de oro estaban en desarrollo y eran cambiantes. Sin estas etapas como contexto, la edad de oro parecería haber salido ya totalmente conformada de la nada, como Atenea de la cabeza de Zeus. Si bien es cierto que toda época es una evolución de la que la precede, y es justo decir que la edad de oro emergió, digámoslo así, a partir de la antigua piratería del Mediterráneo, la proximidad —en tiempo y espacio— a los años inmediatos al término de la guerra de sucesión española dicta los periodos de los bucaneros y de la ronda del pirata como épocas que influyeron especialmente en el desarrollo de la "verdadera" época de oro de la piratería. Es por ello que están incluidos en esta definición.

¿Quiénes fueron, entonces, los bucaneros, y por qué son importantes para los piratas de la edad de oro? Bueno, por extraño que parezca, originalmente no eran en absoluto piratas marítimos, sino cazadores. En su mayoría eran pobladores franceses que vivían a base de la tierra en Tortuga (hoy parte de Haití) y cazaban bueyes, manatíes y cerdos salvajes, para después cocinarlos y venderlos a los barcos que por ahí pasaban. La población nativa había sido prácticamente exterminada un siglo antes debido a la importación de enfermedades por parte de los españoles y a la esclavización de los nativos para trabajar en minas de oro españolas. En la ausencia de predadores y personas, había florecido el ganado del pueblo taíno, convirtiendo a Tortuga en una tierra perfecta para la caza por parte de los bucaneros. El nombre *bucanero* es una versión españolizada del término *boucanier*, la palabra francesa para una persona que utiliza una parrilla *boucan*,[1] empleada para preparar la carne en tasajo que vendían.

Eran hombres conocidos por su naturaleza brusca que vestían pieles de animales manchadas de sangre y vivían en campamentos primitivos. Su arma de elección era un mosquete de cañón largo y de vasto almacenamiento. Mantenían sus armas en perfecta condición, pues su capacidad para la cacería determinaba su sustento y alimentación. Los bucaneros eran buenos tiradores, mucho mejores con las armas que los soldados españoles a los que solían enfrentarse. Cada tripulación salía en búsqueda de un beneficio personal, y no de las causas o movimientos políticos del momento en su tierra natal. Para los bucaneros la alianza con los camaradas de la costa sustituía la alianza con cualquier país o gobierno, a pesar de que muchos de ellos eran corsarios contratados por una nación. Quizá por esto muchos bucaneros —hombres y mujeres— pasaron desapercibidos en la historiografía. Si no fuera por el historiador Alexander Exquemelin, quizá no se sabría casi nada sobre ellos.

---

[1] Se trataba de un entramado de madera sobre el que se secaba y cocinaba la carne a la parrilla. [T.]

¿Y de dónde venían? España era el país más en boga del periodo. Empezando por el Tratado de Tordesillas en 1494, España había reclamado el derecho sobre los territorios americanos que Colón "descubrió" y los defendía con fuerza letal. Cualquier nación con la que en ese momento estuvieran en paz en casa seguía considerándose enemiga en el Caribe, lo que se conocía como la doctrina de que "no hay paz bajo la línea". Una vez dejada atrás la comodidad de Europa por la tierra salvaje del Nuevo Mundo, ningún aliado estaba a salvo. España quería ser la única dueña de las colonias en el Caribe y estaba preparada para luchar por ese derecho.

¿Y quién no querría controlar el Caribe? Con marineros que dependían de las brisas y corrientes para llegar de un lugar a otro, era fundamental tener una buena ubicación geográfica. Las corrientes se alineaban de forma idónea en el Caribe: los marineros podían navegar de Europa al Nuevo Mundo y de regreso a través de las islas. El Caribe también se volvió una parada vital para el comercio transatlántico de esclavos, cuya popularidad aumentó en esta época. Los europeos navegaban a África con textiles y otros bienes que intercambiaban por esclavos; llevaban a éstos al Caribe y después a las colonias americanas, donde los intercambiaban por azúcar, tabaco y algodón. Estos bienes luego se transportaban de regreso a Europa, donde el ciclo volvía a comenzar.

Asimismo, los barcos españoles cargados de tesoros navegaban por el Caribe en su camino de vuelta a Europa desde Sudamérica. En aquella época había mucho dinero y riqueza en tránsito hacia y desde el Caribe, y la mayor parte pertenecía a España. Los franceses, ingleses y holandeses deseaban establecer colonias para obtener algo de dicha actividad, pero la región estaba totalmente inundada de la presencia de España. Debido a la política de guerra de España en el Caribe, estos países no lograron tener una presencia militar plena en la zona. ¿Qué haría un país emprendedor? Participar de la solución perfecta: los bucaneros. Los bucaneros solían estar oficialmente contratados por Francia, Inglaterra u Holanda, pero su interés principal era el saqueo... sin importar si eran o no remunerados por llevarlo a cabo. Utilizaban largas piraguas para atacar a los barcos españoles que pasaban por ahí y desfogaban en los españoles la brutalidad que solían reservar para los animales que cazaban. De acuerdo con el autor Charles M. Andrews, su corsarismo era "probablemente la fuente de ingresos más importante para las pequeñas colonias antillanas". En lugar de intentar suprimir a los corsarios, los gobernadores de provincia de la época los alentaban de forma activa, en espera de que el dinero que recolectaban se quedara en las colonias e incrementara su fortuna. Para estos gobernadores los bucaneros también eran su mayor esperanza para terminar con el monopolio colonial de España sobre el Caribe. Hasta la llegada del gobernador bahameño Woodes Rogers en 1718, los bucaneros rondaban por donde querían en el Caribe, a sabiendas de que eran más y estaban mejor armados que cualquiera que intentara detenerlos.

Los bucaneros ingleses migraron solos hacia el sur del Caribe durante el reinado del rey Jacobo I. A diferencia de su predecesora, Isabel I, quien empleaba el corsarismo como política de Estado y reclutaba activamente a sus perros del mar, a Jacobo le disgustaban estos hombres sin ley, y el sentimiento era mutuo. Al no ser bienvenidos ya como corsarios, se dirigieron al Caribe, donde se volvieron forajidos. Fueron invitados de nuevo a navegar en nombre de Inglaterra cuando Oliver Cromwell sentó los fundamentos para la invasión de Port Royal en 1666. Muchos se volvieron corsarios convertidos en piratas convertidos en corsarios, una imagen perfecta para ilustrar la complicada relación del Estado con el corsarismo.

Casi todo lo que se conoce sobre los bucaneros proviene de una sola fuente: *The Bucaneers of America* [Los bucaneros de América], de Alexander O. Exquemelin. Si bien es un texto fundacional, es endemoniadamente difícil rastrear los detalles sobre el autor. Publicado originalmente en holandés en 1678, se ha traducido a muchos idiomas y se han hecho adaptaciones muy libres basadas en él. Cada edición y traducción de la obra es un poco distinta de la anterior y refleja la época y el clima político en el que se publicó, por lo que se puede decir que las ediciones no tienen mucha relación entre sí.

Tal como la vida de los bucaneros que retrató, la de Exquemelin también está envuelta en mitos y leyendas. Son muy pocos los detalles concretos que se conocen sobre él. Podría haber sido inglés, francés u holandés, aunque la mayoría de las fuentes concuerdan en que era francés. En mayo de 1666 zarpó desde El Havre, Francia, hasta el Caribe, con la French West India Company, en la que fungió como esclavo aprendiz durante tres años. Dependiendo del relato, o escapó de su cruel amo o bien simplemente completó sus servicios y después de eso navegó con los bucaneros durante un tiempo, es probable que como barbero y cirujano. Como médico habría tenido proximidad con toda la tripulación, incluido el capitán. Su contacto con los bucaneros le permitió adquirir conocimientos de primera mano sobre su vida y sus aventuras diarias. Sus descripciones de los piratas, superadas sólo por las de Charles Johnson, han ejercido una influencia preponderante en la idea moderna de lo que es un pirata. Pero ¿qué llevó a Exquemelin a unirse a los bucaneros? Él no repara en destacar su crueldad, que a veces se tornaba inhumana. ¿Acaso no podría haber encontrado un puesto más civilizado en el Caribe? Sin poder comprender sus motivaciones para navegar con los bucaneros es casi imposible analizar los sesgos en su escritura; esto se complica aún más debido a que las ediciones subsecuentes de su libro incorporan capítulos que no están escritos por el autor, lo cual a veces dificulta determinar qué en efecto formaba parte del relato original de Exquemelin. El capitán Henry Morgan, uno de los últimos y más famosos bucaneros, demandó por difamación a los editores de una edición inglesa y recuperó 200 libras esterlinas por los daños producidos al adornar su historia de vida.

En su libro, Exquemelin no menciona ningún bucanero mujer; sin embargo, vale la pena considerar su perspectiva, pues, en definitiva, su obra condicionó las actitudes acerca de los bucaneros, lo que a su vez influyó sin duda a los autores de las historias de las mujeres. Su orden de prioridades puede haberse limitado a sacar algo de dinero de sus aventuras tras regresar a su casa en Europa. Sin importar por qué haya escrito su relato, los historiadores le han sacado provecho, pues su mirada del mundo de los bucaneros sienta las bases para la edad de oro que le sucedió.

***

Más que por sus hazañas, al bucanero más famoso que retrata Exquemelin se le conoce por el popular ron que lleva su nombre: Captain Henry Morgan. Nació en Gales alrededor de 1635 en el seno de una familia agrícola, pero decidió no involucrarse en el negocio familiar y, en lugar de ello, zarpó a buscar su fortuna en el mar. Terminó en Jamaica, donde primero navegó para Inglaterra y más tarde se unió a un grupo de bucaneros. Morgan se adaptó rápido a su forma de vida repleta de trasiegos y zipizapes, y cuando él y algunos colegas reunieron suficiente dinero para comprarse un barco propio, Morgan se volvió capitán.

La vida de Morgan está llena de aventuras, de muchas de las cuales se escabulló tan sólo por astucia extrema. Su arriesgado e instintivo estilo improvisado es buen ejemplo de cómo vivían los bucaneros. Como explica Exquemelin, "[e]stos bucaneros viven en la selva por hasta dos años... Cuando llegan [a Tortuga], en un mes despilfarran todo lo que ganaron en los dos años anteriores. El alcohol fluye como agua". Estos hombres salvajes no le eran fieles a nadie más que a sí mismos y a su anhelo de pasarla bien. Enfrentaban dificultades y peligros letales en mar y tierra, así que vivían a lo grande, mientras podían. Su dura vida no solía incluir tiempo para tener familias o esposas, lo cual quizá explica que hubiera tan pocas bucaneras. Hay muy pocas fuentes sobre las dos mujeres que se retratan aquí y ninguna de ellas proviene del periodo bucanero; aunque sus relatos permanecen, es probable que sean resultado de la ficción. Las dos mujeres tienen historias muy distintas, pero ambas ilustran facetas diferentes de la vida bucanera. Se trata de Anne de Graaf y Jacquotte Delahaye.

***

Existen pocos detalles sobre los primeros años de Anne *Dieu-le-veut* de Graaf. Se desconoce su nombre de soltera. De acuerdo con Klausmann *et al.* —aunque sí se la menciona en otros libros, ésta es la única fuente sólida publicada que cubre en detalle su historia—, fue francesa, muy probablemente de Bretaña, una región peninsular montañosa en el noroeste de Francia. Arribó a Tortuga durante el reinado del gobernador Bertrand d'Ogeron, que habría sido entre 1665 y 1675. No hay certeza de por qué dejó Francia para irse al Caribe. Jon Latimer sugiere que podría haber sido parte de un programa financiado por Francia para transportar mujeres a las colonias en barco. Los gobernadores coloniales franceses solicitaron que se enviaran mujeres de Francia para civilizar a los hombres y motivarlos a casarse y establecerse, hasta convertirse en los agricultores de plantaciones que Francia tanto deseaba. Como resultado de ello, la población de Tortuga era casi equitativa en hombres y mujeres, algo inusual en una colonia caribeña. Sin embargo, las mujeres no produjeron el efecto deseado en los hombres, pues muy pocos de ellos eligieron plantar tabaco. En cualquier caso, durante esta época no hubo nada de civilizado en Tortuga.

También es posible que Anne haya sido deportada a la isla; en esa época a menudo se enviaban criminales y prostitutas de Europa a las colonias. La prostitución y la piratería tienen una larga e intrincada historia, y ambas prácticas florecieron ampliamente en Tortuga. Exquemelin dice que los bucaneros iban a Tortuga a "celebrar... a la diosa Venus, para cuyos bestiales deseos encuentran más mujeres de las que pueden usar". Las mujeres de Tortuga dependían económicamente del patronazgo de los bucaneros. Si bien algunos de estos hombres terminaban enamorándose y en ocasiones contraían matrimonio con las mujeres avecindadas a la mancebía, muchos más satisfacían sus urgencias más violentas con las prostitutas en encuentros de "naturaleza predadora", en palabras de John Appleby. Las denuncias de violación en la cercana Jamaica "eran objeto de burla incluso por parte de las autoridades", como estipulan los documentos de Estado de ese periodo. Muchas de las mujeres jóvenes, pobres y vulnerables del Caribe, adonde la gran mayoría de ellas habían sido deportadas, sufrían los abusos y las agresiones sexuales de los despiadados bucaneros. La Tortuga de la franquicia de Disney, *Pirates of the Caribbean* [*Piratas del Caribe*], retrata mujerzuelas atrevidas que cachetean a los hombres ofensivos, pero en realidad eran las mujeres quienes recibían las cachetadas... y cosas peores. Las mujeres nativas, las pobres y las africanas sufrieron desproporcionadamente por las afectaciones derivadas de estos crímenes.

La violencia contra las mujeres —tanto contra prisioneras como contra compañeras asalariadas— permea muchas épocas de la piratería; no obstante, mientras que suelen glorificarse aspectos más seductores —tales como aventuras y peleas a capa y espada—, este hecho a menudo se minimiza en las historias de piratas. Sullivan afirma que el atractivo de los piratas va más allá de los hechos históricos, lo cual parece ser verdad y explica por qué quienes aman a los piratas aceptan la violencia como parte de su narrativa. Klausmann y otros académicos han sugerido que la violencia exaltada de este periodo es parte de lo que llevó a los narradores más tardíos a insertar a Anne y a Jacquotte en la narrativa, o al menos a contar las historias de las mujeres de manera que contrarrestaran el tema recurrente de la violencia contra las mujeres de esa época.

Anne pudo haber sido una de las muchas prostitutas que ejercieron su oficio en el Caribe. Poco después de su llegada, Klausmann afirma que desposó a Pierre Le Long, un personaje menor de la política y rufián local que murió poco después de la boda, probablemente a manos del pirata Laurens de Graaf. Anne es tan famosa debido a su vínculo con De Graaf, un pirata holandés que sirvió a las colonias francesas del Caribe de finales del siglo XVII a principios del XVIII. Según Klausmann, él está incluido en una edición de *The Bucaneers of America*, de Exquemelin. De Graaf (que se escribe también De Graff) figura también en muchas otras fuentes, como *The Buccanneer's Realm: Pirate Life on the Spanish Main, 1674-1688,* de Benerson Little. Se dice que Henry Morgan lo llamaba "un grande y travieso pirata".

Klausmann reporta que Anne conoció a De Graaf después de que él la calumniara. Otras versiones afirman que ella lo retó a un duelo después de que él hubiera matado a su propio esposo. En todas las versiones del relato el encuentro inicial es emocionante. Anne estaba furiosa y amenazó con matar a De Graaf por su ofensa. Estaba ávida de pelear, lo que conquistó a tal punto a Laurens que le propuso matrimonio al instante. Anne no es la única pirata que inspirara con su furia una devoción tan encendida: al parecer, Cheng I Sao más tarde atraería a un esposo de la misma manera. Klausmann afirma que Anne aceptó la propuesta de De Graaf porque era muy atractivo. Jon Latimer exclama que nunca estuvieron formalmente casados.

Según Klausmann, Anne no era muy buena peleando; en lugar de ello prefería acompañar a su nuevo esposo en las incursiones, haciendo las veces de algo así como un amuleto de la suerte. A pesar de que, por lo general, se consideraba que las mujeres traían mala suerte a bordo de un barco, al parecer Anne era muy bienvenida por los hombres de la tripulación de De Graaf, pues, en efecto, su presencia les traía éxito. La apodaron Anne *Dieu-le-veut,* que se traduce como "Dios lo quiere". Parece que siempre que Anne quería algo lo conseguía, como si Dios mismo se lo concediera.

Es muy probable que Laurens y su tripulación robaran a la típica usanza de los bucaneros. Éstos utilizaban naves pequeñas, tipo canoas, para escabullirse hasta su presa —muy superior en tamaño— en plena noche. Envolvían los remos del enemigo en tela para inmovilizar el barco y luego lo abordaban. Las naves más grandes y más lentas eran presa fácil para el despojo por las embarcaciones más pequeñas y rápidas de los bucaneros. Tal como los primeros piratas mediterráneos, los bucaneros usaban el tamaño y la velocidad a su favor. Conforme el número de hombres en necesidad de un empleo aumentaba e inundaba el Caribe, los grupos de bucaneros crecieron y se volvieron más sofisticados. Participaban en ataques coordinados tanto en tierra como en el mar, acumulando cada vez más riqueza.

Aunque eran férreos individualistas, los bucaneros vivían bajo un código que denominaban "la costumbre de la costa", el cual consistía en un sistema escueto de gobierno que reconocía la soberanía individual tanto en tierra como en el mar. Más de 100 años antes de la Declaración de Independencia, los bucaneros organizaron un fuerte gobierno que en muchos sentidos era una democracia ejemplar. Charlevoix, un autor contemporáneo, explica que "[los bucaneros] habían establecido una suerte de Gobierno Democrático; cada individuo libre tenía una Autoridad Despótica en su propia Morada, y cada capitán era soberano a Bordo; mientras estuviera al Mando, sólo uno podía destituirlo".[2] Cada barco era un minimundo en sí mismo, una fracción de poder descentralizado.

En términos raciales, religiosos y políticos, estos hombres estaban vagamente asociados en lo que llegó a conocerse como la Cofradía de los Hermanos de la Costa, integrada en su mayoría por protestantes ingleses y franceses, pero que también incluía algunos españoles, africanos y forajidos sin nacionalidad. Afincados en Tortuga, por un tiempo fueron el cuerpo de gobierno más grande y poderoso del Caribe. Compartían un "concepto excepcionalmente democrático de justicia y conciencia de clase", y, según Marcus Rediker, al estar a bordo de un barco pirata, éste se convertía "prácticamente [en] la institución más democrática del mundo en el siglo XVII". Un ex bucanero escribió que "las presas que [ellos] consiguen las comparten entre sí con mucha hermandad y amistad". Al parecer, a pesar de sus tendencias más violentas, los bucaneros se respetaban entre ellos... aun cuando no siempre a las mujeres. Es muy probable que Laurens, Anne y el resto de su tripulación vivieran en armonía entre sí y con el resto de la Cofradía de los Hermanos de la Costa.

Si bien se suponía que Anne era un amuleto de la suerte, ésta se le terminó, según Klausmann, durante una batalla contra los españoles. Su esposo fue herido por una bala de cañón y murió frente a ella y la tripulación. Esta leyenda entra en conflicto con el registro histórico sobre la vida de Laurens de Graaf. Otras fuentes sostienen que, tras reunirse con su familia, que había sido tomada como rehén por los ingleses durante algunos años, De Graaf desapareció del Caribe y terminó sus días en algún lugar de Sudamérica, con un final incierto. Sólo los relatos en los que aparece Anne incluyen este detalle sobre su muerte a causa de un cañón en el Caribe. En el de Klausmann, aun horrorizada por la pérdida de su esposo, Anne tomó el control del barco; la tripulación de su esposo acató sus órdenes y luchó con valentía, dando a los españoles una larga y sangrienta

---

[2] Se reproduce el empleo de las mayúsculas de la cita original. En las ediciones inglesas de mediados del siglo XVII, y hasta finales del XVIII, se acostumbraba usarlas para sustantivos comunes (y a veces, como aquí, para los adjetivos). [T.]

batalla. No obstante, los españoles triunfaron y Anne fue capturada, junto con los sobrevivientes de la tripulación. Se desconoce su destino final, aunque Klausmann y otros mencionan a una hija de Anne que también sería dinamita. Se supone que esta hija se volvió famosa por haber peleado a duelo con un hombre; sin duda su madre habría estado orgullosa.

El relato sobre Anne ilustra algunas características típicas de los bucaneros. En primer lugar, era independiente. Como viuda, podría haber pasado la vida aislada del mundo, pero en lugar de ello retó a un fiero pirata a duelo y terminó uniéndose a su tripulación. Su habilidad para cuidar de sí misma refleja el estilo de los bucaneros. Además, tomó el control de su barco cuando su capitán fue eliminado, tal como lo hicieran Henry Morgan y otros más. No había tiempo para elegir un nuevo capitán en medio de la batalla, pero la voluntad de su tripulación para acatar sus órdenes sugiere que estaba preparada para esa labor. Y, por último, su condición de mujer la convertía en un miembro no tradicional de la tripulación. Las tripulaciones de bucaneros incluían ex esclavos, así como otros forajidos de la sociedad. Siempre y cuando estuviera de acuerdo con los términos en los artículos al inicio del ataque, todo hombre a bordo recibía el mismo trato. Las condiciones en estas tripulaciones eran mucho más permisivas y tolerantes que las condiciones en tierra firme, especialmente las de Europa. La historia de Anne refuerza el punto de que los bucaneros constituían un grupo especial que operaba fuera de los confines de una sociedad bien educada.

***

Si las posibilidades de que Anne de Graaf haya existido en realidad son muy pequeñas, las de Jacquotte Delahaye son aún menores. En su libro *Mujeres piratas,* el autor español Germán Vázquez Chamorro afirma que ella nunca existió realmente, sino que fue agregada a las leyendas populares de la época de los bucaneros para volver a estos hombres despiadados un poco menos desagradables para el lector moderno. Sostiene que, aunque sea un producto de la ficción, la historia de su vida ha tenido un impacto en la historiografía —algo que muchos personajes reales no han logrado ocasionar—. Cabe mencionar que Chamorro reconoce una correspondencia cercana entre la vida ficticia de Delahaye y la vida de una pirata que afirma que es real: Anne *Dieu-le-veut.*

Es comprensible que existan pocos datos sobre la vida de Jacquotte, y que los que hay estén muy espaciados. Algunos relatos le atribuyen un origen haitiano, mientras que otros sostienen que al menos uno de sus progenitores era de España. Más allá del país del que provinieran, todos los relatos coinciden en que sus padres murieron a manos de los españoles cuando Jacquotte era joven. Algunos afirman que esto la forzó a recurrir a la vida de la piratería para sostenerse a sí misma y a su hermano pequeño, a quien a menudo se describe como alguien que tenía alguna clase de afectación mental o autismo. Tal como Sayyida al-Hurra antes que ella, en la mayoría de las versiones de su historia la motivación de Jacquotte se asocia a la venganza. No hay duda del dramatismo en la escena: una niñita se esconde en un rincón junto a su hermano menor mientras asesinan frente a ellos a sus padres en su propia casa. La niña jura vengar la muerte de sus familiares y cuidar a su hermano adoptando una vida de pirata. Pasan los años y la ira de Jacquotte pervive en ella mientras trabaja como mucama o de mesera; cada día su enojo aumenta, y ella y su hermano apenas sobreviven con la miseria que ella gana. Finalmente, su ira le quema por dentro, a tal grado que no puede ocultarla más: ha llegado el momento de hacer cuentas con quienes mataron a sus familiares, de darle a su querido hermano algo más que migajas. Entonces, hace acopio de todo su valor y se entrega a la peligrosa vida de los bucaneros.

La verdadera razón que llevó a la mayor parte de los bucaneros a dedicarse a eso era mucho menos cinemática. A estos nómadas cazadores convertidos en piratas los empujaban sobre todo preocupaciones económicas. Como ya se discutió en este capítulo, las embarcaciones pertenecientes a la flota del tesoro español que zarpaban del Nuevo Mundo para volver a Europa eran voluminosas y lentas: blancos perfectos para un bucanero rápido y emprendedor. Para cierto tipo de hombre independiente, la oportunidad de hacerse rico mediante el trabajo de España en Sudamérica era demasiado tentadora para dejarla pasar. La leyenda de Jacquotte confiere al negocio de los bucaneros un rostro más amable. Darle a Jacquotte un hermano a quien apoyar como razón para su actividad bucanera contradice la típica situación de los bucaneros, pues en su mayoría carecían de vínculos familiares. Casi parece como si su leyenda estuviera enteramente construida como contrapunto a las historias imperantes sobre la vida de los bucaneros.

Sin importar qué tan joven terminó Jacquotte entre los bucaneros, todos los relatos coinciden en que ascendió rápidamente de rango. Algunos sostienen que lideró a un centenar de hombres; otros que comenzó su vida de pirata vestida de hombre, y otros más afirman que adoptó un sobrenombre masculino sólo después de fingir su muerte en batalla. La mayoría converge en que sí se vistió de hombre en algún momento de su carrera; ahora bien, este dato se complica por la persistente presencia de su flamante cabello rojo en las leyendas. Se describe su cabellera como un rasgo distintivo, lo que la hacía sobresalir entre la multitud. A menudo se alude a ella como "la Pelirroja que volvió de entre los muertos", una referencia a su regreso a la piratería tras haber fingido su propia muerte.

Algunos recuentos de su vida afirman que hizo equipo con Anne *Dieu-le-veut,* pero la llegada de Anne al Caribe ocurrió después de la muerte de Jacquotte. Quizá los narradores confundían a estas dos mujeres bucaneras con otro dúo de piratas caribeñas: Anne Bonny y Mary Read. En cualquier caso, la cariñosa esposa Anne habría tenido poco en común con la soltera Jacquotte, siempre retratada como solitaria. Una cita atribuida a ella (aunque no se encontró ninguna fuente primaria) dice así: "No podría amar a un hombre que se imponga sobre mí… como tampoco podría amar a uno que me permita imponerme sobre él". Su deseo de libertad constituye, ante todo, un emblema, no sólo de los bucaneros de su época sino de todos los piratas. Sólo en esto su historia corre a la par de la vida de los bucaneros sin contradecirla.

Según Klausmann, uno de los logros más épicos de Jacquotte es la captura del fuerte de la Roche en Tortuga en 1656. Esa pequeña isla, que tiene la forma de ese animal y fue habitada en primera instancia por los bucaneros a principios de la década de 1620, era un álgido punto estratégico controlado de diversas formas por los franceses, españoles e ingleses, por no mencionar a la población taíno nativa. El gobernador francés Jean La Vasseur era amigo de los bucaneros y no le molestaba que estuvieran ahí, siempre y cuando compartieran algo de su botín. Él construyó el fuerte de la Roche, también conocido como De Rocher, en 1639, para defender a la isla de los españoles, que la habían atacado algunas veces. El fuerte se construyó en lo alto de un monte cerca del puerto, y se podía llegar a él por una escalera. Para proteger a los hombres que lo defendían se cavaron nichos en la roca bajo sus cimientos. Era una fortaleza casi inexpugnable, vulnerable sólo desde la cima de alguna montaña cercana. En 1654 los españoles explotaron esa debilidad y tomaron posesión de la isla.

En 1656 los ingleses —que eran amigables con los bucaneros— les arrebataron el fuerte a los españoles. En teoría Jacquotte pudo haber apoyado a los ingleses para recuperar la base. Los bucaneros, en efecto, tenían un historial de ayudar a sus compañeros pobladores a repeler a los españoles, que eran hostiles ante la presencia de los piratas en Tortuga. Gracias a su familiaridad con el terreno, Jacquotte y su tripulación pudieron haber contribuido a que los ingleses lograran acceder al fuerte.

Para la década de 1670 Tortuga había perdido su lugar al centro de las andanzas piráticas del Caribe. Los bucaneros se mudaron al pueblo cercano de Petit-Goâve y después a Nueva Providencia, en las Bahamas, dejando Tortuga prácticamente abandonada. Jacquotte Delahaye no viviría para ver la nueva isla base. De acuerdo con Klausmann, fue asesinada en la década de 1660, en un tiroteo con los españoles. Con cuarenta españoles en contra de tan sólo tres bucaneros, la opción obvia habría sido rendirse, pero la muerte de Jacquotte es acorde con la de un verdadero pirata: salir a los tiros ardientes antes que desaparecer en la oscuridad.

¿Por qué incluye la tradición bucanera a estas dos mujeres? Sus historias no tienen mucho en común entre sí. Mujeres de todas las razas y clases han sido parte de las colonias caribeñas desde su fundación, pero han quedado fuera de su historia. Además de que eran maltratadas físicamente, las mujeres también fueron borradas. Sin duda las vidas de esas mujeres —despojadas de Europa y de todo lo que conocían, enviadas a una travesía por mar y depositadas en una costa poco familiar y amigable— eran valiosas e interesantes; sin embargo, no hay equivalente al libro de Exquemelin que cubra sus hazañas. Mientras que las vidas de los bucaneros se cubren a detalle, las de ellas se dejan a la imaginación. Las historias de vida de Anne y Jacquotte les otorgan a las mujeres una voz en la narrativa y las devuelven al relato, esta vez como vencedoras y no como víctimas. En lugar de ser accesorios sin nombre en la historia de los bucaneros, estas mujeres son retratadas como heroínas: mujeres que, a pesar de las desagradables y trágicas circunstancias en que se encontraban, vivieron su vida en sus propios términos, y que, por sobre todas las cosas, valoraban la libertad personal, tal como lo hacían los bucaneros hombres. Hayan existido o no Anne o Jacquotte, sus historias son emblemáticas del tipo de mujeres aventureras que *sí* vivieron durante este periodo y que la historia ha dejado en el olvido.

En lugar de batirse a campo raso como Jacquotte, los bucaneros tuvieron un fin lento y silencioso, como cl dc la propia ciudad de Tortuga. Para 1690 la actividad de los bucaneros había llegado virtualmente a su fin. Los países fueron dejando de promover sus gestas: primero los holandeses en 1673, luego los ingleses en 1680 y, finalmente, los franceses en 1697. La supremacía de España sobre la región había terminado y otras naciones habían establecido colonias en el Caribe, entre ellas Jamaica y La Española. Los corsarios habían hecho tan bien su labor que se habían quedado sin trabajo. Cuando el mundo dejó de luchar, los corsarios eran una amenaza al orden, por lo que tuvieron que irse. Aquellos como Morgan fueron rebautizados como héroes patrióticos, aunque la mayoría de ellos habían sido mucho menos que heroicos. Muchos bucaneros se retiraron y formaron familias, viviendo felizmente del botín que se habían ganado. Pero algunos no estaban listos todavía para dejar el mar. No quedaba mucho que hacer para ellos en el Caribe, así que tenían que buscar nuevas aguas para saquear.

Los estudios más recientes sugieren una borrosa línea entre los bucaneros, los corsarios y los piratas de esta época. Timothy Sullivan afirma que, a pesar de las pequeñas diferencias regionales, todos estos grupos conformaban un grupo grande, que era tanto una subcultura como una contracultura. *The History of Piracy*, de Philip Gosse, publicado en 1932, fue el primer libro en abordar a todos los piratas juntos en una sola obra, lo cual le permitió vincular a los tres grupos. Podrán parecer diversos, pero todos tuvieron un papel al reclamar su parte de un territorio que antes pertenecía a España en su totalidad y, con distintos niveles de éxito, fusionaron sus costumbres europeas nativas con las culturas indígenas con las que se encontraron. Esta teoría de una cultura fronteriza une las distintas fases de la edad de oro y demuestra que los bucaneros no fueron una sección distintiva de ella ni tampoco integraron un periodo separado sin relación con la piratería, sino que antes bien constituyeron la primera ola de la edad de oro. Los piratas y corsarios compartían experiencias, objetivos y métodos en el Caribe. Tienen más similitudes que diferencias. El fenómeno de la ronda del pirata une aún más a estos dos grupos en un solo movimiento continuo.

Utilizada durante la segunda fase de la edad de oro, la ruta de la ronda del pirata emergió del fin del periodo bucanero. Los piratas comenzaron en el Nuevo Mundo, navegaron cruzando el Atlántico y continuaron hacia abajo bordeando el Cuerno de África hasta Madagascar. Desde ahí expoliaban barcos que iban y venían de y hacia la India y el Imperio otomano, recolectando grandes fortunas. Thomas Tew parece haber sido el primer pirata en realizar este viaje, pero muchos otros —incluidos ex bucaneros— se apresuraron a seguir su ejemplo.

En *Raiders and Rebels: A History of the Golden Age of Piracy*, Frank Sherry describe el gran baluarte pirata sobre Madagascar que fomentó la ronda del pirata. Ahí los piratas establecieron su primera república real. Desde esa base en común pudieron organizarse en una entidad poderosa que era mucho más fuerte que cualquier coalición previa, incluida la cofradía de los Hermanos de la Costa. Sin las restricciones de una licencia corsaria, estos piratas pudieron atacar a voluntad. En el océano Índico los bucaneros convertidos en piratas refinaron sus tácticas de cacería de barcos, engrosaron sus filas y establecieron reglas de gobierno que caracterizarían a la piratería de la edad de oro. Madagascar fue la liga de beisbol triple A donde los piratas afilaron sus habilidades e incrementaron su confianza en sí mismos. Cuando hubo terminado la guerra de sucesión española y un gran número de marineros entrenados se vieron repentinamente desempleados, los piratas se alistaron para las grandes ligas: las del Caribe.

La guerra de sucesión española terminó en 1714: la mecha que encendió el fusible de la fase final de la edad de oro y restableció a los piratas con toda su fuerza en el Caribe. Con las lecciones aprendidas en Madagascar y en la ronda del pirata, los nuevos piratas del Caribe estaban listos para aterrorizar barcos de todas las naciones. Estaban ávidos de convertirse en los piratas más famosos de todos los tiempos, aquellos en los que la gente piensa cuando escucha la palabra *pirata*. Estas historias están ahora embebidas en mitos y en la cultura popular. Junto con los nombres que se repiten a menudo de Barbanegra y Jack el Calicó, muchos otros piratas navegaron bajo la bandera negra durante la edad de oro, de los cuales al menos dos eran mujeres, las piratas más célebres de la Historia: Anne Bonny y Mary Read.

7

LAS PIRATAS REALES DE SU MAJESTAD

PARA muchas personas la Marina Real evoca imágenes de jóvenes fornidos en elegantes uniformes planchados, con cofias artificiosamente despeinadas como recién salidas del plató de un drama histórico. Para otros no es más que "ron, sodomía y el látigo", una cita de la tradición naval británica que a menudo se le atribuye, erróneamente, a Sir Winston Churchill. Para sorpresa de casi nadie, la verdadera Marina Real —en particular durante la edad de oro de la piratería— tuvo muy poca relación con cualquiera de estas imágenes. La vida en la Marina Real era arriesgada y dura, y las condiciones en ella contribuyeron de manera directa al estallido de la piratería en el Caribe.

La Marina Real actual, la principal fuerza de combate marítima del Reino Unido, se originó a mediados del siglo XVII. Fue determinante en el establecimiento del Imperio británico como potencia mundial y, durante mucho tiempo, fue la marina más poderosa del mundo. En 1660, justo cuando iniciaba la primera etapa de la edad de oro, Carlos II asumió el trono. Durante la sangrienta guerra civil inglesa, el régimen de la Comunidad Británica de Naciones (hoy Mancomunidad de Naciones [Commonwealth of Nations]) había configurado una flota eficiente y poderosa. Tras la derrota de la Comunidad, Carlos II heredó la flota y la utilizó para formar la Marina Real, que se convertiría en la fuerza de combate marítima dominante. Una de sus primeras tareas fue destruir a los piratas berberiscos que habían infundido terror en las flotas inglesas. Para finales del siglo XVII era una flota digna de tomarse en cuenta, constituida por 127 barcos de guerra y 49 fragatas.

Sin embargo, esos barcos no podían navegar por sí mismos, y conseguir hombres para conformar las filas de la marina era una necesidad imperiosa. Se contrataron hombres para cada barco y se les pedía que permanecieran a bordo hasta que terminara el encargo. Por supuesto que la marina alentaba a los hombres a quedarse después de que expiraran sus encargos, pero sólo los oficiales podían unirse a ella de forma permanente, y muchos hombres decidían emprender otras carreras cuando terminaba su tiempo a bordo de un barco de la Marina Real. Se logró reclutar a muchos hombres, pero éstos distaban de ser suficientes.

El llamado Impress Service, también conocido como leva, fue una ingeniosa —si bien desagradable— solución para este problema. Legalizado por primera vez por la reina Isabel, en 1597 se amplió para incluir el reclutamiento de "hombres de mala reputación". Afiches populares de la época retratan a hombres armados que secuestran a los novios desventurados de sus novias en los casamientos, y la realidad eran tan sólo un poco menos dramática. La leva se utilizó para forzar a los hombres a rendir servicio en la marina, algo similar al servicio militar obligatorio en los Estados Unidos. Los hombres podían ser requeridos para hacer su servicio en tierra firme o en el mar. El reclutamiento marino lo llevaba a cabo cada barco de guerra, en lugar de que lo hiciera el Impress Service. En teoría, éste empleaba el poder del rey para convocar a los hombres a servir a su país. En la práctica era más como un secuestro y afectó de manera desproporcionada a los pobres y a los desempleados. Los hombres podían ser robados de los barcos que iban de regreso a casa después de concluir exitosamente algún encargo y se les forzaba a instalarse en un barco de la Marina Real por tiempo indeterminado. Las familias de los marineros reclutados solían pasar penalidades, pues, como indica Frank Sherry, "el salario a bordo de un barco de guerra era bajo y, en el mejor de los casos, intermitente".

Otro factor que contribuyó a que creciera la piratería fue la disminución del corsarismo. Inglaterra había sido adepta desde antaño a él y había contratado muchos hombres y barcos para el pillaje en nombre de la Corona, pero la recién negociada paz con España —el enemigo mortal de Inglaterra— a finales de la guerra de sucesión española terminó abruptamente con esta práctica. Como resultado de la guerra del rey Guillermo, ahora Francia —antigua aliada— podía ser atacada por los corsarios, pero los barcos franceses eran mucho más rápidos y difíciles de tomar que los pesados y torpes galeones de la flota del tesoro español. De manera que la combinación del cese del corsarismo y la deprimente vida de los marinos dejaba sumidos a muchos de ellos en la desdicha y la inquietud. Estos marineros añoraban algo más que un mejor salario o más comida: añoraban la libertad. Sherry escribe que, "al ser negada, el hambre universal de la libertad inevitablemente estalla en alguna forma de rebelión... Los miles de marineros descontentos que trabajaban en los barcos de las flotas marítimas y navales del mundo tenían la capacidad de convertir su añoranza en acción". Cuando los piratas tomaban un barco y ofrecían tomar a los cautivos como nuevos piratas, muchos marineros comunes y corrientes oponían poca resistencia.

Además de volver la vida en la marina tan inhóspita como para que muchos hombres recurrieran a la piratería, durante muchos años la marina también hizo muy poco por suprimir esta práctica en el Caribe, alentando así su actividad en la región. Cuando los gobernantes de las colonias solicitaban ayuda, Inglaterra a veces enviaba barcos de guerra para patrullar la zona, pero por varias razones éstos en muchas ocasiones no detenían a los piratas. En primer lugar, la Marina Real se sentía superior a la población local y se negaba a escuchar los consejos de los colonos. Como resultado, a menudo tenían poca o nula información sobre la ubicación y hábitos de los piratas, que habría sido de utilidad para abatirlos.

En segundo lugar, algunos comandantes de la Marina Real decidieron emplear su tiempo en el Caribe generando ganancias extra. Por una suma considerable, se vendían como escoltas para los aterrorizados buques comerciales, aprovechando así el miedo que les tenían los comerciantes a los piratas para hacer algo de dinero. Este ingreso extra oficial era bastante lucrativo, y desaparecería del todo si los piratas fueran eliminados. De ahí que la marina no hiciera demasiado esfuerzo por erradicar a los piratas; eran demasiado valiosos para ella. Además, cabe mencionar que la fuerza marítima en el Caribe estaba asolada por la enfermedad y la malnutrición, y difícilmente tenía las condiciones para llevar a cabo un ataque serio. Los piratas estaban mucho mejor adecuados al clima y en general tenían un mejor estado de salud. Los ingleses, sudorosos y quemados por el sol, oscilaban entre el vómito y la diarrea, y no eran en verdad contendientes equiparables a los saludables y robustos piratas. Por todas estas razones, la marina miraba para otro lado, permitiéndoles a los piratas un libre desplazamiento, al menos hasta que, en 1718, irrumpió Woodes Rogers en la escena.

Tomando en cuenta toda esta información, parecería natural que algunos de los piratas más famosos hayan iniciado en la Marina Real o como corsarios. Marcus Rediker afirma incluso que casi todos ellos eran, al comienzo de la marina, marineros comerciantes o corsarios, lo cual tiene mucho sentido, pues estos hombres habrían tenido las ventajas de las habilidades para navegar y el entrenamiento que les otorgaban estas ocupaciones. Aunque los piratas y corsarios de esta época sí participaban en saqueos por tierra y por mar, ante todo eran marineros y se consideraban hombres de mar. Había una división tajante entre los ladrones de la costa y los bandidos del mar.

Uno de los bandidos del mar que inició en la marina fue Henry Avery. Se le conocía también como Long Ben, John Avery y una larga serie de otros nombres, y fue guardiamarina en la Marina Real a finales del siglo XVII. Trabajó a bordo del buque de la Marina británica o HMS [Her/His Majesty's Ship] *Kent* y el HMS *Rupert,* antes de su fatídico viaje a bordo del barco corsario inglés *Charles II.* En dicho viaje el capitán no le pagó a la tripulación, lo cual resultó ser un desastroso error, pues ésta se amotinó, se volvió pirata y eligió a Avery como capitán. Es probable que Samuel Bellamy, conocido como "Black Sam", también haya estado en la Marina Real antes de sus días como pirata. Incontables piratas más de la edad de oro se distinguieron como corsarios primero antes de volverse piratas, entre ellos Charles Vane, Thomas Tew, William Kidd y, posiblemente, incluso Edward Teach, también conocido como Barbanegra.

***

Además de incubar la siguiente generación de piratas, durante esta época la Marina Real también tuvo a muchas mujeres en sus filas. Según afirma Rediker en su ensayo "When Women Pirates Sailed the Seas", un autor anónimo escribió en 1762 que había tantas mujeres en la Marina británica que éstas deberían tener sus propios batallones. Quizá el mundo nunca sabrá con exactitud cuántas mujeres pelearon por Inglaterra, pues, tal como sucede con las piratas, las únicas a quienes recuerda la historiografía son las que fueron descubiertas después de su tiempo en servicio. Incontables mujeres se han perdido entre las grietas de la historia; sus secretos estarán por siempre a salvo de los ojos escrutadores de los que aparecieron en épocas posteriores.

Dos de las más famosas marinas son Hannah Snell y Mary Anne Talbot. Mary Anne inició su vida en el mar a los 14 años de edad. Tuvo diversos cargos en algunos barcos, fue prisionera de guerra durante 18 meses y sufrió múltiples heridas graves que pudieron haber puesto fin a su carrera antes de ser despedida a los 19, cuando fue forzada a revelar su género. Aunque durante muchos años exigió lo que le correspondía, su calidad de mujer le impidió ser remunerada por su servicio en la marina. Mary Anne murió en la pobreza a los 30 años de edad.

Bajo el nombre de James Gray, Hannah se unió a las fuerzas armadas tras la muerte de su hija. Rindió sus servicios como soldado raso y marino mientras fingía ser James y después se retiró, logrando, de alguna manera, que el duque de Cumberland le otorgara su pensión. Esta victoria la convirtió en un asunto de interés público, y así permaneció por el resto de su vida. Pasó los años posteriores a su servicio en el escenario, llevando a cabo simulacros militares vestida de uniforme frente a multitudes de espectadores curiosos. Durante su vida se publicó un relato sobre su historia que tuvo mucho éxito. Contrajo sífilis, que en ese entonces era incurable, y fue ingresada en el Bethlem Royal Hospital, conocido como Bedlam, por su hijo. Murió ahí seis meses después, en 1792, a los 68 años de edad.

***

Además de Hannah y Mary Anne, al menos dos mujeres más rindieron sus servicios en la Marina Real y son de particular relevancia: Charlotte de Berry y Mary Read. Ambas iniciaron en la marina pero se volvieron piratas, y también ambas tuvieron un triste final. Sin duda, a finales del siglo XVII y comienzos del XVIII circulaban alegres historias en que una mujer iba de pobre a rica, por más que no abundaran, pero llama la atención que el servicio militar no evitara que ninguna de ellas tuviera un destino triste. Volverse piratas no auspició un resultado más grandioso para estas mujeres, pero, comoquiera que sea, tampoco parece haberlas perjudicado durante el proceso.

Charlotte de Berry entra a la historia y a la historiografía en 1836, dos siglos después de la fecha de nacimiento que se le atribuye. Sobre ella se escribieron algunas líneas en la obra del editor Edward Lloyd, *History of the Pirates,* una novela de mala calidad debida a la pluma de un hombre que se haría famoso por sus renombrados plagios de narraciones de Charles Dickens. Aunque es común en la literatura actual sobre piratas, no parece haber otra fuente que la incluya más allá del libro de Lloyd. No obstante, su historia —confeccionada para vender la mayor cantidad de ejemplares posibles— le permite al lector echar una mirada al fervor del público lector por las mujeres piratas. Los libros se publican para venderse, de manera que la historia de Charlotte se hizo para agradar al gran público. Por ejemplo, la muy encarecida historia ficticia de la mujer convertida en pirata, Fanny Campbell (que se explora en el capítulo 12), se publicaría tan sólo unos años después y sería venerada por el grueso de los lectores.

¿Por qué tenían tanto arraigo entre la gente común las historias sobre mujeres piratas? ¿Acaso las mujeres, que añoraban escapar del confinamiento de su sociedad, hallaban en estas temerarias su inspiración? ¿O acaso los libros funcionaron como advertencias para las jóvenes castas acerca de los peligros que podían abrumar a las mujeres que daban un paso más allá de sus esferas tradicionales? El arte puede explorar ansiedades culturales e ilustrar las fallas diseminadas en aquel entonces en el modo de pensar de las masas. Un estudio sobre los panfletos de asesinatos en el siglo XVII explica que, "al cuestionar el comportamiento rebelde, intentaban restaurar la estabilidad y convencer al pueblo de la importancia de cumplir con su rol de género de manera adecuada". Sin embargo, las historias quizá también demostraban las desmesuradas limitaciones en los típicos roles de género, lo que habría resonado en las lectoras más jóvenes que se irritaban ante lo inamovible de las costumbres tradicionales. Tal vez fue una combinación de ambas cosas. El retrato que ofrece Lloyd de Charlotte mediante su narración tiene un claro propósito de causar alboroto con sus elementos más salaces, pero también de capturar el corazón de las lectoras. La historia de Charlotte inspira empatía aun cuando acelera el pulso, quizá precisamente lo que se propuso la editorial de Lloyd.

Cuenta la historia que Charlotte nació en algún lugar de Inglaterra, muy probablemente en la costa, en 1636. De niña ya soñaba con una vida en el mar. En los primeros años de su adolescencia se escapaba de su casa para pasear por los muelles, vestida de hombre. ¿Por qué razón? El relato no lo dice. Quizá temía por su castidad si se escabullía por los muelles como mujer, pues podían confundirla con una de las muchas prostitutas que frecuentaban la orilla del agua. Quizá no lo hiciera por seguridad. Es posible que le gustaran las mujeres y creyera que sólo podría procurarlas vestida de hombre. Con el tiempo conoció a un marinero (una versión del relato lo llama Jack, que utilizaremos aquí en aras de la claridad) y se enamoró de él... mientras llevaba puesta la indumentaria de un muchacho. Cuando Charlotte le reveló a Jack su identidad, él le propuso matrimonio y se casaron, a pesar de que los padres de ella se oponían a la unión.

¿Cómo podía una pareja joven arreglárselas para casarse sin el apoyo de los padres? Tenían que publicar las amonestaciones y obtener las licencias. En el siglo XVII no había matrimonio civil; las bodas tenían que llevarse a cabo a través de la Iglesia. Por fortuna, a principios del siglo XVII existían en Londres los "matrimonios irregulares o clandestinos" ["Fleet Marriages"][1] para quienes deseaban casarse sin la parafernalia y las reglas tradicionales. Podían casarse en la Prisión Fleet, que en teoría estaba fuera de la jurisdicción de la Iglesia. Ahí o en el área a medio construir que rodeaba a la prisión había suficientes sacerdotes ordenados y sentenciados que estaban dispuestos a hacer un poco elásticas las reglas —por un precio—. Una prisión inmunda con reclusos lascivos como damas de honor y un delincuente de sacerdote no parece ser un inicio que augure dicha matrimonial, pero los tiempos desesperados exigían medidas desesperadas. Muchos marineros aprovecharon estos casamientos antes de embarcarse. Es muy probable que Charlotte y Jack se hayan casado de esta manera.

De luna de miel, Charlotte siguió a su esposo a la Marina Real. Afirmó ser su hermano. Algunas versiones de la historia aseveran que en la Marina Real se hacía llamar Dick. Dick y Jack eran inseparables y peleaban hombro a hombro. De alguna forma, los tórtolos dejaron ver que eran más que hermanos y un oficial del barco los descubrió. En lugar de expulsarlos del barco, este oficial decidió que quería quedarse con Dick y se le propuso a Charlotte, pero ella lo rechazó y permaneció leal a su esposo.

Incapaz de aceptar un no por respuesta, este oficial le asignó a Jack las labores más peligrosas en batalla, en espera de ocasionarle la muerte: algo parecido a la historia de David y Urías en el Viejo Testamento, Samuel 2, en la que David envía a Urías a morir al frente de batalla para poder quedarse con su esposa, Betsabé. Empero, el ruin plan del oficial fracasó una y otra vez merced a la valentía y fuerza de Charlotte, quien más de una vez acudió a ayudar a Jack en plena batalla y salvó su vida.

Cansado de esperar, el oficial jugó su baza: acusó a Jack de amotinamiento. En la Marina Real la palabra de un marino común no tenía ninguna posibilidad de enfrentar la palabra de un oficial, por lo que Jack fue condenado y sentenciado a la flagelación. Charlotte no podía irrumpir y recibir la flagelación en el lugar de su esposo, y así el oficial finalmente logró su misión de deshacerse de Jack. Sin Charlotte para salvarlo, Jack murió como resultado del castigo.

[1] Llamados así porque tenían lugar en la cárcel mencionada a continuación, cercana al río Fleet y que se mantuvo funcionando hasta mediados del siglo XIX. [T.]

Según Colin Woodard en *Republic of Pirates,* la flagelación era un castigo corriente en la Marina Real. El número de latigazos dependía de la seriedad de la ofensa, y los peores crímenes recibían hasta 300 azotes, que, se pensaba, era el máximo que una persona podía recibir sin morir. Las variantes de este castigo incluían la "carrera de baquetas", que implicaba que el prisionero caminara entre dos filas paralelas de sus compañeros de la tripulación mientras todos le daban latigazos, y la "flagelación por toda la flota", una práctica particularmente extraña en la que se amarraba al prisionero a una tarima en una balsa y éste remaba de barco en barco, recibiendo latigazos en cada uno de ellos. Lo común era que los latigazos se impartieran sobre la espalda desnuda de la víctima, frente al resto de la tripulación. Como instrumento se utilizaba el "gato de nueve colas", un látigo con nueve cuerdas finas en su extremo —cada una con un nudo—, que causaba un daño considerable. Después de los azotes se llevaba a la víctima bajo cubierta para untarle sal en las heridas, un procedimiento muy doloroso que prevenía su infección. Con estas medidas de disciplina no es de sorprender que muchos hombres murieran al servicio del rey y de la patria.

Tras la muerte de Jack el oficial se sorprendió de que Charlotte no se interesara en él. De hecho, lejos de buscar consuelo en los brazos del oficial, ella lo asesinó tan pronto como el barco se aproximó a tierra. Después de vengarse, se escabulló del barco y desapareció en el mundo de los muelles.

En esta época Londres estaba en vísperas de un gran renacimiento. En unos 10 años el Gran Incendio arrasaría con la ciudad y los esfuerzos de reconstrucción crearían algunas de sus maravillas arquitectónicas, tales como la majestuosa catedral de San Pablo, de Christopher Wren. El transporte marítimo y el comercio estaban en ascenso, la población explotaba y, para finales del siglo XVII, Londres competiría con París por ser la gran capital intelectual y artística de Europa. No obstante, a orillas del mar había poca evidencia de este gran renacimiento. Wapping, donde se construyó el Muelle del Patíbulo para los piratas, era un fétido laberinto de edificios en ruinas repleto de cuerpos hambrientos y sucios, de gente que no podía costear vivir en ningún otro lado. En este mundo sólo había una regla: la supervivencia del más fuerte, y la competencia era feroz. Charlotte trató de adaptarse a la multitud de ahí, trabajando como mesera en uno de los muchos cafés frente al mar.

Ella llamó la atención de un capitán mercader, quien la secuestró y la forzó a desposarlo. Este capitán era aún más cruel que el oficial de su primer barco, y abusó sexualmente de Charlotte. De camino a África ella convenció a la tripulación de amotinarse contra este hombre atroz; después lo decapitó y se declaró capitana del barco. Los hombres aceptaron seguir su mando y volverse piratas. Tuvieron éxito por algunos años (a decir de algunos, dos). Esta parte del relato parecería aludir a la ruta de la ronda del pirata, que es posterior por unos 100 años o más al tiempo en que se desarrolla la vida de Charlotte, pero que Lloyd conocería en 1836.

Durante sus travesías Charlotte volvió a encontrar el amor, esta vez con un español llamado José o Armelio, dependiendo de la versión del relato. Después de un tiempo él se incorporó al barco de Charlotte, quien se casó por tercera ocasión, pero esta vez por amor, tal como en su primer matrimonio. No obstante, su luna de miel fue muy corta, pues una terrible tormenta hundió su barco y sólo sobrevivieron algunos tripulantes. Los náufragos sobrevivientes no tenían comida y tuvieron que recurrir al canibalismo, dejando al azar la decisión de a quién se comerían. El esposo de Charlotte fue la víctima elegida.

Este macabro proceso no era inusual en el mar. Antes de que existiera la comunicación de barco a tierra los barcos estaban solos en el mar, a merced de las olas y el viento. Prácticamente no había medidas de seguridad en la construcción de los barcos, la capacitación de los navegantes o los protocolos de emergencia. Si algo iba mal nadie podía venir al rescate de los infortunados marineros, a menos que estuvieran de paso. Un marinero sabía que cuando se subía a un barco llevaba su vida en sus propias manos. Los libros de derecho están llenos de casos relacionados con el canibalismo en el mar, y el primer registro data de 1641. Se acostumbraba elegir a la persona que sería comida a través de un sorteo, como se hizo en el caso de Charlotte. El canibalismo en el mar era tan común que, hasta 1884, con el caso "Regina versus Dudley and Stephens" —que declaró ilegal argüir la necesidad como defensa ante el cargo de homicidio aproximadamente 50 años después de que Lloyd publicara la historia de Charlotte—, en las cortes inglesas era habitualmente permitido como defensa ante el cargo de homicidio.

El grupo de supervivientes fue rescatado por un barco holandés que pasaba por ahí, pero vino demasiado tarde para el infortunado José / Armelio. Poco después del rescate fue atacado el barco holandés. Charlotte y lo que quedaba de su tripulación —quizá, llegados a este punto, al darse cuenta de que ya no había nada que perder— defendieron a sus rescatistas, venciendo a los atacantes. Sería la última batalla de Charlotte. Ella y sus tripulantes lucharon con valor y lograron vencer a los atacantes. Cuando estaban celebrando la victoria, Charlotte se tiró por la borda, con el nombre de su amado en los labios.

La historia de Charlotte es una extraña amalgama de las historias de Mary Read y de Anne Bonny, historias bíblicas, historia pirática y sucesos de actualidad de la época en que fue escrita. Si bien es claro su elemento sensacionalista, no parece fuera de lugar entre las historias mejor constatadas de mujeres piratas. Sólo hay un detalle que no parece verídico: el suicidio de Charlotte. Sólo una pirata más en este volumen se quitó la vida por voluntad: María Cobham, otra pirata que tal vez es producto de la ficción. Quizá Lloyd sintió que tenía que incluir este detalle para regresar las cosas al *statu quo*: una mujer con tres matrimonios que participaba de asesinatos y alborotos no habría podido integrarse de nuevo y sin problemas a la sociedad civilizada. Si su historia hubiera terminado en que ella se casaba con un hombre respetable y renunciaba a su ocupación previa, quizá le podrían haber permitido vivir sin causar un escándalo entre los lectores, pero, ya que asesinó a su segundo esposo y se negó a dejar la piratería, no podía ser digna de un final feliz. Desafortunadamente para Charlotte, su destino estaba en manos de su biógrafo, un hombre victoriano con poca empatía hacia las mujeres desafiantes de la ley.

***

Otra pirata que siguió adelante a pesar de enviudar dos veces fue una de las más famosas piratas de todos los tiempos. Mary Read, a quien se la suele mencionar como la mitad del dúo dinámico Mary Read y Anne Bonny, tuvo una vida rica y llena de aventuras antes de que hubiera jamás visto a Jack el Calicó y su tripulación y comenzara una vida cuya totalidad, de acuerdo con el biógrafo Charles Johnson, "algunos estarían tentados a considerar como una Historia no situada por encima de una Novela o de un Romance". Tal como Anne Bonny, Mary Read hizo su primera aparición en la escandalosamente popular *A General History of the Pirates* [Historia general de los piratas] de Johnson, publicada en 1724.

Si Exquemelin es el segundo hombre a quien se responsabiliza por la imagen más difundida de los piratas, Johnson es, en definitiva, el primero. Las imágenes en su libro han pervivido por siglos y se dice que han inspirado a muchos narradores de historias de piratas que lo sucedieron. Si bien el libro es extremadamente popular, su autor sigue siendo un misterio. Se cree que "Capitán Charles Johnson" es un seudónimo. Con los años, varias teorías se han ocupado de esclarecer la identidad del autor, y entre ellas hay una bien acogida pero de la que no existen pruebas: la que atribuye la obra a Daniel Defoe. Quienquiera que fuera el Capitán Johnson, su libro fue un *bestseller* inmediato que cautivó la imaginación de los lectores allá en 1724 y que lo sigue haciendo hasta el día de hoy. Así pues, el libro se sigue vendiendo bien y es, probablemente, la más citada fuente primaria de información sobre los piratas. Sin embargo, su precisión como fuente es dudosa: Johnson gustaba de adornar los hechos cuando no eran lo suficientemente pintorescos. El libro tiene múltiples reimpresiones en diversas ediciones. La primera edición era de dos volúmenes, el primero de los cuales incluía en la portadilla una promesa de contar las "extraordinarias acciones y aventuras de dos pyratas mujeres [*sic*], Mary Read y Anne Bonny". Johnson sabía que la inclusión de dos mujeres, juzgadas tan recientemente de forma muy pública, captaría la atención de los lectores. En efecto, los relatos de las dos mujeres parecen haber sido arrancados de los titulares y prácticamente garantizaban que el público siguiera leyendo. No obstante, la naturaleza sensacionalista de las historias no significa que sean mentira. Es tal la correspondencia del relato con los documentos de la corte y otros materiales de fuentes primarias de la época que el relato del capitán Johnson se acepta generalmente como lo suficientemente apegado o a la verdad, si no del todo. Quizá agregó algunos detalles y usos del lenguaje para vender más libros, pero la historia espectacular de estas dos mujeres se presenta de forma más o menos intacta.

De acuerdo con Johnson, la madre de Mary Read estaba casada con un marinero que la embarazó antes de zarpar y no volver jamás. Se desconoce si murió o si sólo abandonó a su esposa; el caso es que la señora Read tuvo a su bebé, un niño, y vivió con la familia de su esposo hasta que volvió a embarazarse, esta vez de un hombre con quien no estaba casada.

Consciente de que sería deshonrada si se descubría su secreto, la madre de Mary dejó a la familia de su esposo y se mudó con amigos. Su hijo murió poco antes de que naciera su hija, Mary. La señora Read no tenía ingresos propios; su suegra le había estado enviando dinero para el cuidado de quien fuera su nieto. Pero con la muerte de éste, la anciana señora Read ya no tenía más razones para enviarle dinero a la madre de Mary. ¿Cómo podrían sobrevivir? La madre de Mary ideó un plan desesperado. ¿Por qué no intercambiar a una hija viva por un hijo muerto? Ocultó la muerte de su hijo y disfrazó a Mary de niño, haciéndola pasar por su hijo. Era como si Mary nunca hubiera nacido. Esto continuó así hasta que Mary tuvo 13 años de edad.

Cuando la anciana señora Read murió, Mary y su madre tuvieron que hallar otra forma de hacer dinero. Aún vestida de hombre, la joven Mary fue contratada como paje por una dama francesa. Los pajes corrían junto a los carruajes para asegurarse de que no se ladearan a causa de la raíz de algún árbol, un bache o algún otro obstáculo del camino. También corrían delante del carruaje para asegurarse de que todo en el lugar de destino estuviera preparado al gusto del patrón. Solamente la gente muy rica podía tener un paje, que brindaba un servicio menos esencial que un cocinero u otros sirvientes domésticos y básicamente estaba ahí para causar impresión. Elegían a los pajes por su buen aspecto —la mujer que contrató a Mary Read debe haber considerado atractivo a un "chico" tan femenino—. Con el tiempo el cuerpo en desarrollo de Mary la habría delatado, pero renunció a su trabajo antes de ser descubierta. Estaba harta de la vida doméstica y lista para elegir su propia ruta. La vida de Mary como sirviente había llegado a su fin: se lanzaría al mar.

Los detalles del servicio de Mary en la Marina Real son poco claros. Algunos relatos combinan su servicio militar y naval en uno solo. Johnson sólo menciona que ella "ingresó a bordo de un barco de guerra, donde por algún tiempo rindió sus servicios y después renunció", lo cual deja fuera mucha información. Algunas historias afirman que trabajó como grumete, mientras que otras lo presentan como cargador de pólvora. Como grumete, sus labores habrían incluido hacer mandados para los oficiales a bordo, asistir al cocinero, trepar al aparejo cuando había que ajustar las velas y varias otras labores, a veces de carácter sexual, dependiendo del capitán. Mary podría haberse involucrado en actos sexuales con su capitán y aun así mantener el engaño, pero habría tenido que ser muy, muy cuidadosa. Como chico de la pólvora, habría tenido que transportarla de la bodega del barco a la artillería en cubierta durante la batalla. Ninguno de estos trabajos habría sido bien remunerado ni le habría brindado los beneficios de haber trabajado como paje.

Además del bajo salario, la vida en un barco de la Marina Real no era particularmente glamorosa. Los niveles de peligro eran altos, y las porciones de cualquier botín hallado eran muy desiguales, pues los oficiales se llevaban la mayor tajada y los marineros comunes obtenían sólo una miseria. Según Woodard las tripulaciones enfrentaban una "mala alimentación, una exigente disciplina, la exposición a la intemperie y la enfermedad". Samuel Johnson señaló que "ningún hombre tan ingenioso como para conseguir que lo refundan en prisión sería marinero, pues estar en un barco es estar en la cárcel con el peligro de ahogarse... Un hombre en la cárcel tiene más espacio, mejor alimentación y, por lo general, mejor compañía".

Quizá aún más angustiante que la falta de alimento y espacio era el programa de disciplina a bordo de un barco de la marina. Si bien reinaba la ley del rey, cada barco era una microdictadura en la que el capitán tenía poder absoluto. Los marineros estaban sujetos a los antojos y caprichos de su capitán, sin nadie de mayor jerarquía a quien dirigir sus quejas en caso de recibir un trato injusto. Los capitanes castigaban las infracciones, reales o aparentes. No era inusual que los tripulantes recibieran golpes con palos, azotes de sus compañeros o de los oficiales o que fueran colgados en la horca. Woodard estima que la mitad de los hombres que entraron a la Marina Real murieron en el mar. Por muchas razones, a Mary le habría valido más quedarse en tierra firme.

Pero Mary tenía sus razones para entrar a la marina. Después de ser propiedad de otros durante toda su vida —primero de su mamá, después de la mujer francesa—, decidió tomar una decisión por sí misma. En la marina sería propiedad del rey y del país, pero al menos se trataba de un servicio que habría elegido para ella misma, y no de uno que eligieran por ella. En el mar no había enredos de familia. Trabajar en un barco británico sería la época de mayor libertad que Mary hubiera vivido hasta entonces.

En algún momento quizá Mary se cansó de la vida en el mar, o bien, la descubrieron. Dejó la marina y se fue a Flandes, donde se unió al ejército inglés. En el paso del siglo xvii al xviii Inglaterra era aliada de las fuerzas holandesas que luchaban en la Guerra de sucesión española en los Países Bajos españoles, a los que Flandes pertenecía, y que hoy forman parte de Bélgica. Esta guerra duró de 1701 a 1714, cuando Mary tendría entre 11 y 24 años, si tomamos 1690 como su año de nacimiento. Mientras peleaba junto a sus compañeros flamencos se enamoró de uno de ellos.

Johnson da un giro misógino aquí al explicar que el amor hizo de Mary un mal soldado, pues "no se puede atender a Marte y a Venus al mismo tiempo", y cómo ella entraba a la batalla sin haber recibido instrucciones para hacerlo sólo para estar cerca del objeto de su afecto. Su comportamiento era tan raro que sus compañeros pensaban que había enloquecido. Johnson describe cómo "encontró una Forma de dejarlo descubrir su Sexo, sin dejar ver que lo hacía a Propósito". Cuando su futuro enamorado descubrió "accidentalmente" que Mary era mujer al parecer le dio gusto saber que podría tener una "amante sólo para él", pero Mary era tan casta y femenina que, en lugar de eso, decidió cortejarla como esposa.

Qué extraña anécdota es ésta, que retrata a Mary como una loca enamorada, feliz de ponerse en peligro por su amor. Su amado corre con un poco de mejor suerte: se le representa como a un mujeriego contento de aprovecharse de los encantos de Mary antes de decidir que era lo suficientemente femenina como para llevarla a casa y presentársela a su madre. Toda esta aventura parece muy fuera de lugar en el relato. Quizá Johnson inventó esta parte para imprimirle a la vida de Mary un sello de comportamiento virtuoso que pudiera parecerles más simpático a los lectores. Mary se enamoraría una vez más en su vida después del guapo flamenco, pero esa historia pertenece al próximo capítulo.

Cuando Mary y el hombre flamenco se casaron su historia de amor conmovió tanto a sus compañeros soldados que le hicieron a Mary algo así como una despedida de soltera, ofreciéndole regalos y dinero para que estableciera su hogar de casada. El ejército también se unió en sentimiento y despidió a los dos amantes. La pareja compró una taberna cerca de Breda (hoy Holanda) y la nombró Three Horse Shoes. Era muy popular entre sus antiguos compañeros y los demás soldados e hicieron un vigoroso negocio hasta que murió el esposo. Debido a que se desconoce su fecha de bodas, no se sabe exactamente durante cuánto tiempo mantuvieron la taberna.

Para acrecentar la miseria de Mary tras la muerte de su esposo al terminar la guerra su negocio quebró. Mary se encontró en la misma posición en la que había estado su madre años antes: sin esposo y sin sustento o medios para mantenerse. Una vez más se vistió con ropa de hombre y se unió al ejército, pero en tiempos de paz no pudo ganarse un puesto que pudiera mantenerla. Dejó el ejército y abordó un barco destinado a las Antillas, decidida a probar suerte en un clima más cálido.

Durante esta época la gente por lo general no iba al Caribe sin tener un motivo. Se le percibía como un lugar caluroso, azotado por la enfermedad e incivilizado —una reputación no infundada—, tolerable sólo por el potencial de sus tierras para la cosecha del tabaco. Sin embargo, los poderes de Occidente competían por establecer una supremacía en una zona donde nadie quería vivir. Según Amanda Snyder, Jamaica, particularmente, era el "centro de competitividad imperial anglo-española en el siglo xvii". Cuando Inglaterra tomó el control sobre ella en 1655 la isla no estaba llena de plantadores sino de piratas. A los piratas y corsarios que ya estaban ahí Oliver Cromwell sumó los disidentes irlandeses, judíos, cuáqueros, convictos, mujerzuelas y otros "indeseables" a quienes quería mantener lejos del lugar. Esta población variopinta le valió a Port Royal sobrenombres tales como "la Sodoma del Nuevo Mundo" y "el lugar más perverso del Caribe". De las 200 edificaciones reportadas en las 51 hectáreas de tierra, al menos 44 eran tabernas. Una mujer de buen linaje haría lo posible por no caer muerta ahí, pero Mary Read no era una mujer de buen linaje: era una mujer sin nada que perder.

Se desconoce qué era lo que Mary planeaba hacer al llegar a las Antillas, pues su barco no arribó ahí. Fue interceptado por piratas, que la secuestraron y la obligaron a unirse a su tripulación. Ella pirateó con ellos hasta que la tripulación decidió aventajarse del perdón del gobernante Woodes Rogers y se volvieron corsarios para los ingleses, en pugna con los españoles. Mary estaba "decidida a hacer su Fortuna de una forma u otra". Cuando algunos de los corsarios se amotinaron y se convirtieron nuevamente en piratas Mary estaba entre ellos.

Los barcos piratas compartían muchos de los peligros que enfrentaban los barcos de la Marina Real, pero al fin y al cabo eran sitios mucho más placenteros donde estar. Para empezar, las tripulaciones eran mucho más grandes. En *Under the Black Flag* [Bajo la bandera negra], David Cordingly explica que, mientras que un barco legal de 100 toneladas podía ser tripulado por 12 hombres, un barco pirata comparable tendría un número de tripulantes más o menos de siete veces mayor. Por lo general la disciplina a bordo de un barco pirata no era ni de cerca tan agresiva como lo sería en un barco de la marina. Y, sobre todo, los barcos piratas de esta época eran democracias. La tripulación elegía al capitán al inicio de cada viaje. Las decisiones de hacia dónde navegar y de si llevar a cabo o no un saqueo las tomaba la mayoría a través del voto. Las reglas, la división del dinero de los botines y el salario por incapacidad estaban escritos en un estatuto que todos los piratas tenían que firmar al emprender cada nuevo viaje. Este sistema, elaborado por la Cofradía de los Hermanos de la Costa y perfeccionado en Madagascar por los piratas de la ronda del pirata, sería un sello distintivo de la edad de oro de la piratería. Como comenta Cordingly, "libertad, igualdad y hermandad eran más la regla que la excepción".

No es difícil imaginar por qué Mary decidió unirse a los piratas. Johnson afirma que ella odiaba la piratería y sólo lo hacía bajo presión, pero eso parece ser una completa mentira. Durante su juicio numerosos testigos testificaron que ella tenía la misma voluntad que todos los demás para unirse a los saqueos. También tuvo muchas oportunidades que nunca tomó para salirse del jaleo de la piratería. A pesar de la propia historia de Johnson de que ella le dijo a Rackham que la piratería era para valientes —lo cual contradice su propio testimonio de que aborrecía la piratería—, parecería más probable que a Mary le atrajera la libertad de la vida que esta actividad ofrecía. Como una antigua marina, ella habría reconocido que la piratería brindaba una vida más confortable que la Marina Real. Como pirata podía hacer más dinero que como sirviente de Su Majestad, y también podía opinar sobre el sitio hacia dónde navegar. Para una mujer cuya vida siempre había sido dictada por otros habrá sido una oferta prácticamente irresistible.

Pronto estaba a bordo del barco del capitán Jack el Calicó y a punto de conocer a la mujer que la ayudaría a consagrar su nombre en la historiografía, la otra mitad del dúo dinámico de mujeres piratas: Anne Bonny. Para Mary Read lo mejor estaba por venir.

8
"DE HABER PELEADO COMO UN HOMBRE, NO LO HABRÍAN COLGADO COMO A UN PERRO"

A PESAR del dominio que tienen los piratas del Caribe en la imaginación del pueblo, su auge en el periodo que siguió a la sucesión española se extendió, a grandes rasgos, durante 10 años. Para la segunda década del siglo XVIII llegaban a su fin los días en que los piratas realizaban sus desbocados saqueos mientras la ley miraba para otro lado. Diversos factores llevaron a la clausura de esta tercera y última fase de la época de oro de la piratería.

Como se discutió en el capítulo anterior, con la firma del Tratado de Utrecht en 1713 llegó a su fin la guerra de sucesión española y la población de piratas experimentó un gran despegue. De un día para otro miles de soldados especializados estaban sin trabajo, y muchos de ellos migraron a climas más cálidos y al estilo de vida más aventurero del Caribe. No obstante, este incremento de la piratería ocasionó el fortalecimiento correspondiente de las marinas nacionales como protección contra los piratas. Al dejar de ser necesarias para luchar contra otras naciones después de la guerra, las marinas pudieron enfocarse en combatir la piratería. Las naciones no se oponían al corsarismo, pero la piratería abierta no podía tolerarse ahora que estaban en paz quienes solían ser rivales.

Ahora los piratas carecían de una guarida segura que sirviera como base de sus aventuras. Para finales de la década de 1680 Tortuga, que había sido el punto neurálgico de los piratas, se había tornado hostil y había emitido estrictas leyes anti piratería e incrementado la presencia militar. Para empeorar las cosas la ciudad festiva de Port Royal había sido destruida por un temblor en 1692. Por todo el Caribe los paraísos de los piratas, llenos de tabernas, prostitutas y lugares para trasnochar, intentaban convertirse en comunidades más respetuosas de la ley, lo cual, irónicamente, llevaría a la ruina a algunas de sus economías. Mientras que antaño tenían rienda suelta por el Caribe, los piratas estaban ahora restringidos a una zona geográfica aún más reducida. Necesitaban de una base segura para mantener un comercio viable, y la encontraron en la ciudad de Nueva Providencia.

El último gran baluarte pirata del Caribe, Nueva Providencia, hoy parte de las Bahamas, se convirtió en hogar de unos 2 000 piratas, que en 1713 superaban dos a uno a los habitantes respetuosos de la ley. Una isla de unos 100 kilómetros cuadrados no parecería ser un lugar adecuado para una metrópolis pirata, pero tenía una variedad de rasgos que la volvían una base decente. Antes de 1718, en lugar de que los nombrara Inglaterra, los gobernantes eran elegidos por los isleños, y justo de 1706 a 1718 las Bahamas británicas carecieron de gobernante. Además de la falta de supervisión, la isla —como gran parte del Caribe— tenía una ubicación ideal, cerca de rutas comerciales y buenas corrientes de viento. El puerto era muy poco profundo para voluminosos barcos de guerra, pero era perfecto para los barcos más pequeños que preferían los piratas. Había un buen suministro de agua fresca, madera, animales salvajes para la caza y cerros altos que podían servir de miradores. Estos factores, aunados al hecho de que los piratas ya no eran bienvenidos en Port Royal ni en Tortuga, hicieron de Nueva Providencia una excelente opción para ellos.

Casi todos los piratas cimeros de la época pasaron temporadas en la isla. Llevaron a cabo negocios en el próspero mercado negro, comerciando con esclavos, licor y otros artículos de contrabando. En ese lugar se podían obtener o reparar barcos, cañones, espadas y otras armas. Cuando terminaba la jornada los piratas podían pasar unas horas alegres en las tabernas y burdeles de la isla. Se sabe que durante los últimos años de la época de oro Benjamin Hornigold, Jack el Calicó, Samuel Bellamy y Edward Teach, mejor conocido como Barbanegra, frecuentaban Nueva Providencia.

Nueva Providencia era una isla próspera, pero sin ley, lo que la volvía una amenaza para la presencia colonial británica en el Caribe. Woodes Rogers, nombrado gobernante de las Bahamas en 1717, intentó expulsar a los piratas de una vez por todas y hacer de las Bahamas una colonia respetable. A la larga sus esfuerzos tuvieron éxito, pero con un costo personal tremendo. Con su aventurado plan de perdonar a los piratas y su insistencia en mantener la soberanía de Inglaterra sobre la isla, fue capaz de convencer a los habitantes de Nueva Providencia de que estaba ahí para quedarse, y lo decía en serio. Los piratas tenían tres opciones: acatar las condiciones de Rogers, irse de ahí o morir luchando. Rogers indultó a más de 600 piratas, muchos de los cuales se volvieron cazadores de piratas y vivieron de delatar a sus antiguos hermanos. Muchos otros piratas fueron capturados, enjuiciados y ejecutados, tal como Jack el Calicó y su tripulación.

La estrategia de Rogers de convocar a juicio a los piratas ahí en Nueva Providencia en lugar de enviarlos de vuelta a Inglaterra para enfrentar a la justicia reafirmó su autoridad suprema y convenció a los piratas de que no había forma de escapar de él.

Resulta irónico que, sin la economía de los piratas, la colonia cayera en la ruina y Rogers fuera a prisión por sus deudas. El hombre que terminó con la edad de oro de la piratería murió como deudor en prisión y ha quedado fuera de la mayor parte de los libros de historia. Hoy día gran parte de la subsistencia de Nueva Providencia depende del turismo de la piratería, algo que seguramente tiene a Rogers retorciéndose en la tumba.

***

Conforme decaía la edad de oro, dos arrojadas mujeres piratas —una más famosa que la otra— construían una reputación. Sus hazañas garantizaron que la edad de oro se extinguiera con estruendo y no con un murmullo. Aunque sus métodos y su ubicación para ejercer la piratería fueron muy distintos, estas mujeres compartieron un espíritu aventurero y un don para adentrarse en los aspectos más desagradables de la piratería. En el Caribe estaba Anne Bonny y, cerca de la costa de América del Norte, María Cobham.

Anne, como Mary Read, es una de las pocas piratas cuya existencia ha sido probada. Fue una atracción principal en la obra del capitán Johnson, *A General History of the Pyrates* [sic] [Historia general de los piratas], publicada originalmente en 1724, tan sólo unos cuantos años después de que se llevara a cabo su juicio. El nombre de Anne también figura en los documentos del juicio de la tripulación del *William,* y se le menciona en un panfleto y carta escritos en esa época. No obstante, la principal fuente de información que existe sobre su vida es el relato de Johnson. Como se mencionó en el capítulo anterior, los relatos de Johnson no pueden tomarse del todo como verdad, particularmente en lo que refiere a las mujeres piratas. Johnson mismo reconoce que la credibilidad de la sección sobre Bonny y Read está en el límite. En algunos sitios clave de la historia de Anne es necesario desmontar las aseveraciones de Johnson para ver lo que el famoso biógrafo de piratas podría haber omitido a propósito.

Anne nació en Irlanda. Era la hija ilegítima de un fiscal que, se cree, llevaba por nombre William Cormac y de su mucama Peggy. Cuando se descubrió el amorío, el escándalo le costó muchos de sus clientes. Se vio forzado a pedirle a su esposa una pensión para vivir, pues ella había heredado todo el dinero de la madre de William debido a la infidelidad de su hijo. A sabiendas de que su esposa nunca pagaría por la crianza de su hija bastarda, Cormac vistió a Anne de niño y afirmó frente a todos que ella era hijo de un familiar y que él lo estaba entrenando para que fuera su secretario. Cuando la esposa de Cormac descubrió que el protegido de su esposo no era un sobrino sino, de hecho, su hija ilegítima, se alejó de ellos. Así que William, su mucama y su pequeña hija zarparon hacia América en búsqueda de un nuevo comienzo.

William tuvo mejor fortuna como comerciante en la colonia de Carolina —hoy la zona de Carolina del Sur— de la que había tenido como abogado en casa. Se volvió el acaudalado dueño de una gran plantación de la que Anne fue ama desde los 12 años de edad, tras la muerte de su madre. Lideró la plantación con su afamado temperamento fiero. Abundan las historias sobre los castigos que imponía a los sirvientes, entre ellos el que emergió en su juicio sobre la vez que acribilló a un sirviente con un cuchillo —aunque Johnson asevera que este relato es "infundado"—. Cual hija única de un acaudalado comerciante, tuvo muchos pretendientes, pero los rechazó a todos. A un pretendiente que fue demasiado frontal con ella lo golpeó tan severamente que éste estuvo semanas en cama. A pesar del deseo de su padre de casarla con uno de los codiciados solteros de Charles Town, ella tenía en la mira a James Bonny, un marinero bueno para nada. Cuando lo desposó, a pesar de las objeciones de su padre, el descorazonado William la desheredó. Una leyenda muy conocida cuenta que ella respondió incendiando la plantación de su padre, pero Johnson no menciona este incidente en su recuento.

Al parecer lo único que le interesaba a James de Anne era el dinero de su padre, por lo que, al enterarse de que ella no heredaría nada, se quedó muy desilusionado. Los desencantados recién casados partieron a Nueva Providencia, donde James pensó en probar suerte como cazador de piratas. La declaración de 1718 del gobernante Woodes Rogers le daba la bienvenida a cualquiera que llegara buscando hacer dinero fácil capturando algunos piratas, sin interrogatorios ni objeciones. Anne se cansó rápido de su esposo desinteresado y empezó a frecuentar la vida nocturna del centro neurálgico en el que se encontraba, donde pronto conoció y se enamoró del capitán John Rackham, conocido como Jack el Calicó debido a su proclividad por la vistosa vestimenta de calicó.

Jack el Calicó inició su carrera en la piratería como intendente del pirata Charles Vane —uno de los pocos piratas que se resistió activamente al gobernante Rogers—. Cuando Vane se negó a atacar un barco que la tripulación consideraba que tenía que atacar votaron por que Vane dejara la capitanía y optaron por llevar a Rackham al poder. Tal episodio no habría podido ocurrir a bordo de ningún barco de la marina nacional, y era una de las razones por las cuales la piratería era tan atractiva para muchos ex marinos. Rackham se enamoró de Anne y, según cuenta una leyenda, le ofreció a su esposo James una copiosa suma de dinero si la liberaba del matrimonio. Debido al deseo de James por el dinero, su propuesta parecería haber sido prudente, pero, en apariencia, el cazador de piratas se ofendió con la oferta y le pidió al mandatario Rogers que ejecutara una ley de adulterio que rara vez se implementaba y que Anne fuera golpeada en público. Para evadir la sentencia, Anne y su nuevo amante Rackham escaparon hacia mares más azules.

Durante un viaje de piratería Anne se embarazó de Rackham. Rackham navegó a Cuba para el alumbramiento de su esposa. Anne tuvo al bebé en Cuba, aunque se desconoce la fecha exacta —algunos relatos la ubican incluso hasta el año de 1720—. También se desconoce lo que ocurrió con el bebé: o Anne lo dio en adopción o bien éste murió; todo depende de la versión de la historia. Sea lo que fuere que haya sucedido con el bebé, Anne se reintegró a la tripulación de piratas poco después del nacimiento de la criatura y continuó con su actividad en la piratería.

Técnicamente, Rackham y su tripulación eran corsarios; habían aprovechado una proclama que indultaba a los piratas a condición de que se entregaran. Anne, Jack y el resto realizaban suficiente corsarismo como para evitar provocar sospecha, pero también llevaban a cabo algo de honrada piratería informal. Ésta no era una situación inusual, puesto que muchos otros piratas hacían lo mismo. Las colonias en América, por ejemplo, se hacían de la vista gorda mientras se llevaban a cabo las actividades de piratería, siempre y cuando los corsarios defendieran a las colonias de fuerzas enemigas. Con el tiempo esta laxa actitud había tenido un precio y los piratas se habían vuelto demasiado poderosos como para controlarlos, que es uno de los motivos por los que Woodes Rogers fue enviado a las Bahamas para terminar con la dominación de los piratas en la zona.

Tiempo después de que Anne se reintegrara a la tripulación de Jack, los piratas recogieron a otro miembro de ésta, un tipo esbelto llamado Mark Read. Conforme a muchos relatos, Anne estaba tan encantada con Mark que Rackham se puso celoso. Mark tuvo que revelarle a la pareja que "él" era, de hecho, "ella": Mary Read. Johnson sostiene que el resto de la tripulación nunca descubrió el secreto de Mary, lo cual resulta extraño dados los testimonios de las víctimas de los piratas en juicio, quienes aseveraron que era fácil notar que Anne y Mary eran mujeres. Quizá Johnson sintió que si reconocía que la tripulación sabía de las mujeres habría tenido que explicar por qué no las rechazaron a bordo. Sin importar sus aseveraciones, los cautivos también testificaron en juicio que las mujeres se vestían de hombres sólo durante los ataques y que en todo otro momento vestían como mujeres.

Vistieran como vistieran, los testimonios y el relato de Johnson dejan claro que Anne y Mary eran temibles piratas que participaron por igual en el negocio de la piratería. En batalla luchaban entusiasmadamente con artillería y espadas. Durante el juicio la cautiva Dorothy Thomas exclamó que las mujeres "eran muy activas a Bordo y estaban dispuestas a hacer cualquier Cosa... no parecían estar retenidas o detenidas a la Fuerza, sino estar ahí por su Libre Voluntad y Consentimiento". Thomas Dillon, otro testigo en el juicio, testificó que "ambas [mujeres] eran muy licenciosas, proferían a cada rato maldiciones o groserías y estaban dispuestas a hacer cualquier Cosa a Bordo". La historiadora Jo Stanley asevera que las mujeres "no estaban marginalizadas, sino que jugaban un papel central en los ataques de Rackham, como miembros integrales de un grupo estrechamente unido".

Una idea recurrente en las historias de Anne y Mary es que eran amantes lesbianas. No es en absoluto imposible que estas mujeres compartieran una atracción sexual, pero no hay evidencia que sustente esta aseveración. Ambas, en distintos momentos, estuvieron casadas con hombres, y Anne era la amante de Jack el Calicó, por lo que parecería que cada mujer tenía alguna inclinación heterosexual. Podrían haber sido bisexuales, pero es dudoso que tuvieran una exclusiva orientación homosexual. Se dice que Mary se había enamorado de un compañero pirata cuando se integró a la tripulación de Rackham y que quizá hasta lo desposó a bordo. Johnson detalla un encuentro donde el objeto de su amor hizo enojar a otro pirata, quien lo retó a un duelo. Ansiosa por rescatar a su amado, pero no dispuesta a hacerlo de una forma castrante, Mary retó al otro pirata a un duelo que se llevaría a cabo antes del que estaba programado con su amante. Ella mató al pirata, nulificando así el duelo de su amado y salvando su vida. Como a Charlotte de Berry, su pericia en combate le fue útil para preservar su amorío. Nuevamente un tanto displicente en relación con Mary Read, Johnson insinúa que todo el duelo fue un espectáculo que Mary armó para captar la atención del hombre y ganar su aprecio. Por fortuna, según Johnson, ella ya le gustaba, y "se prometieron Fidelidad uno al otro", lo cual consideraron tan válido como el matrimonio. Mary usó está unión en la corte para justificar su embarazo, aseverando que nunca había cometido actos de fornicación ni adulterio. Johnson describe cómo, también en el juicio, Mary Read se negó a identificar a su esposo/amante, lo cual le permitió a él sostener que había sido obligado a trabajar y que no era un pirata voluntario. Esta mentira le salvó la vida una vez más y le permitió salir en libertad. Johnson parece tener mucho interés en poner a Mary Read como la niña "buena" junto a la "mala" Anne Bonny, lo cual les rinde un flaco servicio a ambas mujeres al reducirlas a estereotipos. No obstante, habría atraído a los lectores y, en consecuencia, disparado las ventas del libro.

A pesar de la majestuosidad de sus leyendas, las mujeres fungieron de piratas al alimón sólo por corto tiempo; algunos relatos afirman que menos de un año. Los testimonios del juicio indican que iniciaron su carrera oficial como piratas el 1º de septiembre de 1720, cuando aceptaron navegar con Rackham. Anne había estado con Rackham por más tiempo, pero quizá hasta ese momento había estado involucrada solamente en el corsarismo, o tal vez la fecha otorgada en el juicio es poco acertada. En cualquier caso, para 1720 Jack el Calicó y su tripulación —Anne y Mary incluidas— saqueaban con éxito muchos barcos en el Caribe y en la costa de Norteamérica. En el Caribe comenzaron a circular rumores de una tripulación pirata no con una sino con dos mujeres.

Quizá una de sus más grandes hazañas fue el robo de la balandra *William*, tomada en agosto de 1720 de un muelle en Nasáu (Nassau), justo bajo las narices del gobernante Rogers. Propiedad de John Ham, la balandra de 12 toneladas era un barco de guerra británico que tenía una cubierta de artillería con capacidad para 18 armas. Habría sido más bien pequeña en comparación con otros barcos de guerra británicos, pero seguía siendo un gran botín para los piratas. Robar un barco británico era un claro indicio de que los piratas no eran estrictamente corsarios, como habían prometido, y el mandatario Rogers estaba indignado por el engaño. El 5 de septiembre de 1720 declaró que Jack el Calicó y su tripulación, incluidas "dos mujeres, de nombre Anne Fulford alias Bonny & Mary Read", eran enemigos de la Corona de Gran Bretaña y envió al capitán John Barnet a capturarlos. De ahí en adelante correría el reloj hasta su captura.

No es clara la fecha en que fueron aprehendidas las mujeres. El relato de Johnson no menciona la fecha exacta. Se suele dar el 22 de octubre de 1720 como posibilidad, pero también se menciona noviembre. Ya sea de octubre o de noviembre, una tarde el capitán Jonathan Barnet se encontró con los piratas en Negril, Jamaica, y les ordenó su rendición inmediata.

Dice la leyenda que, como era tarde en la noche, la tripulación pirata del *William* estaba bajo cubierta, bebiendo, durmiendo y jugando cartas. Sólo Anne y Mary estaban en guardia en cubierta. Cuando las mujeres se dieron cuenta de que estaban bajo un ataque, gritaron hacia abajo en un intento por despertar a los hombres, pero nadie subió a ayudar. Se rumora que Mary Read incluso disparó un arma hacia la bodega, hiriendo a varios, en un intento de coaccionar a sus compañeros piratas a que defendieran el barco. Mientras los hombres, incluido el capitán Jack el Calicó, se amilanaban abajo, Anne y Mary pelearon como el diablo mismo, disparando sus pistolas y blandiendo sus espadas. Las mujeres contuvieron a la tripulación inglesa por el mayor tiempo posible y lograron abatir a varios de ellos, pero al final fueron vencidas. Junto con el resto de la tripulación, fueron capturadas y enviadas a juicio en Jamaica.

El Alto Tribunal de Almirantazgo se reunió en Spanish Town, Jamaica, el 16 de noviembre de 1720. Los hombres de la tripulación de Rackham, que no pudieron negar ser piratas por voluntad, fueron enjuiciados por piratería. Se absolvió a quienes parecían estar ahí en contra de su voluntad, incluido el "esposo" de Mary Read. En un corto juicio, todos los demás piratas fueron condenados y sentenciados a morir en la horca.

El primero al que colgaron fue al capitán Jack el Calicó. Su cuerpo fue expuesto públicamente como advertencia para otros piratas; lo colocaron sobre una horca, que era un tipo de patíbulo donde se exhibía a los cuerpos muertos —o a veces aún con vida— de criminales encadenados, y lo dejaron cerca del agua. El sitio cerca de la entrada al puerto de Port Royal donde se mantuvo colgado su cuerpo en descomposición se conoce hoy en día como cayo Rackham. Antes de su ejecución, el hombre condenado solicitó un momento para poder despedirse de su amada. Conociendo a Anne como lo hacía, es probable que no esperara ninguna palabra de consuelo de la fiera mujer, pero quizá ni siquiera él se habría esperado que las últimas palabras de ella para él fueran que "le apenaba verlo ahí, pero que, de haber peleado como un hombre, no lo habrían colgado como a un perro". Uno desea que haya enfrentado la muerte sonriendo ante el pensamiento de que ni siquiera el espectro de la muerte podía acobardar a la mujer que amaba. Más que cualquier otra parte de su historia, la impertinencia de piedra del comentario de Anne ha consagrado su leyenda en el corazón de los amantes de piratas en todo el mundo.

El 28 de noviembre de 1720, 10 días después de la ejecución de Jack, Mary Read y Anne Bonny fueron juzgadas por piratería. Se las acusó de haber cometido repetidos actos de "Piratería, Felonía y Robos... en Altamar". No se les acusó de asesinato, si bien durante el juicio numerosas víctimas, entre ellas la cautiva Dorothy Thomas, testificaron que temían por su vida. También testificaron que las mujeres eran participantes activas en los ataques, amenazaban a los cautivos y eran tan culpables como los hombres de haber intervenido en todas las actividades de los piratas. Las mujeres hablaron muy poco y no ofrecieron argumentos en su propia defensa. Sólo después de que Sir Nicholas Lawes las declarara culpables y las sentenciara a morir en la horca ambas mujeres declararon estar embarazadas.

Muchos académicos, entre ellos Joan Druett y Jo Stanley, han señalado la ironía de que estas dos mujeres, que en tantos otros aspectos vivieron como hombres, pudieran burlar la muerte con la razón más femenina posible. No obstante, este análisis no es tan justo, pues las ejecuciones sólo se suspendieron —no se conmutaron— mientras nacían los hijos. La corte se preocupaba de no tomar una vida inocente junto con una culpable, pero, al parecer, no así de que los hijos crecieran sin madres debido a sus acciones. Estas piratas tendrían que cumplir con otra sentencia —el embarazo y el parto— antes de saldar la deuda de sus crímenes.

Mary Read no vivió para ver la horca del verdugo. Murió en prisión en 1721, ya sea durante el parto o de un tipo de tifus conocido como "fiebre de la cárcel". Aún más incierto es el destino de Anne Bonny. No hay registro de su ejecución. Algunos relatos indican que se le conmutó; otra teoría sostiene que su padre, inundado de dolor, intervino en su defensa y la llevó escondida a la colonia de Carolina, donde vivió el resto de sus días como ciudadana de ley. Quizá volvió a Irlanda, su país natal.

Existe otra teoría que es menos aceptada a nivel masivo pero infinitamente más emocionante. Imaginen a Anne un día en su celda en la cárcel, furiosa por haber sido atrapada e incapaz de dormir. De repente escucha un sonido sordo y un choque en el pasillo oscuro. Alguien está intentando meter la llave en el cerrojo oxidado de su puerta. La sólida puerta de madera se abre para revelar a Bartholomew Roberts, resplandeciente con sus finas vestimentas y joyas. Aunque quizá nunca se conocieron, Anne lo reconoce por las historias que ha escuchado en el puerto. Hay un destello en su ojo que revela su picardía. "Vamos, Anne, vamos a sacarte de aquí. ¿Te unirás a mi tripulación?", pregunta Roberts. Anne sólo lo mira fijamente, muda en un raro extrañamiento. "¿Por qué viniste por mí?", le pregunta a Roberts, quien, a su vez, se abre el abrigo para mostrar que él es, sin lugar a duda, *ella*. "Nosotras las mujeres tenemos que mantenernos unidas, ¿no? ¡Vamos!" Anne, conmocionada, sigue a la legendaria Black Bart a la lancha de espera en el muelle, y para el amanecer están a bordo del *Royal Ranger*, navegando hacia una vida de más aventuras, al menos hasta la muerte de Roberts en 1722.

De acuerdo con Klausmann *et al.*, Bartholomew Roberts, uno de los piratas más famosos de esta época, podría haber sido mujer. Nacido en Gales, con una trayectoria relativamente corta —de dos años y medio—, Roberts capturó 400 barcos. Su introducción a la vida como pirata vino al ser capturado por ellos en las costas de África occidental. Aunque al principio repelía el modo de vida de los piratas, pronto se apuntó en la lista y tanto que algunas semanas después lo eligieron como el nuevo capitán del barco. En poco tiempo estableció sus propios artículos —un estricto código que prohibía las apuestas, quedarse despierto después de las ocho de la noche, traer mujeres o niños a bordo y permitir que el arma personal se deteriorara—. Es conocido por nunca haber matado ningún pasajero o tripulante de ningún barco, excepto en batalla.

Su famosa vida austera quizá era resultado de haber crecido en un entorno religioso... o tal vez escondía un gran secreto. Hacia el final de su vida Roberts se involucró emocionalmente en una relación seria con el cirujano del barco, lo cual podría indicar que era un hombre homosexual o una mujer heterosexual disfrazada. Tras su muerte en batalla, Roberts fue depositado en el mar, como indicó en su última voluntad. Ningún doctor examinó nunca su cuerpo, lo cual agrega más leña al fuego. No hay pruebas de que Roberts fuera una mujer, pero tampoco de que fuera un hombre, y muchos indicadores le exigirían a un investigador que se tomara su tiempo. Es tentador imaginar que el más exitoso pirata de la edad de oro era, de hecho, una mujer disfrazada, pero hoy en día sencillamente no hay suficiente evidencia que lo sustente. A menos que más información salga a la luz, en los libros Roberts seguirá apareciendo como hombre.

El destino de Anne se desconoce del todo. Una de las piratas más famosas de todos los tiempos simplemente desapareció, aunque las circunstancias fueron completamente distintas a las de otras piratas, que se diluyeron en la oscuridad. Si Anne se borró del mapa, pareciera indicar que así quiso hacerlo. Esta mujer excepcional, una hija ilegítima convertida en una temida pirata, no se perdería tan suavemente en la noche tibia. Es de esperar que haya recorrido su camino hasta la vejez, deleitando a quienquiera que escuchara las historias de sus aventuras.

¿Por qué motivo la fama de Anne es una de las que sobresale por encima de la de las demás piratas de este libro? Ni es la que reinó por más tiempo ni tampoco fue la más exitosa. Sin duda su inclusión en los *Pyrates* de Johnson como la "niña pirata mala" ayudó a su ascenso. El excitante recuento por este autor de sus sórdidas hazañas la hizo una favorita del público. Es una figura popular en novelas de piratas, shows de televisión y películas, lo cual la ha mantenido en el centro de la opinión pública. El hecho de que estuviera activa durante la época más famosa de la piratería, la edad de oro, probablemente le ayudó también. Además, era blanca y se dice que hermosa, lo cual nunca estorba en las expectativas de la fama. Cualquiera que fuera el motivo, no hay duda de que su leyenda pervive y muy probablemente lo seguirá haciendo por mucho tiempo más después de que otras caigan en el olvido.

***

Al tiempo que Anne Bonny era enjuiciada por piratería, otra mujer pirata apenas empezaba: de 1720 a 1740 María Cobham, nacida como María Lindsey, desató el infierno en el Atlántico. Ella y su esposo hicieron carretadas de dinero, suficiente para retirarse y comprar una finca en Francia. Sin embargo, su historia es mucho menos conocida, quizá porque es menos verificable. La historia de María aparece por primera vez en el volumen anónimo *Lives of the Most Celebrated Pirates*, publicado alrededor de 1800. También está incluida en *The Pirate Who's Who*, escrito por Philip Gosse en 1924. Se dice que su esposo, Eric, escribió un primer relato de sus hazañas, pero éste nunca ha sido localizado. Debido a su actividad durante un lapso de 20 años, parece extraño que los periódicos y otras fuentes contemporáneas no hayan publicado su historia; ésta suele estar en libros de piratas del siglo XX, y se menciona en la *Canadian Encyclopedia*, de manera que se ha vuelto parte de la historiografía sin importar si existió o no. Si lo hizo, tendría que estar entre las piratas más duraderas y exitosas.

Se desconoce dónde y en qué circunstancias familiares nació María. Ella hace su aparición en la historia como una joven prostituta de Plymouth, ajetreado puerto en el Canal de la Mancha, al sur de Inglaterra, donde 100 años antes zarpara el *Mayflower* hacia el Nuevo Mundo. En aquellos tiempos la prostitución en Inglaterra tenía una de estas tres formas: las cortesanas y queridas de clase alta, las chicas controladas por proxenetas o matronas que trabajaban en burdeles y las niñas de la calle que a menudo trabajaban fuera y servían a muchos clientes al día. Estas niñas de la calle eran, en su mayoría, mujeres jóvenes, sin acceso a la educación, muchas de ellas adictas a drogas como la morfina, el láudano o el opio.

En aquel tiempo se consideraba que la prostitución era una forma segura de que los solteros se divirtieran un poco sin mancillar las virtudes de sus castas enamoradas. Siempre y cuando esta práctica permaneciera silenciosa y discreta, las autoridades estaban poco dispuestas a intervenir. Se estima que a principios de la década de 1700 al menos una de cada cinco mujeres londinenses era prostituta. Durante esta época se imprimían y circulaban catálogos que describían la ubicación, virtudes físicas y precios de las prostitutas londinenses. No fue sino hasta la época georgiana cuando los reformistas se concentraron en equiparar la prostitución al pecado. La Ley de Vagos y Maleantes [Vagrancy Act] de 1824 castigaba la prostitución con hasta un mes de trabajos forzados. Dependiendo del clima político, a las prostitutas ora se las denunciaba por su supuesta naturaleza libidinosa, ora se las veía como víctimas de circunstancias económicas desesperadas. Esta batalla en la opinión pública continúa en el siglo XXI, no sólo en el Reino Unido sino también en otros países.

Eric Cobham, un capitán pirata recién llegado de un viaje en el que robó miles de libras de oro, hizo una breve parada en el muelle que cambiaría su vida para siempre. Conoció y pretendió a María con historias sobre el sanguinario negocio de la piratería. Según esas historias, desde muy joven Eric había vivido una vida terrible llena de hurtos, asesinatos y engaños. A María le encantaba escucharlas y no le causaban repulsión alguna. Estaba tan fascinada con sus historias de asesinatos y alborotos que cuando el barco de Eric zarpó del puerto, unos días más tarde, ella estaba a bordo como su esposa, muy probablemente como resultado de un "matrimonio irregular o clandestino" ["Fleet Marriage"], como el de Charlotte de Berry.

Como regla, las mujeres no eran bienvenidas en los barcos, y la tripulación de Eric no estaba muy contenta con su nueva pasajera. María se ganó a los tripulantes rápidamente; si no su corazón, le valió su admiración ser el o la pirata más cruel entre ellos, perfectamente capaz de hundir su daga en el corazón de un hombre sin titubear. Las historias de piratas casi siempre son violentas, pero las leyendas acerca de la naturaleza sanguinaria de María son extremas, incluso para un pirata. Parecía disfrutar genuinamente de cometer crímenes: acribillar personas en el corazón, atarlas a los mástiles y utilizarlas para practicar su puntería, así como coserlas a bolsas para lanzarlas por la borda. Mientras que otros piratas mataban por necesidad, María mataba por diversión.

Una de las historias más conocidas sobre ella es acerca de los inicios de su carrera e involucra la captura del bergantín flamenco *Altona*. Cuando capturaron el barco a María le gustó el uniforme del capitán y decidió apropiárselo. Hizo que el capitán se desnudara frente a las tripulaciones de ambos barcos; una vez que estaba completamente desnudo y subyugado, le disparó a él y a dos tripulantes más. Se puso el uniforme, asumió el cargo de primer oficial y fue así como completó su transformación para convertirse en tripulante de Cobham. De ahí en adelante portó el uniforme en todo momento, al grado de mandar replicarlo. Nadie se atrevía a cuestionar su autoridad: le tenían demasiado temor.

Mientras se convertía en una malévola pirata, su esposo se desencantaba cada vez más de su estilo de vida. El pirata fanfarrón que se había ganado a su esposa con historias horripilantes ahora deseaba tener una vida tranquila y respetable en tierra firme. Veinte años en el mar eran suficientes para él. Aunque a María no le interesaba retirarse, a la larga aceptó, siempre y cuando Eric accediera a comprarle la casa de sus sueños en la costa francesa. Para poder financiarla, la pareja tendría que hacer una gran hazaña más y escapar con estruendo.

La mayoría de los relatos coinciden en que como último blanco la pareja eligió un barco de la India, el *Middleton*. Lo que sucedió una vez que tomaron el barco da lugar a varias versiones distintas de la historia. Una versión afirma que, para evitar que alguien los delatara, María ordenó que esposaran a toda la tripulación y la echaran por la borda. Existe otra versión un poco más siniestra, pero que María seguramente podría haber disfrutado: conociendo la cruenta reputación de su captora, la tripulación no podía creer que, en lugar de asesinarlos a todos de inmediato, María les sirviera una rica cena y los enviara bajo cubierta a descansar. Toda la noche el barco rezumbó con los gemidos de la tripulación, conforme los hombres morían lenta y dolorosamente a causa del veneno que María había incluido en el guisado. Por la mañana tenía un barco lleno de cadáveres que tiró por la borda. Sea como fuere, María se aseguró de que no quedara nadie para contar la historia.

Con el dinero que sacaron del *Middleton,* así como con las ganancias de la venta de su barco, los Cobhams pudieron comprar una finca gigantesca de 32 kilómetros de largo en la costa de Le Havre, Francia. El dueño previo había sido el duque de Chartres. La ubicación de Le Havre en la zona noroeste de Normandía, adyacente tanto al Canal de la Mancha como al río Sena, garantizaba una activa zona portuaria por la que pasaban muchos barcos. En la época en que los Cobhams decidieron retirarse ahí había un gran número de comerciantes ricos construyendo sus casas a lo largo de la costa. En 1749 el propio rey Luis XV visitó la zona con Madame de Pompadour. Era un lugar para que los ricos y los poderosos disfrutaran de la vista del mar, y Eric Cobham se proponía hacer justamente eso.

Aparentemente retirado de la vida del crimen, Eric se volvió magistrado local. La vida de un marinero de agua dulce le venía bien y, según todas las apariencias, se convirtió en un ciudadano respetable que presidía en la corte local. En ocasiones llevaba a su familia a pasear en yate y realizaban alguna actividad menor de piratería, pero nunca más tomó los encargos de "mucho dinero y muchos asesinatos", de los que solían salir impunes María y él. Tuvieron tres hijos y la familia parecía estar adaptándose muy bien a la vida en Le Havre.

Sin embargo, a María no la hacía muy feliz cancelar su antigua vida. Se volvió una reclusa que, al parecer, salía de casa sólo para realizar paseos cortos en yate. A la larga se topó con un final prematuro, aunque exactamente cómo murió es causa de discusión. Gosse reporta que, avergonzada de su vida de inmundas fechorías, tomó láudano y murió. Otros relatos afirman que un día le dijo a Eric que daría una caminata por los acantilados y nunca volvió; su rebozo apareció en la playa algunos días después. En *Book of Pirates,* Howard Pyle afirma que Eric estaba harto del mal humor y el espíritu sombrío de su esposa y que la mató él mismo. En *Lives of the Most Celebrated Pirates* se detalla que nadie lamentó su muerte porque "su temperamento no era nada femenino".

Lleno de culpa por la muerte de su esposa —y suponiendo que no hubiese sido él quien la mató—, Eric acudió con un cura para desahogarse de su sórdido pasado. Durante los años que le quedaron de vida le confesó al cura todo lo que habían hecho él y su esposa, confiándole todos sus secretos. En su lecho de muerte, en la finca, llamó al cura para que escuchara su última confesión y le dio el relato que había escrito sobre sus 20 años en la piratería, haciéndole prometer que lo publicaría después de su muerte. Dice la historia que el cura mantuvo su promesa.

En el momento de su muerte por vejez, los hijos de Eric se habían vuelto miembros de la alta sociedad de Le Havre y no tenían la más remota idea del oscuro pasado de sus padres. Cuando apareció el folleto estaban horrorizados pero decididos a evitar el escándalo. Con su considerable fortuna e influencia, se aseguraron de que desaparecieran todos los ejemplares de la confesión... excepto uno. Se dice que el único ejemplar que sobrevivió se mantuvo en secreto en los archivos franceses, pero lo escondieron con tanto esmero que no ha sido encontrado. No obstante, de alguna forma la historia del panfleto se dio a conocer, y fue así que el sanguinario pasado de los Cobhams se incorporó a la historia de los piratas.

La historia de María es una nota disonante en la balada de las mujeres piratas; ella no es alguien que sea fácil desarraigar. Los piratas siempre operan en una zona moral gris, pero a todas luces María Cobham parece haber sido una mujer maliciosa y despiadada a quien no le atraían tanto la libertad o la aventura de la piratería como sí lo hacía el crimen. Como Rachel Wall después de ella, hay poco en su historia que los lectores querrían emular. Ella deja ver el hecho de que, a pesar de todo el amor que se le tiene en la cultura popular, la piratería en ocasiones era un negocio vil y dedicado fruiciosamente al degüello, no apto para endebles del corazón. Atraía a toda clase de personas por una serie de razones, muchas de las cuales distan de ser nobles. Sí que existían las repúblicas y constituciones piratas que prometían la igualdad para todos, pero también lo hacían los bandidos y villanos amorales que sólo buscaban causar alboroto. La línea entre el comportamiento moralmente cuestionable y el moralmente reprensible está en constante evolución a partir de las normales sociales y culturales. La piratería se halla en perpetua danza sobre esa línea, impulsando a los lectores a que juzguen según su propio código moral. Pocas veces es tan evidente esa dualidad como en el relato de María Cobham.

Pero quizá María no era tan malévola como se la retrata. La falta de una fuente primaria confiable para el recuento de su vida implica que su historia ha quedado sujeta a muchas reformulaciones y ediciones revisadas a lo largo de los años. Parece más que probable que se hayan exagerado los detalles. La historiografía quizá nunca vaya a tener un retrato claro de cómo era María Cobham en realidad, pero tal vez sí estaba tan sedienta de sangre como se ha dicho que lo era; ¿acaso es más probable que el lector la juzgue duramente debido a su género? Muchos piratas hombres, como François L'Ollonais, fueron famosos por su crueldad, pero no se les condenó por ello: si acaso, ello les valió la admiración. ¿Acaso habría que hablar mal de María por las mismas cualidades que se les aplauden a sus contrapartes masculinas? Si ha de aceptarse la piratería, con todas sus imperfecciones, entonces María Cobham debería ser alabada por su larga carrera y gran éxito, tal como lo son su cohorte de género masculino y de similar disposición.

Bonny y Cobham entraron a la piratería de forma voluntaria y supuestamente por la misma razón: el amor a un hombre. Ambas quedan fuera de los registros históricos bajo circunstancias misteriosas. Con el fin de la edad de oro de la piratería, el mundo ya no tenía lugar para tales mujeres ambiciosas y avaras. Sus crímenes inspirarían a algunas mujeres piratas imitadoras en los años siguientes, pero en Occidente nadie llegaría al nivel de estas dos. La piratería perdió algo importante al final de la edad de oro; llámenlo arrogancia, garbo, o como se quiera. De ninguna manera había llegado a su fin la piratería, pero los días de gloria de los paraísos de piratas y los gobiernos permisivos se habían ido. De aquí en adelante los piratas mirarían atrás hacia la edad de oro y tratarían de recuperar algo de su grandiosidad. Con sus historias extraordinarias y destacadas trayectorias, Anne y María son dos excelentes símbolos de esa era del pasado.

9
PIRATAS DEL NUEVO MUNDO

ANTES de que los Estados Unidos de América se constituyeran como nación, tenían mujeres piratas. Y esto no resulta sorpresivo, dada la variedad de personas que habitaban las colonias americanas. A partir del siglo XVII los prisioneros políticos eran enviados por barco de Europa a las Carolinas y a Virginia. Georgia se fundó como una colonia de deudores. Los prisioneros no políticos corrientes y molientes también eran llevados a las colonias; los jueces ingleses se dieron cuenta de que podían usar las colonias como *locker* de almacenamiento, donde podían desechar a los descontentos para no volver a verlos ni preocuparse de ellos nunca más.

A principios del siglo XVII muchas personas, hombres y mujeres, fueron enviadas a América a través de la Virginia Company para un periodo de servidumbre de aprendizaje, durante el cual trabajarían bajo contrato como comerciantes, artesanos y peones, tanto en zonas urbanas como rurales. Las colonias tenían mucha tierra apta para la agricultura, pero carecían de gente que hiciera el trabajo agrícola. Al principio la servidumbre de aprendizaje constituyó una excelente solución a este problema. Algunas colonias ofrecían programas incentivos que otorgaban a los terratenientes una cierta cantidad de tierra libre por cada contrato de aprendizaje que importaran. Parecía un buen plan: una persona podía obtener un viaje y hospedaje y alimentación gratuitos por la duración de su contrato de aprendizaje, además de recibir dinero al terminar el trabajo.

Menos de la mitad de la totalidad de sirvientes de aprendizaje vivieron para ver el fin de su contrato. Las condiciones eran demasiado severas. A las mujeres y a las niñas menores de 13 años solían secuestrarlas para que fueran esposas y madres. Según la profesora Dorothy Mays, las mujeres sirvientes de aprendizaje eran víctimas de acoso sexual y presión constantes, a menudo por parte de sus jefes; no obstante, el embarazo lo consideraban éstos un robo —por el tiempo de trabajo perdido— y, como resultado, ellas debían servir años extra sobre su contrato. Las compañías rara vez cumplían con las promesas hechas, pues a menudo les daban pequeñas fracciones de la tierra y el dinero que habían ofrecido a los sirvientes de aprendizaje erigidos en nuevos colonizadores. Muchas de estas personas murieron sin un peso y lejos de su hogar. Sin embargo, esta práctica no perduró y, conforme el siglo XVII llegaba a su fin, muchos contratistas acudieron a una fuente de trabajo más barata: la esclavitud.

Las primeras piratas colonizadoras eran originalmente ciudadanas británicas que habían llegado a las colonias ya sea como prisioneras o como sirvientes de aprendizaje. Conforme la edad de oro de la piratería llegaba a su fin en el Caribe, algunos cientos de kilómetros al sur, Virginia juzgó y condenó a una serie de piratas, de los cuales dos se sabía que eran mujeres. El 15 de agosto de 1727, en una corte de Williamsburg, Virginia, Martha Farley (comúnmente llamada Mary Harvey o Mary Farley) y un grupo pandillero de tres hombres, liderados por John Vidal, fueron juzgados por el crimen de piratería. El esposo de Martha, Thomas Farley, quien se supone que la había convencido de entrar en la piratería, nunca fue arrestado y estaba libre en el momento que se llevó a cabo el juicio. Martha fue transportada a Virginia en abril de 1725 por un crimen desconocido. Los hombres fueron acusados de ejercer la piratería en la zona de la isla de Ocracoke, en lo que es hoy Carolina del Norte, y a Martha la acusaron de cómplice e instigadora. No queda claro el papel preciso que Martha tenía en la tripulación de piratas, ni si se mostraba vestida de hombre o como mujer, pero hay algunas claves.

El matrimonio de Martha con Thomas Farley y su cercanía con el resto del grupo son una prueba contundente de que al menos Thomas conocía su género; con todo, incluso si éste era conocido, podría haber vestido ropa de hombre durante las excursiones de piratería. De acuerdo con la obra de John C. Appleby, *Women and English Piracy, 1540-1720: Partners and Victims of Crime* [Las mujeres y la piratería inglesa, 1540-1720: socios y víctimas del crimen], Martha alegó su ignorancia en el juicio, diciendo que no tenía idea de lo que hacía su esposo ni de a dónde la llevaba. Dijo que él los había llevado, a ella y a sus dos hijos, lejos de sus amigos y los había forzado a pedir limosna, y que cuando la llevó en barco a piratear ella creyó que la estaba llevando de regreso con sus amigos. Fue liberada por falta de evidencia y por el bien de sus hijos.

¿Era, en verdad, inocente como aseguraba serlo? Tendría que haber sido más bien ingenua como para desconocer del todo la naturaleza del viaje en un barco pirata. Al parecer la corte creyó su historia, o al menos pensó que las necesidades de sus hijos prevalecían sobre la perversión de su madre. En última instancia, la autenticidad pirática de Martha resulta incierta. Podría haber sido o bien una pobre esposa secuestrada o bien una pirata despiadada, y el secreto se lo llevó a la tumba.

Algunos años después ocurrió una situación similar, también en Virginia. En 1728 María Crichett (o Mary Crickett/Crichett) fue llevada a Virginia como delincuente, en el mismo barco en el que iba un hombre llamado Edmund Williams. Un año después Williams, Crichett y cuatro piratas más fueron todos juzgados y condenados por piratería. Se sabe muy poco sobre María, su estilo de piratería, su papel en el barco, etc. A semejanza de Martha Farley, quizá ni siquiera fue pirata, sino tan sólo una mujer que pasaba tiempo con piratas, ya fuera de manera voluntaria o involuntaria. El que haya ido a juicio demuestra que las colonias americanas no estaban dispuestas a hacerse de la vista gorda ante la piratería, tal como habían hecho las colonias caribeñas algunos años atrás. Con Barbanegra muerto, los piratas ya no eran bienvenidos como rufianes de interés para la sociedad educada. Virginia no lo toleraría.

María fue sentenciada a morir en la horca, como los hombres, pero no hay registro de que se hayan llevado a cabo las ejecuciones. Incluso si los hombres hubiesen sido colgados, ella podría haberse librado de la horca como Anne Bonny y Mary Read antes que ella, alegando embarazo o alguna otra excusa.

¿Qué inspiró a estas mujeres sirvientes de aprendizaje para irse al mar? Resulta frustrante lo incompletas que son sus biografías. Quizá las historias de Bonny y Read les hayan llegado a través de un ejemplar maltratado de *A General History of the Pyrates* o de alguna historia susurrada en los cuartos de servicio. Estas mujeres —y potencialmente muchas otras que lograron evitar ser detectadas— pudieron haber tenido un dejo de esperanza por primera vez desde el inicio de sus contratos de aprendizaje. Si otra mujer podía escapar de su vida deprimente y tomar su libertad con ambas manos, ¿por qué ella no? O quizá las forzaron sus parejas. Pero, sin importar cómo o por qué entraron a las filas como piratas de sexo femenino, ellas lo hicieron, tomando la antorcha encendida por las mujeres que las precedieron y pasándosela a la siguiente generación de mujeres piratas.

Así, se sabe poco sobre estas mujeres, y se especula aún menos. A pesar de que estén oficialmente en los registros, no sobresalen en la tradición de los piratas. Están incluidas sólo en los libros de historia de piratas más exhaustivos, y a menudo como notas al pie o en un solo párrafo. Tal vez su insistencia en no haber sido parte de la piratería les quita atractivo como heroínas piratas. Pero quizá eran tan sólo unas muy buenas actrices decididas a salvar su pellejo. Mientras no salgan a la luz más relatos sobre ellas, permanecerán como notas al pie en la historia de los piratas. Por lo menos la historia de Martha se sigue contando en un lugar, Colonial Williamsburg, como parte de un popular *tour* pirata que se realiza a pie.

Unos 20 años antes, aproximadamente en 1700, hubo otra mujer pirata cuya historia está inextricablemente entrelazada con la de uno de los más famosos piratas de todos los tiempos. En teoría Mary Anne Townsend fue esposa del infame Edward Teach, también conocido como Barbanegra. De acuerdo con la obra de W. C. Jameson, *Buried Treasures of the Atlantic Coast* [Tesoros enterrados de la costa atlántica], la pareja expoliaba felizmente por la costa de Carolina en las primeras décadas del siglo XVIII. El libro de Jameson es la única fuente para la historia de Townsend, y no cita sus fuentes —también sostiene, de forma errónea, que ella es la "única mujer pirata exitosa de la que se tiene registro"—. Sus vínculos con Barbanegra le dan a su historia un toque parecido a la de Jacquotte Delahaye; quizá la inventaron para corregir una parte desagradable de la historia de los piratas —en este caso, la de un célebre mujeriego—. En cualquier caso, la leyenda de esta mujer pudiera persistir en la costa de Carolina.

Según la *General History* de Johnson, Barbanegra tenía hasta 14 esposas; por lo tanto, cualquier aseveración de que estuviera asociado con una mujer en particular es plausible: ésta podría haber sido una de las 14. Tuvo varias relaciones con otras piratas a lo largo de los años, aunque no hay registro de que alguna vez se haya asociado con una mujer. Sin importar cómo haya sido la historia de Townsend, es entretenida y arroja luz tanto sobre la vida de Barbanegra como sobre la de Townsend. Humaniza al malicioso Barbanegra (como muchas películas y programas de televisión han intentado hacer en el siglo XX, entre ellos la película de 1951 *Anne of the Indies* [*La mujer pirata*] y permite que una mujer tenga un lugar en la mesa de este peculiar banquete histórico, que durante esta época estaba muy dominado por los hombres.

Dice la leyenda que Townsend creció en Jamestown, Virginia, sobrina de un acomodado funcionario de gobierno que la crio. Esta parte también podría ser verdad: la familia Townsend tiene raíces en Virginia que se extienden tan atrás como la colonia de Jamestown, así que bien podría haber existido un funcionario de gobierno llamado Townsend a principios de la década de 1700. Mary Anne era atractiva y culta, y era la favorita de reuniones de la alta sociedad. El relato no menciona a sus padres. En un viaje de trabajo a las Bermudas con su tío el barco de Mary Anne, el *Shropshire Lass*, fue secuestrado por la tripulación de Barbanegra, que asesinó a muchos al momento y luego obligó a los demás a caminar por la tabla.

Aquí el relato difiere del hecho histórico: a pesar de su crueldad, Barbanegra no hizo que las víctimas caminaran por la tabla. Hay pocas pruebas de que algún pirata lo hiciera. Druett dice que el capitán Charles Johnson incluye en *A General History of Pyrates* una historia sobre antiguos piratas mediterráneos que les decían a sus captores que podían bajar una escalera y nadar por su libertad en pleno mar abierto. En 1837 la obra de Charles Ellms, *The Pirates Own Book* [El libro de los piratas], mencionaba una "tabla de la muerte" desde la cual los prisioneros caían al mar. Quizá estuvo trabajando con base en la descripción del capitán Johnson y la adaptó para su propia obra. Robert Louis Stevenson incluyó el acto de caminar por la tabla en su obra maestra de 1884, *La isla del tesoro,* que le valió a esta práctica un lugar permanente en la tradición de los piratas. En realidad, es más probable que simplemente arrojaran a un cautivo por la borda, exigieran una recompensa por él o lo abandonaran en una isla. La única mujer pirata que se sabe que hizo caminar a sus víctimas por la tabla es Sadie Farrell, quien se abordará en el capítulo 12.

Según las historias sobre ella, cuando era el turno de Mary Anne para caminar por la tabla la belleza pelirroja de 1.80 se negó a que los piratas la tocaran; escupió sobre sus rostros, los insultó con firmeza e incluso pateó a algunos. Este comportamiento valiente —si bien grosero— atrajo la atención de Barbanegra, que decidió hablar con esta chica que no mostraba miedo, ni siquiera al enfrentar la muerte a manos de piratas.

¿Quién era en realidad Barbanegra? Casi siempre que se le pide a alguien que nombre un pirata, su nombre vendrá a sus labios. Su leyenda es la más grande de todos los piratas; sin embargo, pocos saben gran cosa de su vida, más allá de su nombre y de que, posiblemente, tenía una larga barba negra. ¿Cuál es, pues, la verdadera historia de su vida?

Algunos académicos difieren sobre la ortografía de su nombre, pero a menudo se le refiere como Edward Teach. Teach nació alrededor de 1680 en Bristol, una ciudad costera inglesa. Es probable que haya ido a la escuela ahí, pues era bien sabido que podía leer y escribir. Su primera actividad en la piratería fue volverse corsario durante la Guerra de sucesión española, que tuvo lugar de 1702 a 1713. Navegó bajo las órdenes del capitán Benjamin Hornigold, quien fue mentor del pirata en ciernes.

Como corsario contratado por la marina inglesa, durante la guerra Hornigold pudo saquear con fines de lucro a los enemigos de Inglaterra; pero cuando la guerra terminó se encontró desempleado y, de hecho, tenía prohibido hacer lo que recientemente lo habían contratado para hacer. Hornigold y su tripulación, incluido Teach, se volvieron piratas, pero piratas que se negaban a atacar barcos ingleses dado el amor de Hornigold por su tierra natal. Hornigold le obsequió a su joven aprendiz uno de sus barcos en 1717, el cual Teach rebautizó como *Queen Anne's Revenge*, un nombre que infundiría terror en los corazones de muchos capitanes en las aguas del mundo entero.

Teach navegó por todo el Caribe y llegó hasta África. No compartía la postura patriótica de Hornigold y atacó barcos ingleses, al igual que franceses, españoles y portugueses. Su predilección por la teatralidad, inclusive atando cerillos encendidos a su barba para darle "la apariencia de Satán", aseguró la supervivencia de su reputación. Siempre y cuando se rindieran pronto, las tripulaciones solían ser perdonadas. A pesar de las leyendas que proclaman su crueldad, no hay reportes verificados de que él matara a nadie, aunque casi con toda certeza sucedió. Al parecer, su apariencia temeraria le dio mucha fama. Quizá la tripulación de Mary Anne se negó a darle su tesoro, y eso es lo que generó la matanza. Sea lo que fuere lo que haya ocurrido en el *Shropshire Lass,* ése es el momento en que Mary Anne ingresa a la leyenda de Barbanegra.

La leyenda dice que a Teach le gustaba tanto esta enérgica mujer que la invitó a bajar de la plancha para ir a su camarote. Ella se convirtió en cautiva del barco, pero no recibía un trato de prisionera. En lugar de ello era cortejada con comidas *gourmet,* joyas, seda y metales preciosos. Como Anne *Die-le-veut* antes que ella y Cheng I Sao después que ella, sus fieras payasadas y su negativa a que la cortejaran sólo la hacían más atractiva a los ojos de su futuro pretendiente. Los corazones de muchos hombres piratas, al parecer, tenían una debilidad por chicas piratas de un temperamento similar al de ellos. Teach, que normalmente era un rufián, al estar cerca de ella limitaba sus malos modos y era un caballero perfecto. Finalmente le pidió a Mary Anne que se casara con él. Después de un tiempo ella aceptó y la pareja se embarcó en una mutua carrera en la piratería.

La única mujer con la que se sabe que Teach se casó fue con Mary Ormond de Bath, de Carolina del Norte. Tenía alrededor de 16 años y era hija del dueño de una plantación. Johnson sostiene que era la decimocuarta esposa de Teach, aunque ella creía que era su primera. Su destino, tal como el de las demás esposas, se desconoce, aunque algunas versiones de la historia, incluido el relato de Johnson, indican que a Mary Ormond la obligaron a prostituirse ante los miembros de la tripulación del *Revenge*.

No obstante, a Mary Anne Townsend no le ofrecieron un destino tan gris sino una vida de lujos al lado del pirata más temido del mundo. Ella le rogó a su esposo que le enseñara todo lo que sabía y él aceptó gustoso. También la llevó a Charles Town y le mostró los deleites del pueblo, incluidos los pantanos donde se dice que ocultaba sus tesoros. Se cree que Mary Anne es la única persona además del propio Barbanegra que conocía la ubicación de su tesoro —si bien es sabido que, más que enterrarlos, los piratas se gastaban su tesoro—. Después de un año bajo su tutela se le otorgó un barco propio para que lo comandara, el *Odyssey*. Ya que ella había desarrollado su propia reputación, no le fue difícil conformar una tripulación e iniciar su carrera de pirata solitaria, que llevó a cabo con brío.

Es probable que durante la incursión de Mary Anne por sí sola en la piratería Barbanegra decidiera emprender otro proyecto: el de la respetabilidad. En 1718 redujo su tripulación de 400 a 40 al encallar, ya sea por accidente o a propósito, el *Revenge* en la ensenada de Beaufort (Beaufort Inlet), Carolina del Norte, y abandonar a la mayor parte de su tripulación junto con el barco. Cuesta imaginar el profundo interés propio que llevaría a un pirata a enviar a más de 300 hombres a su cargo a la muerte para salvarse a sí mismo. Este comportamiento revelador de un corazón de piedra les da credibilidad a las historias que sostienen que Barbanegra abusaba de sus esposas. Seguro que alguien capaz de abandonar a la muerte a sus hombres de tal forma tenía poco en cuenta el valor de la vida humana. Con una tripulación mucho más manejable, apeló al gobernador de Carolina del Norte para que perdonara sus crímenes, asegurándose de sobornarlo con una gran suma de dinero para que se lo otorgara. Teach y 20 de sus hombres fueron perdonados, y él se dispuso a vivir la vida de un terrateniente, en una casa de sueño en Bath. No obstante, los fines de semana eran para escaparse y piratear. El gobernador Eden, de Carolina del Norte, o desconocía la doble vida de Teach o bien elegía hacer caso omiso de ella; la evidencia sugiere lo segundo. Más que horrorizarlo, al populacho de Carolina del Norte le encantaban las extravagancias de Barbanegra, y era muy popular entre los ricos de la provincia.

A la larga, la flagrante burla de Teach de la ley fue demasiado como para que la justicia siguiera haciendo caso omiso de ella. Carolina del Norte vacilaba en cortarle las alas a su más reciente hijo favorito, pero Virginia no tenía reservas para perseguir al pirata. El gobernador Alexander Spotswood impuso mano dura en contra de la piratería, lo que siguió siendo una política oficial durante varios gobiernos, incluidos los años en que Martha Farley y María Crichett fueron juzgadas. Con el financiamiento de Spotswood para obtener los barcos necesarios para navegar por la estrecha ensenada, el teniente Robert Maynard fue enviado para abatir la guarida de Barbanegra en la isla de Ocracoke.

En las primeras horas del 22 de noviembre Maynard y sus dos barcos, el *Ranger* y el *Jane*, navegaron por las aguas poco profundas de la isla de Ocracoke, donde estaba anclado el único barco que le quedaba a Barbanegra, el *Adventure*. Los de Maynard eran pequeños balandros, elegidos para parecer indefensos y poder entrar en el pequeño espacio. Pudieron navegar hasta una distancia que casi les permitía tocar el *Adventure* cuando Barbanegra y sus hombres se dieron cuenta y los saludaron. Después de intercambiar unas palabras comenzó la batalla.

El *Adventure* disparó un cañonazo hacia el *Ranger*, desgarrando el barco y matando a muchos de sus hombres. De haber habido algo de viento esa mañana, Barbanegra y sus hombres podrían haber escapado, pero el agua estaba quieta y sólo remando era posible navegar, de manera que los piratas estaban atorados en la ensenada. El *Jane* también estaba severamente dañado por un impacto directo del *Adventure*. A bordo del *Jane*, Maynard notó que Barbanegra y sus hombres iban a vencerlos, así que elaboró un plan parecido al que ideó Henry Morgan en Maracaibo décadas antes: ordenó a todos sus hombres que se escondieran bajo cubierta, con las armas listas, esperando su señal. Cuando Teach abordó el *Jane* lo estaban esperando.

En el combate mano a mano que ocurrió a continuación, Barbanegra y Maynard intercambiaron furiosos golpes, hiriéndose entre sí una y otra vez, primero con pistolas y después con espadas. Se dice que Barbanegra recibió en total más de media docena de balas y 20 heridas de espada antes de caer muerto, con la pistola amartillada en mano. Maynard le cortó la cabeza al famoso pirata, la colgó al frente del barco como prueba de su fallecimiento y tiró su cuerpo al mar. Dice la leyenda que su cuerpo sin cabeza dio tres vueltas alrededor del barco antes de hundirse. Su dramática muerte fue acorde a la vida que vivió y la forma en que pirateó, y sin duda ayudó a elevar su estatus de famoso al del más famoso. Un cráneo identificado como perteneciente a Teach se exhibe en el museo Peabody Essex en Massachusetts y atrae muchos visitantes al año.

De alguna forma la noticia sobre el abatimiento de su esposo llegó a Mary Anne. Para empeorar las cosas se enteró de que había corsarios persiguiéndola, en busca de una gran recompensa que se ofrecía por ella viva o muerta. Al no ser alguien a quien la histeria o la tristeza la detuviera ella inmediatamente equipó al *Odyssey* con provisiones y zarpó hacia Sudamérica, para nunca volver a las playas de Norteamérica. Para salir viva, en los pantanos de Charles Town abandonó su propio tesoro, así como lo que quedaba del tesoro de Barbanegra ahí resguardado. Ya habría más tesoros que saquear en Sudamérica.

Durante la siguiente década salieron a la luz muchas historias acerca de Mary Anne, pero Jameson afirma que "ninguna ha sido verificada". Se dijo que terminó en Lima, Perú, donde se casó con un acaudalado hombre de negocios, seguramente alguien que no hacía demasiadas preguntas sobre su pasado. Su cámara del tesoro nunca ha sido encontrada, aunque cada año acuden personas a los pantanos en su búsqueda (y la del tesoro de Barbanegra).

¿Será posible que haya existido esta mujer? Es posible. Pero lo más probable es que no. Las partes sobre el tesoro enterrado de Barbanegra son las menos creíbles, pero la historia completa carece de credibilidad. Sin embargo, muchas mujeres extraordinarias han sido devoradas por la historiografía y la suya pudiera ser una de ellas. Asimismo, su papel en la leyenda como una mujer que domesticó el estilo mujeriego de Barbanegra dice mucho sobre lo que la gente siente hacia este pirata. Hay un deseo de hacerlo más humano (en el sentido noble) y menos promiscuo. Mary Anne es un nuevo giro en la historia de Barbanegra, que conforme se cuenta está en una continua reelaboración. Es gratificante pensar en una mujer al lado de este pirata despiadado, igualándolo saqueo tras saqueo.

***

Otra pirata norteamericana de esta época cuenta con una mayor documentación histórica, pero es frustrante que existan menos detalles sobre su vida. Flora Burn estuvo enlistada como tripulante de un barco corsario y era merecedora de una y tres cuartos de porción del botín del barco ganado, lo cual equivalía a la porción de los demás miembros de la tripulación. Operó frente a la costa este de Norteamérica a mediados del siglo XVIII. Antes, durante y después de la revolución de independencia era muy común el corsarismo en América. Las colonias norteamericanas eran muy lucrativas y todos los corsarios querían tener una parte de las ganancias que trajeran para sí mismos. Los corsarios eran necesarios para proteger el interés de un país colonial tan lejos de casa.

¿Cómo es que Flora Burn se involucró en el negocio? ¿Por qué se unió a una tripulación corsaria? ¿Había zarpado al rescate de su amado? ¿Tenía alguna vida doméstica turbulenta de la cual escapar? Lo más destacado de su historia es que no es ninguna de éstas: simplemente está enlistada como tripulante sin mucho jaleo sobre su género. Hay que preguntarse qué clase de marinera era, cómo la percibía la tripulación y qué fue de ella. Sólo cabe esperar que más sobre Flora Burn y su trayectoria salga a la luz.

Es probable que Flora no fuera la única mujer corsaria que peleó contra los ingleses y ayudara a dar forma a los Estados Unidos. Durante la revolución de independencia los patriotas norteamericanos aterrorizaban a los ingleses en el mar, mientras que el ejército estadunidense los enfrentaba en tierra. Donde los soldados norteamericanos de a pie a menudo carecían de equipo y entrenamiento, los corsarios norteamericanos eran buenos marineros y causaban estragos en las fuerzas de Inglaterra. El Congreso Continental aprobó oficialmente las reglas y normas del proceso del comisionado, de manera que los recién concebidos Estados Unidos se beneficiaran de una fuerza corsaria tal como había hecho Inglaterra durante tantos siglos. Se estima que durante la guerra se comisionaron alrededor de 800 barcos como corsarios, lo cual desembocó en la captura o destrucción de 600 barcos ingleses. Había naves corsarias norteamericanas de todas formas y tamaños, desde balleneras de ocho toneladas hasta barcos de guerra de 600 toneladas y 26 cañones, con tripulaciones que iban desde unos cuantos hombres hasta más de 200. Estos corsarios arriesgaban sus vidas contra la Marina Real, y muchos murieron. No obstante, dejaron su marca en la marina: se estima que los corsarios causaron daños por 18 millones de dólares, lo que hoy día equivale a más de 302 millones de dólares. Como tantos otros países, los Estados Unidos le deben mucho a la piratería.

Sin los piratas norteamericanos quizá no existirían los Estados Unidos tal como conocemos a este país en la actualidad.

***

La última pirata de esta época es una de las piratas estadunidenses más célebremente ruines. Tal vez la primera mujer pirata originaria de los Estados Unidos, Rachel Wall, de apellido de soltera Schmidt, nació alrededor de 1760 en Carlisle, en la colonia de Pensilvania. Según algunas fuentes, su familia era presbiteriana devota y vivían en una granja. La labor de William Penn para establecer libertad religiosa en la colonia de Pensilvania implicó que la familia Schmidt probablemente pudiera venerar en paz, a pesar de que en ese tiempo los presbiterianos eran una minoría. Rachel no debió adaptarse a la vida agrícola, pues desposó al marinero George Wall, se mudó a Boston y nunca más volvió a Pensilvania.

Existen variadas historias sobre cómo conoció a George Wall. La más común es que huyó de casa y lo conoció en los muelles, donde él trabajaba, y que la pareja se fugó poco después de conocerse. Otra versión es que, mientras asistía a un funeral familiar en otra parte de Pensilvania, Rachel se escapó a los muelles y se peleó con un grupo de chicas. Cuando George intervino para defenderla empezaron a cortejarse y se casaron poco después. Se desconoce de dónde era George, así como dónde contrajeron matrimonio. Casi todos los relatos coinciden en que se casaron rápido y terminaron en Boston, donde ella se volvió mucama y él pescador.

George no era un pescador particularmente dedicado. Prefería tomar y pasar un buen rato con sus amigos que trabajar. Después de un viaje especialmente lucrativo los Walls y amigos se fueron de juerga durante una semana y celebraron tanto que no se dieron cuenta de que el barco de pesca que debían tripular había zarpado sin ellos. Abandonado así, George inventó la idea de dejar la pesca del todo y, en su lugar, convertirse en pirata.

Ésta no era una idea completamente ridícula por parte de George. Él y sus amigos habían rendido sus servicios como corsarios durante la revolución de independencia, lo cual les había dado una idea de cómo era esa vida. Su trabajo como pescadores les había brindado habilidades náuticas. George tenía un amigo inválido que era dueño de un barco pesquero que podían pedir prestado. Siempre y cuando trajeran algo de pescado cada vez que lo sacaran, podían escabullirse desapercibidos para entrar y salir del muelle. Era la tapadera perfecta. ¿Qué importaba que la piratería no fuera legal en tiempos de paz? Si uno era un pirata lo suficientemente bueno, no podían capturarlo. Rachel estuvo de acuerdo —aunque algunas fuentes sostienen que accedió de mala gana— y consiguieron el barco para su primer viaje pirático.

Su plan requería de una tormenta, que por fortuna ocurría con bastante frecuencia por esos lugares. Zarparon hacia las islas de Shoals y bajaron las anclas antes de que las cosas se pusieran demasiado rudas. Las islas de Shoals son un pequeño grupo de islotes a unos 10 kilómetros de la costa este de lo que hoy son Maine y New Hampshire, aunque en tiempos coloniales la zona pertenecía a la colonia de la bahía de Massachusetts. Antes de la revolución de independencia las islas eran un punto central para la pesca, pero durante la guerra fueron abandonadas. Debido a su cercanía a la tierra firme, después de la guerra siguió habiendo una buena cantidad de tráfico alrededor de las islas. Ahí fue donde los Walls y su tripulación colocaron su trampa.

Pasaron lo peor de la tormenta en el muelle de las islas de Shoals, pero cuando pasó navegaron de regreso hacia la costa a lo largo de algunos kilómetros, colocándose justo en las rutas marítimas. Desencordaron las velas a propósito, izaron la bandera de auxilio e hicieron todo lo que pudieron para hacer parecer que el barco había sido dañado durante la tormenta. Y para que mordieran el anzuelo y completaran la ilusión, Rachel tenía que hacer su parte: vestida de mujer se paró sobre la cubierta, llorando y pidiendo ayuda. Y bueno, era difícil que los barcos que pasaban pudieran resistirse a una damisela tan afligida; finalmente uno de ellos se acercó para ofrecer asistencia.

Cuando se acercaron, permitiéndole a Rachel abordar su nave, los marineros que amablemente se habían detenido recibieron por remuneración el degüello y sus cuerpos fueron lanzados por la borda. George, Rachel y el resto formularon un inventario de lo que había en el voluminoso barco, robaron todo lo que fuera de valor y después hundieron la embarcación para no dejar evidencia de su ataque. Después de todo, los barcos a menudo se perdían en las tormentas y nadie cuestionaría que hubiera desaparecido una goleta tras una borrasca. La primera vez que los Walls salieron con esta locura obtuvieron unos 360 dólares en efectivo, nuevo equipo de pesca y suficiente pescado para venderle su historia a su amigo en la costa. De vuelta en casa, pudieron vender equipo de pesca, alegando que lo había escupido el mar en las islas de Shoals —posiblemente como resultado de algún barco hundido por ahí—. Al final fue una táctica altamente efectiva y redituable. Después de probar por primera vez la adrenalina que venía con el latrocinio y el asesinato, Rachel Wall supo que no se contentaría con ultimar un golpe en una sola ocasión.

Los piratas perfeccionaron esta rutina durante los próximos años, asesinando a 24 personas, esquilmando 12 barcos y saqueando el equivalente a 6 000 dólares en mercancía y efectivo, de acuerdo con el ensayo de Cindy Vallar, "Women and the Jolly Roger". Si la tripulación de un barco era demasiado nutrida como para asesinarla completa, Rachel pedía ayuda para reparar una fuga en su barco. Esta táctica dividía a la tripulación, que entonces podía ser exterminada en dos turnos: uno en el barco de los Wall y otro en el de las propias víctimas. Los Wall hicieron una suma decente de dinero con esta táctica de piratería, y también, presumiblemente, se hicieron de todo el pescado que pudieran comer.

La carnicería orquestada de los Wall llegó a su fin en septiembre de 1782. Rachel y la banda estaban dirigiéndose a alta mar —quizá para cometer otro atraco— cuando la tormenta se tornó más salvaje de lo predicho y rompió el mástil de su barco. En la tempestad que siguió a continuación todos los miembros de la tripulación, excepto Rachel, fueron arrastrados por la borda y se ahogaron. En un irónico giro del destino, Rachel terminó sola pidiendo ayuda a gemidos y gritos desde la cubierta, sólo que esta vez su angustia era real. ¿Acaso el capitán del barco que la recogió tenía algún indicio de que la mujer a la que transportaba de vuelta a Boston era una pirata sanguinaria conocida por matar capitanes afables? ¿Estaba consciente de que una mujer así acechaba justo en esas aguas? Probablemente no. Después de todo, Rachel y sus piratas no dejaban sobrevivientes, y los muertos no cuentan historias.

De vuelta en Boston, la recién viuda Rachel regresó a su antiguo trabajo de mucama. Había tenido suficiente de la piratería, mas no así del latrocinio. Se dice que bajó a su viejo lugar predilecto, frente al mar, desde donde robaba en los barcos anclados. Como la mujer astuta que era, iba directo al baño privado del capitán, un sitio donde se escondían los bienes preciosos. Nunca la sorprendieron realizando estos pillajes, durante los cuales se dice que acumuló un botín considerable.

En 1789 fue acusada de robar la bolsa de una mujer en la calle. Por este crimen —y sólo por él— fue sentenciada a muerte, a pesar de que clamó por su inocencia. En su última confesión admitió su trayectoria de ladrona, pero se negó a desdecir su inocencia en este crimen en particular. También dijo que ella nunca había asesinado a nadie durante sus excursiones como pirata, y añadió que era degradante que la ejecutaran por un robo. Fue la última mujer en ser colgada en Massachusetts.

Como María Cobham, Rachel Wall dista de ser un personaje querible. No obstante, lo ingenioso de su estratagema sí merece al menos algo de admiración, aunque sea una admiración forzada. Es impresionante que, debido a lo exitosa que eran ella y su tripulación, nunca la hayan capturado como pirata. Sin embargo, al final, de cualquier manera, recibió la misma sentencia que habría recibido por ejercer la piratería: morir en la horca.

Cabe mencionar que la verdadera vida de Rachel podría haber sido muy diferente de como se la conoce. Al final de su vida ella presentó la imagen de una pecadora arrepentida, llena de amargura por sus perversas costumbres. En su última confesión enumeró una larga y blanqueada lista de delitos que había cometido pero, curiosamente, no incluyó su trayectoria como pirata. Su historia se cuenta en muchos libros fidedignos, pero la fuente original de esa leyenda en particular es difícil de rastrear. En su confesión sí menciona que una relación de sus delitos "extendería por un espacio excesivamente largo [su confesión]", pues son "demasiadas cosas que decir", por lo que es posible que haya evitado mencionar toda la cuestión de los piratas. Pero, como haya sido, era una mujer que se casó joven, cometió algunos errores y, al final, pidió ser perdonada.

Estas piratas norteamericanas pueden haberse inspirado en las piratas de la edad de oro, pero sus métodos eran muy distintos a los de sus antepasadas. En la vuelta del siglo XVIII al XIX la piratería cambiaría aún más, tanto para hombres como para mujeres. Pero, como de costumbre, sobreviviría. La piratería pervivió bien entrado el siglo siguiente y en los siglos posteriores a éste. Las características del negocio, los tesoros buscados y los barcos que zarpaban se transformarían, pero el elemento fundamental de la piratería —el deseo de tomar algo que otro no quiere otorgar— quedaría presente para siempre.

10
MUJERES AL LÍMITE

Conforme el siglo XVIII se adentró en el XIX los procedimientos de los piratas fueron evolucionando en formas cada vez más alejadas del modelo de la edad de oro. Los Estados Unidos estaban entrando en su tercera década, y el país en ciernes empezaba a tomar forma y a desarrollar un carácter distintivo propio. Canadá había estado bajo el mandato británico desde el final de la Guerra de los Siete Años en 1763, pero la revolución de independencia provocó fricciones entre los canadienses y sus líderes del otro lado del Atlántico. Inglaterra también controlaba la colonia británica de Nueva Gales del Sur (perteneciente históricamente a Nueva Bretaña) y en 1788 estableció ahí una colonia penal. El mundo se estaba haciendo más pequeño, con cada vez menos lugares desconocidos en el mapa.

A partir del final de la edad de oro los piratas ya no pudieron eludir el alcance de la ley, ahora más inteligente y rápido. Los países ya tampoco necesitaban que los piratas fungieran como corsarios: ahora hacían su trabajo sucio a través de sus propias marinas nacionales. Sin un lugar para esconderse, los piratas de Occidente tuvieron que adoptar nuevas formas de vida. Los blancos perseguidos perdieron valor conforme se redujeron las flotas del tesoro. Los piratas pudieron ya no haber blandido sables o disparado cañones como lo hicieran en sus "días de gloria", pero a principios del siglo XIX siguieron siendo una parte sólida de la vida marítima: mientras haya algo que robar, habrá piratas que lo roben.

Dos de las más inusuales mujeres piratas del siglo XIX fueron Charlotte Badger y Catherine Hagerty. Estas mujeres comenzaron su vida en Inglaterra, pero terminaron por asentarse en una extraña tierra nueva. Su historia está documentada en diversas fuentes, incluida *She Captains*, de Joan Druett. Se dice que Charlotte fue la primera persona colonizadora de sexo femenino en Nueva Zelanda. A diferencia del pirata promedio del siglo XVIII que robaba oro y otros cargamentos valiosos, estas mujeres "se robaban" a sí mismas: su libertad era su propio "tesoro".

***

Según Druett, Catherine Hagerty es la mujer más interesante de las dos, pero por desgracia tenemos mucha menos información de la "rubia núbil y de ronca voz", Hagerty, que de la "gorda" Badger. Otras fuentes describen a Charlotte como la más atractiva de las dos. Sin importar su apariencia física, es claro que Charlotte Badger era una mujer que poseía, en no poca medida, carisma. Nació en 1778 en Worcestershire, Inglaterra, una provincia rural en las Tierras Medias Occidentales (West Midlands) que se supone que sirvió de inspiración a la Comarca (the Shire) de la saga *The Lord of the Rings* [*El señor de los anillos*], de J. R. R. Tolkien. De adolescente, en 1796, fue condenada por carterista (aunque algunos registros indican robos en casas). Dice la leyenda que robó un pañuelo de seda y algunas guineas. En Inglaterra el carterismo se consideraba una felonía y se condenó con la pena de muerte hasta 1808. No obstante, Charlotte no fue sentenciada a muerte sino a vivir de por vida en una colonia penal en la Nueva Gales del Sur, hoy Australia.

El movimiento de la colonia penal australiana apenas comenzaba en 1796. Se consideraba que los prisioneros eran deficientes mentales por naturaleza e incapaces de rehabilitarse, así que era necesario encerrarlos o ejecutarlos. Las prisiones de Inglaterra estaban bajo escrutinio después de que el reformista John Howard publicara su estudio *El estado de las prisiones* en 1777 que señalaba las deplorables condiciones que a menudo imperaban en su interior. Los jueces eran renuentes a encerrar aún más personas en estas cárceles sobrepobladas y arriesgarse a un escándalo público mayor y al escrutinio de los reformistas, pero tampoco estaban muy dispuestos a ejecutar a cualquier criminal que se les presentara. Era un dilema apremiante: ¿qué debía hacer Inglaterra con todos sus criminales? Al parecer, en este punto no estaba sobre la mesa la opción de permitir que los ladronzuelos de poca monta se fueran, en lugar de sentenciarlos a muerte. A causa de la revolución de independencia y la subsecuente pérdida de las colonias, enviar a los prisioneros a Norteamérica ya no era una opción. A pesar de la pérdida del enclave de Norteamérica, Inglaterra aún parecía favorecer la filosofía de "ojos que no ven, corazón que no siente", pues el 26 de enero de 1788 el país instituyó la primera colonia penal en Australia.

A bordo del *Earl Cornwallis*, Charlotte y Catherine sobrellevaron el viaje de seis meses hasta Australia. Las condiciones en el barco eran deplorables. Los convictos viajaban encadenados bajo cubierta durante todo el éxodo, y muchos morían en el trayecto. Charlotte sobrevivió al viaje y arribó a Port Jackson, Sydney, en 1801. Terminó en la prisión de mujeres, la fábrica de mujeres de Parramatta, donde en algún punto dio a luz a una hija, de padre desconocido. Es probable que uno de los guardias hubiera adoptado el papel de padre del bebé de Charlotte. Se permitía que los bebés permanecieran con sus madres en la fábrica hasta los cuatro años de edad, cuando eran enviados a orfanatos y luego a jardines de niños. Después de la separación muchas madres nunca se reencontraban con sus hijos.

Parramatta es una ciudad ribereña en la Nueva Gales del Sur, a unos 22 kilómetros al oeste de Sydney. La prisión en Parramatta era un edificio de unos 30 metros de largo, hecho de troncos y rodeado por una barda alta. El lugar seguía el modelo de los hospicios ingleses y, tal como en ellos, las mujeres sobrellevaban condiciones inseguras y eran maltratadas. Sin embargo, no perdían del todo el ánimo. Sir Roger Therry, un juez de la Suprema Corte de la Nueva Gales del Sur, escribió en 1863 que las mujeres eran una desgracia mucho mayor para los gobiernos locales que los hombres criminales que eran llevados ahí. Detalló cómo destruían todo lo que no estuviera atornillado en los dormitorios y a menudo se rebelaban, al punto de que se tenía que enviar soldados con bayonetas para restaurar el orden. "Las amazonas", como se refiere Therry a estas mujeres, no les tenían miedo a los soldados; en lugar de ello les lanzaban rocas y los perseguían hasta correrlos de la fábrica. Si bien el desprecio de Therry por estas criminales es evidente en su libro, por debajo de él soterrado parece haber una reticente nota de admiración por su espíritu resuelto y su vigor para enfrentar circunstancias tan miserables.

Había una fábrica construida sobre la cárcel donde las mujeres realizaban labores de tejido. La sobrepoblación era muy notoria y las mujeres tenían que dormir en los talleres entre pilas de lana. Había cuatro formas de salir de la prisión: un pase de salida al completar la sentencia, una transferencia, la muerte o el matrimonio. Una de las prestaciones más peculiares en la fábrica de Parramatta era el servicio de alianzas matrimoniales. Un hombre que buscaba novia sólo tenía que obtener un papel del sacerdote o del juez proclamándolo como un hombre apto para casarse, tras de lo cual se presentaba ante la matrona. Ésta, entonces, seleccionaba una serie de prisioneras elegibles y las metía a un cuarto con el soltero, donde daba inicio una bizarra ronda de citas rápidas. El hombre les preguntaba a las mujeres que le parecían atractivas si habían estado casadas y las mujeres, a su vez, le preguntaban al hombre sobre su patrimonio. Si ambas partes eran susceptibles para la alianza, se le notificaba a la matrona, se contrataba a un sacerdote y se proclamaban las amonestaciones. Una vez efectuado el matrimonio, la mujer podía salir de la prisión como una mujer libre, siempre y cuando permaneciera para siempre del lado de la legalidad. Miles de matrimonios se llevaron a cabo de esta manera. Catherine y Charlotte no obtuvieron su libertad mediante esta práctica, pero de alguna forma llamaron la atención de alguien importante en la fábrica, pues conmutaron sus sentencias en 1806. Fueron seleccionadas para viajar en barco a casi 1600 kilómetros en línea recta hasta Hobart Town —hoy Tasmania— para convertirse en empleadas domésticas.

Las dos mujeres se encontraban a bordo del *Venus*, un bergantín de 45 toneladas. Estas naves eran grandes, con dos altos mástiles de velas de aparejo. Del mástil principal ondeaba también una vela triangular más pequeña denominada vela cangreja. El barco estaría construido principalmente de madera, quizá pino. Los cautivos se hospedaban bajo de la cubierta principal, donde casi no habría luz ni ventilación, algo similar a lo que soportaban en el trayecto desde Inglaterra. Posiblemente a las mujeres se les otorgaban cuartos separados de los hombres, pero esa comodidad no estaba garantizada y a menudo no se ofrecía. Este viaje particular albergaba a Charlotte, a Catherine, a la hija de Charlotte, a dos convictos hombres, a un guardia de nombre Richard Thompson y a la tripulación.

Los relatos difieren en lo que ocurrió exactamente una vez que las mujeres abordaron el *Venus*. Algunas historias retratan al capitán, Samuel Chase, como un sádico que solía golpear a las mujeres para divertirse. Otras aseveran que las mujeres bailaban desnudas para el capitán todas las noches y solían mostrarse amigables con la tripulación, propiciando travesuras e irrumpiendo en las reservas de whisky, lo cual se compagina con el relato de Therry, si bien ambas fuentes podrían ser falsas o exageradas. En otro relato se afirma que Catherine sostuvo una relación romántica con el primero de a bordo, Benjamin Kelly, mientras que Charlotte hizo migas con Lancashire, uno de los convictos. Sea lo que fuera lo que haya ocurrido a bordo, para junio de 1806 las mujeres habían tenido suficiente y decidieron amotinarse.

El 16 de junio el capitán Chase ancló su barco en Port Dalrymple, una ciudad en la boca del río Tamar, hoy noreste de Tasmania. Un relato cuenta que pasó el día trabajando y que, por alguna razón, esa noche durmió a bordo de otro barco. A la mañana siguiente, mientras navegaba de vuelta al *Venus*, le horrorizó darse cuenta de que éste zarpaba sin él. Otra historia cuenta que él estaba a bordo durante el motín y fue azotado por Charlotte, quien estaba vestida de hombre. El capitán dijo después que Kelly era la cabecilla del motín, pero que ambas mujeres eran entusiastas participantes. Sin importar quién incitó al amotinamiento —Catherine, Charlotte, Benjamin Kelly o alguien totalmente distinto—, el resultado fue que 10 personas zarparon a bordo del *Venus*, dejando atrás al capitán. Robar el barco y huir con el cargamento, constituido en parte por los propios cautivos, los convertía oficialmente en piratas.

¿Qué seguía ahora que los recién bautizados piratas habían hecho su osado escape? En primer lugar, debían dejar a las mujeres. A pesar de sus rudimentarios conocimientos náuticos, los piratas lograron navegar intactos por el mar de Tasmania hasta Rangihoua Bay, en Bahía de las Islas, Nueva Zelanda. Dejaron en la playa a Catherine, a Charlotte y a la hija de Charlotte. Los hombres no quisieron dejarlas totalmente indefensas y al momento construyeron para ellas una rudimentaria estructura antes de zarpar hacia el atardecer. Algunos registros indican que sus amantes, Kelly y Lancashire, se quedaron con ellas en la isla, mientras que otros relatos cuentan que zarparon en el *Venus*. No obstante, todas las fuentes parecen coincidir en que, alrededor de un año después, Charlotte y su hija estaban solas en la isla. Catherine murió a principios de 1807, cuando los hombres —si acaso habían desembarcado con las mujeres— se habían ido de la isla o habían sido arrestados por su participación en el motín.

Lo que haya sido de Charlotte después de eso es un misterio. Pudo haber muerto de causas naturales, o haber sido asesinada por un miembro del pueblo maorí nativo. Los maoríes habían estado aislados hasta que los loberos y balleneros norteamericanos y europeos comenzaron a aparecer con cierta regularidad en la década de 1780. Estos exploradores occidentales fueron acogidos con hospitalidad y entusiasmo, de lo cual a menudo abusaban. Como resultado, las relaciones entre los maoríes y los occidentales se habían tensado, y para cuando llegó Charlotte faltaban sólo unos años para que ocurriera la masacre de Boyd, en la que los maoríes asesinaron a 66 personas en venganza por los azotes que había recibido el hijo de un jefe. Los registros de canibalismo no eran inusuales en esta zona.

Lo más probable es que Charlotte y su hija hayan perecido en la isla, ya sea por inanición o por un desencuentro con los nativos.

Existen muchas otras posibilidades sobre su destino. Un relato cuenta que en 1826 un barco estadunidense visitó Tonga, a unos 2 000 kilómetros de Bahía de las Islas. El autor de la relación arribó al paraíso tropical y le impresionó encontrar dos rostros pálidos entre todos los de piel oscura. Esta "robusta mujer inglesa" y la niña pequeña habían llegado a Tonga unos años antes y pudieron traducirle a él y a los nativos, pues hablaban el dialecto "polinesio" con fluidez. Si ella era Charlotte, como se ha especulado, ¿qué estaba haciendo en Tonga? ¿Por qué había dejado a los maoríes? El relato no cuenta qué le ocurrió a esta mujer después de que el autor se fue de Tonga, así que el lector se queda especulando. Hay tantas historias distintas sobre la vida de Charlotte después de que se bajó del *Venus* que es imposible deslindar cuáles de ellas son ciertas, si es que alguna lo es.

Las historias sobre Catherine y Charlotte relativas a su estancia en la prisión de Parramatta las contaron los hombres que las mantuvieron ahí; así, éstos colorearon los relatos con su percepción de estas mujeres como criminales y degeneradas, algo despreciable e inferior que bordea lo subhumano. Muchos detalles importantes quedaron fuera del relato: qué sentían las mujeres respecto a su traicionera travesía marítima, qué pensaban sobre el programa de matrimonios en prisión y por qué decidieron amotinarse contra el capitán Chase. El sentir de Charlotte y Catherine respecto a los raros incidentes que dictaron sus agitadas vidas se deja a la imaginación del lector. La historia de Charlotte siempre la contaron los hombres, así que, en cierto modo, el hecho de que no tenga un final definitivo es una bendición disfrazada. Al desaparecer tomó el control de su propia historia y vivió el resto de su vida fuera de la mirada de un narrador hombre. A dondequiera que haya ido Charlotte Badger, murió como una mujer libre, lejos de la prisión donde había sido sentenciada a pasar el resto de su vida. Su aventura pirática le ganó un lugar en la historia de Oceanía como la primera colona de Nueva Zelanda, así como también la primera mujer pirata de Australia.

***

La siguiente pirata de esta época también entró al negocio por circunstancias fuera de su control, pero con resultados bastante menos jubilosos. Margaret Croke nació en Irlanda a finales del siglo xviii. En 1798 se casó con Edward Jordan, un hombre atractivo con "cabello y ojos oscuros, una sonrisa resplandeciente y dientes muy blancos". Edward tenía historia como rebelde y revoltoso y se dice que alguna vez apenas logró escapar de ser ejecutado saltando la barda de una prisión. En ese entonces Irlanda estaba bajo control de los anglicanos (protestantes irlandeses leales a la Corona británica). El gobierno discriminaba descaradamente a los protestantes y a los católicos no anglicanos, como los presbiterianos. En diversas ocasiones —sujetos al capricho del monarca en el poder— a estos grupos minoritarios se les impidió votar, postularse para el Parlamento o tener puestos de gobierno. Edward pertenecía a esta minoría y era también suplente de un terrateniente. En su trabajo habría tenido que desalojar a sus compatriotas de granjas que fueran propiedad de algún terrateniente ausente, una situación que lo convirtió en el portador de malas noticias para muchas personas y, de forma injusta, lo habría hecho ser víctima de muchos abusos. Con estos antecedentes, aunado a que su terrateniente lo envió a prisión por "entrenar rebeldes", no resulta sorprendente que los ingleses no fueran de su agrado. Tras escapar de prisión se unió a la Sociedad de Irlandeses Unidos. Luchó contra los británicos en la Batalla de Wexford en 1798, una derrota trascendental para los británicos.

O Margaret desconocía esta parte del pasado de su esposo o decidió ignorarlo o no le importaba, pues, al parecer, el matrimonio fue, en un principio, un lazo de amor. Los recién casados vivieron con el padre de ella durante un año, superando el arresto y juicio de Edward por no tener sus papeles en orden. Se mudaron de casa del padre de ella e intentaron vivir en otra parte de Irlanda por cuatro años antes de decidir que el Nuevo Mundo ofrecía mejores posibilidades para su familia, que ahora incluía varias hijas. Los Jordans emigraron a los Estados Unidos, donde Margaret sostiene que el matrimonio se amargó.

Los Estados Unidos no le brindaron a Margaret y a su familia el nuevo comienzo que necesitaban, y la familia se mudó de nuevo: esta vez a Canadá, probando numerosas ubicaciones y vocaciones, incluso haciendo tentativas en la agricultura por un breve periodo antes de arribar a Percé, en la península de Gaspesia, en Quebec. En ese entonces Percé era un pueblo pesquero estacional famoso por sus atractivos paisajes. Quebec acababa de quedar bajo el control británico, tras el fracaso del experimento de la Nueva Francia. Canadá no lograría su independencia sino hasta 1867. La familia Jordan volvió a intentar ejercer la agricultura en Percé antes de tratar de entrar a la industria que imperaba en la zona: la pesca.

Edward Jordan entró a trabajar con una familia adinerada de la zona, los Tremaines de Halifax, en un buque pesquero. Creía que la empresa conjunta les traería dinero a todos y, si tan sólo los Tremaines le prestaran el dinero, él podría poner el buque en condiciones para salir al mar. Los Tremaines enviaron a Edward de regreso a Gaspé con los insumos necesarios para arreglar el barco. Una vez que terminó las reparaciones regresó a Halifax navegando el barco que poseían conjuntamente, el *Three Sisters*. Hasta este punto todas las partes coinciden en la secuencia de eventos. A partir de aquí, las historias empiezan a divergir.

Los Tremaines afirman que Edward apareció sin el dinero que les debía. Aunque él sostenía que en Gaspé tenía suficiente pescado seco para saldar su deuda, la familia sospechaba de su historia. Como ya no los dejaba tranquilos darle rienda suelta para que navegara a donde quisiera con el barco de propiedad conjunta, como una medida adicional de seguridad subieron a su propio capitán, John Stairs, a bordo del barco, y los enviaron a ambos de vuelta a Gaspé para buscar el dinero extra que Edward les debía. Stairs tendría un papel primordial en el juicio de Jordan. Cuando Edward volvió a Gaspé, él y Margaret no pudieron encontrar a nadie que les prestara el dinero que necesitaban. Edward pensaba que lo habían timado: puesto que él lo había arreglado, se creía el dueño del *Three Sisters*. Sin importar lo que dijera nadie más, tenía certeza de que estaba en lo correcto.

Es comprensible el malestar de Margaret al regreso de su esposo a Gaspé. No sólo estaba buscando dinero otra vez, sino que tampoco había traído de Halifax las provisiones que ella le había pedido. Sus hijos pasaban hambre y vestían andrajos, y en lugar de proveerlos Edward metía a la familia en más y más problemas financieros. Para empeorar las cosas, cuando John Stairs se dio cuenta de que el pescado seco del que Edward había hablado cubriría sólo una fracción de lo que les debía a los Tremaines, tomó posesión oficial del barco en su nombre. Ahora los Jordan lo habían perdido todo: sin barco, sin un centavo y con una deuda gigantesca.

Stairs, sus tres hombres y toda la familia Jordan se embarcaron el 10 de septiembre de 1809 de Gaspé hacia Halifax, que estaba a una distancia de casi 900 kilómetros a distancia en línea recta. No es muy claro por qué la familia Jordan estaba en este viaje. Después

Stairs afirmó que los llevaba a Halifax como un favor para permitirle a Jordan saldar algo de su deuda en persona. En cambio, Edward pensaba que él y su familia estaban en camino a una prisión de deudores. Después de escapar por un pelo de cumplir una condena en la cárcel durante su juventud, Edward no tenía ninguna prisa por volver... y ahora con toda su familia. En esa época era común encarcelar a personas que no podían pagar sus deudas, y la gente podía permanecer encerrada de forma indefinida o incluso ser deportada. Margaret y Edward pensaban que habían pasado por demasiadas cosas para terminar en una prisión de deudores a tantos kilómetros de casa, por lo que hicieron un plan para mantener a su familia fuera de la cárcel a toda costa.

Según Stairs, por la tarde del 13 de septiembre lanzaron su ataque. Sigilosamente tomaron el barco e hirieron o mataron a los tripulantes, arrojándolos al agua uno a uno. Edward empuñaba una pistola en una mano y un hacha en la otra, mientras que el arma de elección de Margaret era un arpón. Se dice que fue con éste que golpeó repetidas veces a Stairs en la cabeza durante la sanguinaria escaramuza. Cuando Stairs se dio cuenta de que dos de sus hombres habían sido asesinados por los Jordans, se tiró por la borda al mar de aguas gélidas, colgándose de una escotilla que había jalado del barco y utilizándola como tabla de salvación.

En el juicio Margaret narró una versión distinta de estos acontecimientos. Ella declaró que Stairs —que antes había despertado los celos de Edward al otorgarle a Margaret algo de percal para vestir a sus hijos— la visitó a solas en su camarote. Aunque el comportamiento de ambos era inocente, cuando su esposo los descubrió una ira asesina se apoderó de él. La escena fue tan angustiante para Margaret que perdió la razón y ya no estaba consciente de sus actos. En el juicio testificó: "Que yo sepa, no [golpeé a Stairs con el arpón]", pero no podía saberlo de cierto. Dijo que temía por sus hijos y habría actuado por instinto para protegerlos.

Con Stairs en el mar y dos hombres muertos, los Jordans oficialmente habían tomado el barco y se habían convertido en piratas. Su plan original era navegar a casa en Irlanda y alejarse de Canadá lo más posible. Su único problema era que no podían realizar solos el viaje de aproximadamente 4 000 kilómetros; necesitaban más tripulantes. El *Three Sisters* tuvo que anclar en Terranova (Newfoundland) para reclutar algunos hombres más. Edward tenía algunos asuntos que atender en tierra, por lo que el viaje a casa seguía postergándose. Según algunos relatos, Edward y Margaret se alternaban para ir a la playa, lo cual les tomaba el doble de tiempo y aplazaba aún más su fecha de salida. Aunque poseían un barco robado y habían asesinado a tres hombres, pareciera que los Jordans dudaban de si irse de Canadá. Esta postergación terminaría por ser fatídica para uno de ellos.

Cuando saltó del *Three Sisters* John Stairs sabía que lo esperaba la muerte en las aguas gélidas. Milagrosamente, tan sólo tres horas después de que saltó fue rescatado, por lo que logró sobrevivir a la zambullida. El afortunado capitán navegó con sus rescatistas a Norteamérica, donde reportó al cónsul británico la terrible experiencia que había vivido. La noticia de que los Jordans poseían un barco robado llegó a Canadá. El 20 de octubre de 1809 el gobernante de Nueva Escocia expidió una orden de arresto contra Margaret y Edward Jordan. El gobierno ofrecía una recompensa de 100 libras, con 100 libras adicionales que aportaba la familia Tremaine.

Con todo el mundo buscando a los Jordans, los malhechores, casi de inmediato los arrestaron y fueron a juicio. El mandatario Prevost estaba resuelto a usar de ejemplo el juicio de los Jordans para probar qué tan lejos llegaba la ley de Su Majestad —hasta Canadá—. Después del juicio no habría duda sobre quién estaba a cargo en el país. Arregló una corte especial a medida para la ocasión, invirtiendo grandes sumas de dinero para asegurarse de que todo en el juicio diera la imagen perfecta. No menos de 14 hombres ocuparon la tribuna de los jueces. Todo en el juicio estaba destinado a impresionar, como ciertamente lo hizo, llamando mucho la atención.

En el juicio, tanto Edward como Margaret testificaron brevemente en su defensa. Mientras que Edward afirmó que sólo estaba defendiendo lo que era suyo, Margaret emitió un discurso sentimental detallando la larga historia de abusos que había sufrido a manos de Edward. Respecto al ataque contra Stairs, ella no podía recordar el incidente con exactitud debido al estado en el que se encontraba en ese momento. El testimonio de los dos nuevos tripulantes que Edward había contratado tras los asesinatos corroboró las declaraciones de Margaret: pintaron la imagen de una mujer atrapada a bordo de un barco con un esposo asesino, temiendo constantemente por su vida y la de sus hijos. Incluso el testimonio de Stairs sobre cómo ella lo golpeó con un arpón no pudo superar esta imagen de empatía. Edward fue condenado por piratería y llevado a la horca, pero Margaret fue absuelta.

Resulta interesante que muchas versiones de esta historia establezcan que tanto Margaret como Edward fueron ahorcados. Sin embargo, el reporte de la corte afirma claramente que ella fue declarada inocente y liberada. Algunos relatos incluso indican que los amigables canadienses alzaron una colecta para ayudar a la viuda a restituir su vida y la de sus hijos de vuelta en Irlanda. Sin importar dónde haya terminado, Margaret Jordan ciertamente cometió actos de piratería y, aun así, salió caminando del patíbulo. El hecho de que pudiera narrar su propia historia la salvó, como había salvado a muchas mujeres antes que ella. El público no estaba preparado para creer que una mujer podía realizar actos tan atrevidos y atroces, por lo que rápidamente aceptó cualquier explicación alternativa, tal como la presión conyugal. Para Margaret, esa aceptación marcó la diferencia entre la vida y la muerte.

***

Una última pirata de esta época es la totalmente ficticia Gertrude Imogene Stubbs, también conocida como Gunpowder Gertie. Aunque puede demostrarse que el relato es inventado, fue tan convincente que el Canal Canadiense de Radiodifusión lo contó al aire como parte de su programa *This Day in History,* sin reparar en que era ficción. La historia la creó una maestra de escuela e historiadora de Columbia Británica, Carolyn McTaggart, como una herramienta pedagógica para ofrecer a los niños una introducción sobre la historia de su zona. Conforme les contaba la historia a sus estudiantes, que participaban en una búsqueda del tesoro en las costas cercanas al lago Kootenay, incluía muchas referencias históricas sobre el periodo y el área geográfica. A ellos les encantó la historia y les contaron al respecto a sus padres, quienes llamaron a la escuela para expresar la sorpresa que sintieron al saber que una mujer tan increíble hubiera vivido en su zona. La extendida popularidad del relato convenció a McTaggart de que Gunpowder Gertie ameritaba una audiencia mayor.

Así, trabajó con el padre de un estudiante que tenía una revista local llamada *Kootenay Review.* El 8 de mayo de 1995 Gunpowder Gertie figuró en la portada de la revista. Su fantástica historia de vida fue publicada, sin la advertencia de que la había inventado McTaggart. La autora la describió como una broma del Día de los Inocentes o April Fools' Day [Día de las Bromas de Abril], aunque la historia se publicó en mayo. De alguna forma la revista terminó en el escritorio de Bob Johnson, anfitrión del popular programa de la Corporación de Radiodifusión Canadiense, *This Day in History*. El 12 de febrero de 1999 el segmento de Gunpowder Gertie se sintonizó de costa a costa en Canadá. Una amistad de McTaggart le habló sobre el programa, lo cual la alentó a llamar a la estación de radio y preguntar sobre esta pirata. Cuando la estación de radio confesó que le había sido difícil hallar fuentes para su historia, ella explicó que se debía a que ¡ella misma había inventado todo! Al principio el anfitrión Johnson se avergonzó del error, pero después lo encontró algo gracioso y declaró que esa historia es uno de sus mejores recuerdos de su temporada al aire. El 2 de marzo del mismo año Johnson invitó a McTaggart a su programa para que explicara los orígenes de la historia.

De acuerdo con la historia de Gertie, algo fantasiosa y rebosante de aventuras, Gertrude Imogene Stubbs nació en 1879 en Inglaterra y emigró con su familia a los 16 años a Sandon, Columbia Británica, Canadá. La pequeña niña abandonó a su querido abuelo, que había llenado su mente de historias de piratas. Antes de embarcarse a Canadá, él le había dado un regalo: un pequeño barco de vapor que bautizó como *Tyrant Queen,* nombre con el que apodaba a Gertrude. Sandon, el nuevo hogar de Gertrude, había tenido un auge reciente con el descubrimiento de galena en la zona en 1891, y los ferrocarriles se aprestaban a conectar la ciudad con el resto de Canadá. El padre de Gertie fue contratado como operador de tren para el recién terminado ferrocarril de Kaslo y Slocan. Parecía que la familia Stubbs estaba destinada a una vida próspera y feliz en su nuevo hogar.

Desafortunadamente, un mes después de su llegada la tragedia los azotó: la señora Stubbs murió en una avalancha que también destruyó la casa familiar. Lo único que sobrevivió a la avalancha, y que había flotado hasta la superficie de la nieve, fue el barquito de juguete que Gertie había recibido como regalo de su abuelo. Además de tener que sobrellevar la pérdida de su casa, la joven Gertrude vio toda la escena sin poder salvar a su madre. Su padre se hundió en una profunda depresión y se volvió un bebedor empedernido. Gertrude tuvo que cuidar de su padre, incluso asumiendo sus labores en el ferrocarril cuando estaba demasiado borracho para trabajar, que era la mayor parte del tiempo. Su muerte en 1896 dejó a Gertrude huérfana y desempleada: por ser mujer, la ferrocarrilera se negó a contratarla oficialmente, a pesar de que llevaba algún tiempo haciendo la labor de su padre.

Tras pagar las deudas de su padre, Gertrude quedó en bancarrota. Pasó uno de los inviernos más crudos de Canadá ganando los escasos salarios a los que las mujeres podían acceder en ese tiempo, apenas sobreviviendo. Al final del invierno tomó una decisión radical: ya que no podía ganarse la vida como mujer, lo haría como hombre. Esquiló su cabello, se puso pantalones y salió a buscar fortuna trabajando con carbón en un barco de vapor.

Los *stern-wheelers*,[1] como se denominaba a los voluminosos barcos de vapor, transitaban los ríos de Columbia Británica en ambas direcciones, trasladando provisiones como carbón, equipamiento minero e incluso ganado. Durante el apogeo de la fiebre del oro de Klondike (1896-1899) estos barcos suministraban materiales vitales para la frontera norte. Antes de que los ferrocarriles conectaran a Canadá con el resto del mundo, estas embarcaciones eran la forma más eficiente de transportar provisiones de un punto A a un punto B.

La vasta experiencia de Gertrude con los motores de carbón de la ferrocarrilera le permitió moverse con naturalidad en el barco. Escalaba con rapidez por la cadena de mando y todo iba bien a bordo hasta que una explosión reveló su secreto. Durante una carrera con otra embarcación para determinar cuál era más rápida, se descuidó el bóiler a bordo, que explotó e hirió a Gertrude; ésta perdió el ojo derecho, entre otras heridas. La llevaron rápido al hospital, donde el médico que la atendió pronto se dio cuenta de que en realidad era una mujer disfrazada. La despidieron sin siquiera agradecerle por la prestación de sus servicios, y no sólo eso: le restringieron el derecho a encontrar otro trabajo en un *stern-wheeler;* todas las compañías tenían políticas que prohibían la contratación de mujeres.

Habiendo sido despedida dos veces tan sólo por ser mujer, Gertrude decidió que había tenido suficiente. Juró vengarse de las compañías navieras y se despidió de Gertrude Stubbs, convirtiéndose en la temible pirata Gunpowder Gertie. Como pirata podía realizar las labores que no se le permitían como trabajadora de barco en el marco de la ley. En la piratería por fin logró romper las ataduras de su género y explotar todo su potencial.

Lo primero que necesitaba era un barco, y ocurrió que la policía de la provincia recibió un barco de tecnología de punta de primera

---

[1] Barcos de vapor con una rueda en la popa utilizados como embarcaciones fluviales. [T.]

calidad justo cuando ella comenzaba su carrera pirática. En una increíble hazaña de ilusionismo, sin ser descubierta logró tomar el barco patrullero del patio ferroviario donde fue entregado y llevarlo al río. El *Witch,* como era llamado, fue rebautizado por Gertie como —¿qué más?— el *Tyrant Queen,* en memoria del obsequio de su abuelo.

El *Tyrant Queen* resultó ser un barco muy apto para la piratería. El casco estaba cubierto con una capa protectora de hierro. Los propulsores empleaban las recién inventadas hélices con tobera, que sólo requerían estar parcialmente dentro del agua. Esto le daba al barco la ventaja de un bajo calado en comparación con otros barcos, lo cual le permitía entrar en pequeños rincones donde no cabían los barcos más grandes, algo parecido a las primeras embarcaciones piratas del Mediterráneo. El barco también disponía de un motor de vapor que podía alcanzar los 22 nudos y una ametralladora Gatling enfriada por agua. El *Tyrant Queen* era lo más veloz en el agua y su capitana estaba ávida de venganza: una combinación letal para las compañías navieras que la habían agraviado.

Debido, por una parte, a sus excelentes dotes y, por otra, a la inmensidad de la frontera canadiense en esa época, Gertie era prácticamente imparable. Con su ondulante bandera pirata cosida a mano, navegaba directo hasta el barco que quería atacar y disparaba algunos tiros de advertencia con su ametralladora Gatling para mostrar que era cosa seria. Una vez a bordo, robaba el cargamento a punta de pistola, ya fueran pertenencias de valor en los barcos de pasajeros o cargas de oro y plata en los barcos mineros. Ella y su tripulación cargaban luego al *Tyrant Queen* con su botín y se escabullían para no ser vistos nunca más. Ya que había cero radios, pocos barcos patrulleros y generalmente muy poca comunicación del barco a tierra firme, para cuando las autoridades se enteraban del nuevo ataque de Gunpowder Gertie ella ya se había esfumado otra vez con el viento. De 1898 a 1903, más o menos al mismo tiempo que la fiebre del oro de Klondike, ella patrulló el Río Kootenay y canales circundantes, acumulando una fortuna en oro y plata.

Gunpowder Gertie podría haber seguido navegando por siempre y habría seguido pirateando feliz hasta su vejez de no ser por la traición de uno de sus hombres. Bill Henson, maquinista del *Tryant Queen,* estaba descontento con su porción del botín. Nadie sabe cómo dividía Gertie su tesoro, pero seguramente seguía la convención pirata de dividirlo en porciones correspondientes a la posición que se tenía en el barco. ¿Qué pasó entonces? ¿A Bill le ganó la avaricia? ¿Acaso opinaba que tendrían que realizar más ataques o elegir objetivos más lucrativos? ¿O decidió que, como hombre, merecía más tesoro que una mujer, incluso si ella era la capitana? La leyenda guarda silencio a este respecto.

Henson respondió a la llamada de la policía provincial que buscaba información sobre Gunpowder Gertie. Por una generosa recompensa, la vendió a la policía. Le tendieron una trampa a la pirata configurando una pista falsa sobre un gran botín que entraría pronto a la ciudad en el *SS Moyie*. El *Moyie* era un barco real y, en esa época, un enorme barco de vapor de pedales que estaba activo en el lago Kootenay. Los pasajeros admiraban mucho su elegante comedor y sus lujosos terminados. El barco medía 50 metros de largo y podía alcanzar una velocidad de 12 nudos. El *Moyie* estuvo en circulación durante casi 60 años y fue retirado, finalmente, en 1957. Hoy en día el barco es un sitio histórico nacional de Canadá y el *stern-wheeler* de pasajeros intacto más antiguo del mundo.

Cuando Gertie atacó el barco, en una zona conocida como Redfish Creek (cerca de la escuela donde dio clases McTaggart), se encontró con que, lejos de estar lleno de pasajeros desprevenidos, estaba atestado de policías. Ansiosa por evitar que su barco sufriera un daño innecesario, Gertie se preparó para huir, pero el ruin Henson había manipulado una cuerda dentro del *Tyrant Queen*, que se reventó e hizo de los piratas una presa fácil en el agua. La batalla posterior fue larga y despiadada, y el agua se tiñó de rojo antes de que la lucha terminara. Gertrude fue capturada por la policía y enjuiciada por piratería. Fue sentenciada a vivir en la cárcel y murió ahí, de neumonía, en el invierno de 1912.

La tripulación completa de Gertie fue asesinada en batalla, de manera que nadie pudo revelar ante las autoridades el sitio donde ella había escondido su tesoro. En el relato ella lo enterró en la ribera y hasta el día de hoy se encuentra a la espera de ser descubierto. En términos históricos muy pocos piratas —si es que los hubo— enterraron realmente su tesoro, ya que, en lugar de ello, preferían gastárselo, pero este detalle habría entusiasmado a los niños de escuela que escucharan el relato, quienes quizá se habrían inspirado para explorar la zona en la que vivían. El relato coincidiría con la imagen de piratas que tienen quienes están familiarizados con *La isla del tesoro* y con *Peter Pan*. Toda la historia está cuidadosamente construida para atraer el interés del escucha y alentarlo a buscar algunos de los lugares y hechos en un libro de historia. Era de esperarse que las personas tomaran por real el relato y le dieran difusión.

Estas tres mujeres piratas, de ubicaciones y motivaciones tan diversas, brindan una muestra representativa de la piratería occidental durante este siglo. Sólo restan unas pocas mujeres piratas más en la historia de esta centuria, y todas provienen de los Estados Unidos. Pero la pirata más exitosa de todos los tiempos controló las aguas de China a principios del siglo XIX.

11
LA PIRATA MÁS EXITOSA
DE TODOS LOS TIEMPOS

Si bien la fama de las operaciones de la piratería posteriores a la edad de oro rara vez igualaron a sus contrapartes de esta dorada época, hubo una pirata posterior a esta última era que rompió este molde y se convirtió en una de las más exitosas, si no es que en *la* más exitosa de todos los tiempos. En su apogeo, ella tenía a su cargo 400 barcos y alrededor de entre 40 000 y 60 000 piratas, más que cualquier marina lícita de ese entonces. Acumuló tanta riqueza que, para no perder ningún detalle, tenía que mantener un registro de cuánto había acumulado —algo nunca antes escuchado de ningún pirata—. Negoció con la dinastía Qing y ganó. ¿Quién era esta terrorífica pirata? Su nombre era Cheng I Sao.

Si el pirata más exitoso de todos los tiempos es una mujer, ¿por qué motivo no es más conocido su nombre? Desde luego que este hecho sería suficiente para, de una vez por todas, extinguir el mito de que las mujeres no pueden ser piratas. Aunque al lector que ha llegado hasta aquí no le sorprenderá que una pirata haya quedado fuera de la historiografía, es extraordinario que esta mujer pudiera llegar a tan vertiginosas alturas y tener tanta influencia y, aun así, permanecer desconocida, particularmente cuando la historia de su vida pareciera hecha a la medida justa para la adaptación de una película de acción. Quizá un análisis de su vida pueda ofrecer algunas respuestas.

Antes de entrar de lleno en su historia de vida, es importante entender dónde y cuándo aparece en la historia de China. En buena medida Cheng I Sao es un producto de China, y conocer un poco del país a finales del siglo xix enriquecerá la comprensión del lector sobre esta mujer. Este breve resumen no tiene ninguna pretensión de convertirse en un relato autorizado, pero con suerte ayudará a contextualizar las épicas hazañas de esta pirata.

China es un país gigantesco que alberga casi cualquier hábitat imaginable: montañas, grandes centros urbanos, zonas agrícolas rurales y regiones costeras. Las personas que viven cerca del mar siempre han experimentado una vida cotidiana muy distinta a la de la gente de la China de tierra adentro. Por ejemplo, en la época de Cheng I Sao no era inusual que una mujer trabajara en las aguas en la China costera. Las mujeres solían pilotear sampanes —pequeñas embarcaciones tipo balsas— por la costa, trayendo suministros del barco a la playa y vendiendo provisiones a los tripulantes que vivían en el mar. Algunas familias de marineros en la región sur de China pasaban casi toda su vida en el mar, conviviendo y trabajando juntos en su barco. En las clases más pudientes, hombres y mujeres podían fijarse más estrictamente en los valores confucianos tradicionales, que mantenían a las mujeres en interiores, mientras que los hombres tenían la libertad de merodear. Fuera de las clases altas, para que todos comieran cada uno en la familia tenía que trabajar, mujeres incluidas. Las relajadas normas sociales en algunas sociedades costeras contribuyeron a que, con el paso del tiempo, Cheng I Sao subiera al poder.

Cheng I Sao vivió durante la dinastía Qing, circunstancia que también influyó profundamente su trayectoria pirática. El imperio Qing de China (1644-1911) sería el último de esta nación, mas no el menor en importancia en cuanto a sucesos catastróficos: previo a su fin, China pasaría por la hambruna, varias guerras y una revolución a gran escala. Durante la vida de Cheng I Sao apenas podían vislumbrarse las dificultades que vendrían. China florecía. En términos generales, el reinado del emperador Quianlong fue el periodo más próspero de toda la dinastía. Su poderoso ejército abatía levantamientos y extendía las fronteras de China, llevando a la población a un pico de unos trescientos millones de personas. Pero, a pesar de estos signos externos de salud imperial, las cosas estaban en decadencia.

Una teoría que explica el declive es que China simplemente creció demasiado y demasiado rápido, por lo cual no pudo manejar la explosión poblacional. La infraestructura y el gobierno no pudieron crecer a la par para gobernar de manera eficaz y proteger a estos nuevos ciudadanos. Otra teoría es que había demasiada presión exterior sobre China conforme los europeos se extendían por el continente y establecían colonias como la India y otros países. China no estaba acostumbrada a tener que luchar por su lugar como el poder más grande de Asia. Otras fuentes afirman que la corte real de China empezó a seguir el ejemplo del emperador Quianlong de emplear grandes sumas de la riqueza del imperio en gastos personales. La gente de las provincias luchaba por mantener a sus familias mientras los gobernantes de las grandes ciudades se permitían lujosos placeres.

Sea como fuere, la mayoría de los académicos coinciden en que a finales del siglo XVIII el Imperio Qing se encontraba en aprietos.

A pesar del declive de la situación para el promedio de los chinos de este periodo, los europeos —en particular los británicos— aún deseaban comerciar con China. Las importaciones legales entraban a China a través de Cantón (hoy Guangzhou), una provincia del sur en la costa del mar de la China Meridional. En el siglo XIX éste era el único puerto de China donde se permitía comerciar con extranjeros, y era un hervidero de actividad. A lo largo del río de las Perlas la zona de las Trece Fábricas era el punto comercial donde los extranjeros vivían y negociaban con los comerciantes chinos. Los comerciantes británicos, estadunidenses y holandeses compraban seda, porcelana y té para llevar a casa y venderlos a un gran sobreprecio. El comercio con China era tan redituable que en un viaje los comerciantes occidentales podían obtener ganancias de 400 a 500 por ciento.

Los occidentales enloquecían por el té y habrían hecho cualquier cosa por obtenerlo. Esto le dio ventaja a China, y lo usó a su favor. La mayoría de los comerciantes chinos no negociarían a cambio de productos europeos; en su lugar, aceptaban solamente como pago barras de plata. Con el objetivo de equilibrar un poco las cosas y ofrecer ellos mismos algo que negociar que les permitiera traer dinero de regreso a Inglaterra, los británicos introdujeron una mercancía irresistible: el opio.

La historia del comercio del opio en China es larga y lo suficientemente fascinante para merecer un libro propio —o varios libros—, y de hecho ya los hay. Basta con decir que los intentos del Imperio chino por restringir el flujo ilegal de opio hacia China ocasionaron conflicto y fricción entre China e Inglaterra, culminando no en una sino en dos guerras, que se pelearon de 1839 a 1842 y de 1856 a 1860. Cuando todo terminó, la dinastía Qing estaba considerablemente debilitada y, al menos en términos comerciales, China estaba mucho menos aislada del resto del mundo.

El opio se prohibió en China a partir de mediados del siglo XVIII. Entraba de contrabando al país a través de "comerciantes provincianos", que hacían el trabajo sucio de la Compañía Británica de las Indias Orientales (EITC). La EITC controlaba a los agricultores de la India, a quienes forzaba a venderle su producto de nuevo. Luego se daban la vuelta y les vendían opio a estos comerciantes autónomos, que técnicamente no trabajaban para la EITC, quienes, a su vez, lo transportaban de la India bajo control británico a la costa de China. Se vendía rápido a cambio de oro y plata, que se devolvía a la EITC. Una importante porción del presupuesto operativo de la EITC provenía de este arreglo. Para 1838 se importaban 40 000 baúles de opio anuales —aunque de manera informal—, la mayoría de ellos a través de la zona de Cantón.

Un aspecto único de esta zona durante esta época fueron los botes de las flores. Hermana marítima de la posada cortesana en tierra firme, estos flotantes salones del placer alojaban a mujeres que entretenían a los hombres visitantes con música, danza, bebida y, en ocasiones, servicios sexuales. Daban servicio a la población masculina a lo largo de toda la costa, contribuyendo así a la atmósfera festiva de la zona de Cantón.

¿Qué clase de poder podía esperar tener una mujer en este lugar en esta época? Como ya se ha mencionado, las mujeres sí participaban en las labores marítimas junto a sus esposos; sin embargo, distaban de ser sus iguales. Conforme a los valores confucianos, una mujer tenía un propósito principal: tener un hijo. Las mujeres debían ser esposas y madres, y cualquier otra cosa era secundaria. Las hijas eran valiosas sólo por el atractivo del precio de novia y para convertirse en madres potenciales para otras familias. En su propia casa las trataban como invitadas, pues, después del matrimonio, serían miembros de otro hogar. ¿Para qué invertir energía en hacer que una hija se sintiera especial y valorada, cuando se iría después de casarse? Los hijos eran trabajadores, continuadores de la línea de familia y fuentes de orgullo. Una vez que nacía un hijo en la familia, permanecía como parte de ella toda su vida. Las mujeres de esta época en Cantón estaban condicionadas a tener pocas expectativas. Lo que sí *podían* esperar era tener matrimonios arreglados, posiblemente pies vendados y analfabetismo.

Si bien se esperaba que las mujeres trabajaran junto a sus esposos en tierra firme o en el mar, ellos seguramente habían sido elegidos para ellas por sus padres, sin el consentimiento ni de la novia ni del novio. Como en muchos otros lugares, en la China del siglo XIX el matrimonio era, en esencia, una transacción financiera, diseñada con el trascendental propósito de extender la línea familiar con la producción de hijos varones. Era demasiado importante como para dejarlo a los caprichos románticos de las personas involucradas. Los matrimonios se arreglaban cuando los niños eran pequeños, a veces cuando la novia y el novio eran aún bebés. Eran cuatro los tipos de matrimonio que se practicaban en China en esta época, pero el más común de ellos, por mucho, era el matrimonio patrilocal o mayor. Después del matrimonio una novia joven dejaba su casa y entraba a la casa de su suegra, en algunos casos cortando lazos de forma permanente con su propia familia y hogar. Se convertía en el miembro de más bajo rango de la casa, y subía de posición sólo cuando tuviera un hijo que se casara. Su nueva nuera tomaba de ella el lugar de más bajo rango después al unirse a la familia. En raras ocasiones un muchacho entraba al hogar de su prometida. Esta segunda opción, llamado matrimonio uxorilocal, ocurría si la familia de la novia requería de trabajadores. Sin embargo, la mayoría de las veces era la mujer quien dejaba su casa y era asimilada en la casa de su nuevo esposo, y casi nunca podía visitar o siquiera volver a contactar a sus familiares, ni siquiera a sus propios padres.

Si una mujer no se casaba, de todas formas podía entrar a la casa de un hombre como concubina. El sistema del concubinato a menudo es malentendido por la cultura occidental. Se utilizaba principalmente como un método para producir hijos varones. Si una mujer no producía un hijo para la familia, se sumaba una concubina a la familia para darle al esposo otra oportunidad de engendrar un hijo. A pesar de la imagen que suelen transmitir las películas, la televisión y la literatura de las concubinas hermosas que usurpaban el papel de la primera esposa, en la China de los siglos XVIII y XIX era sagrado el lugar de la esposa en el hogar. Las concubinas estaban ahí para un solo propósito: producir un heredero para la cabeza del hogar. Los chinos no practicaban la poligamia como se entiende en Occidente, con múltiples esposas de un mismo estatus o de estatus escalonado.

Ya sea como esposa o como concubina, era muy común que una mujer de esta época tuviera pies vendados. Esta práctica es tan inescrutable como dolorosa. Implementada por primera vez en el siglo XI, implica romper por la fuerza los dedos de los pies de una niña pequeña y doblarlos bajo sí mismos. El arco del pie entonces se rompe y se dobla hacia arriba, para que los dedos ahora apunten hacia el talón. El pie permanece vendado a tensión, con vendas que se cambian diaria o semanalmente, dependiendo del estatus de la persona, hasta que el pie ha sanado en esta construcción tipo origami que desemboca en el "loto dorado" de siete centímetros, un pie truncado que hace que una mujer camine con un paso inestable y cojo. Era un símbolo de opulencia: tener pies vendados a menudo evitaba que las mujeres trabajaran, por lo que implicaba ser lo suficientemente rico como para no tener que trabajar para subsistir. Practicado primero por la élite, el vendado de pies a la larga se extendió hasta las clases más bajas, donde evitaba que las hijas participaran en lo más arduo del trabajo agrícola. Se convirtió en un símbolo de refinamiento y elegancia femenina. Los hombres de la época también lo consideraban algo erótico y disfrutaban del paso tambaleante de las mujeres con vendas en la punta inferior. Los manuales eróticos chinos tenían notas extensas sobre cómo utilizar los pies vendados como herramientas para el placer, complementadas con ilustraciones explícitas. La excitación masculina sobrevenía con un gran costo para esas mujeres: este proceso increíblemente doloroso a veces traía consigo toda una serie de problemas médicos. Las mujeres con pies vendados sufrían de atrofia muscular, infecciones, parálisis e incluso la muerte. Según una estimación, hasta 10% de las niñas con pies vendados morían debido a una infección producida por esta práctica. Si bien se desconoce cuántas mujeres cantonesas tenían pies vendados, el grupo étnico han, que constituye la mayor parte de la población cantonesa, es el que más practicó este acto. No se sabe con certeza si algunas de las mujeres piratas chinas tenían pies vendados.

Ya fueran esposas, concubinas o hijas solteras, y tuviesen o no los pies vendados, las mujeres en la época de Cheng I Sao casi nunca recibían educación. En la China del siglo XIX los niños eran instruidos de cara a su papel adulto en el hogar desde pequeños, a veces desde los siete años de edad. A las niñas se les enseñaban las artes domésticas tales como cocinar, limpiar y coser, mientras que a los niños les enseñaban el oficio de la familia, cualquiera que éste fuera. La escuela era exclusiva para los niños, para que pudieran salir bien en los exámenes de oposición del servicio civil. La preparación para los exámenes era cansada y costosa; cuando una familia no podía pagar por los exámenes de su hijo brillante, en ocasiones un familiar rico podía asumir los costos para que el honor beneficiara a toda la familia. Una mujer marinera cantonesa de esta época posiblemente tendría un escaso dominio del lenguaje, si es que acaso podía leer y escribir a un nivel básico.

De estas humildes circunstancias emergería una temible pirata hasta adquirir prominencia. Aunque circulan muchas historias sobre Cheng I Sao, hay poca información verificada acerca de ella; se desconoce, por ejemplo, si acaso sabía leer o si tenía los pies vendados. La historiadora especializada en Cheng I Sao, Dian Murray, ha identificado dos principales fuentes primarias de la época: el libro de Yuan Yun-lun, *Ching hai-fen-chi,* publicado en Cantón en 1830 (y traducido con deficiencia por Charles F. Neumann en 1831 como *History of the Pirates Who Infested the China Sea from 1807 to 1810* [Historia de los piratas que infestaron el mar de China de 1807 a 1810]), y *A Brief Narrative of My Captivity and Treatment amongst the Ladrones* [Breve relato de mi cautiverio y trato entre los ladrones], escrito por Richard Glasspoole, oficial de la Compañía Británica de las Indias Orientales. Existen muchas otras fuentes con supuesta información sobre la vida de Cheng I Sao, pero la mayoría son interpretaciones y elaboraciones embellecidas de estos dos libros. A lo largo de los años muchas historias se han dado por ciertas, a pesar de que no parece haber mucha evidencia histórica que las sustente, si acaso hay alguna. Aunque su historia es tan emocionante que no requiere de ningún embellecimiento, muchas historias posiblemente apócrifas se han sumado a la leyenda de Cheng I Sao como resultado de la traducción occidental de las fuentes chinas, la falta de un sistema uniforme de romanización para los nombres chinos hasta 1850 y la tendencia de los autores a llenar los huecos de sus relaciones.

Su nombre real se ha perdido en el tiempo. Cheng I Sao se traduce como "esposa de Cheng I". Se la nombra de muchas formas, incluida Ching Shih y Zheng Yi Sao (en la traducción pinyin moderna), pero los dos relatos de su época no mencionan ninguno de estos nombres. Nació alrededor de 1775, muy probablemente en Cantón. Las fuentes no contienen información sobre sus padres o sobre cómo pasó su niñez. Su historia comienza en 1801, cuando trabajaba en un barco de las flores cantonés y conoció y desposó al pirata Cheng I.

En las fuentes primarias no hay evidencia de que haya sido prostituta; con todo, en fuentes secundarias es una mención recurrente de su historia. Ciertamente, en esa época había muchos burdeles flotantes en Cantón. Existe una agradable ficción —repetida en la obra de F. O. Steele, *Women Pirates,* así como en muchas otras fuentes— que cuenta el primer encuentro de los futuros amantes. Habiendo decidido que era tiempo de tomar una esposa, el pirata Cheng I ordenó que secuestraran a unas prostitutas y las llevaran ante él para examinarlas. Cheng I Sao (como la llamarían) era la más hermosa de las cautivas y el temible pirata le pidió matrimonio de inmediato. Cuando la desataron para que diera una respuesta, ella se le lanzó como una *banshee*[1] e intentó arrancarle los ojos con los

---

[1] En la mitología irlandesa, espíritu femenino que augura mediante sus llantos o aullidos la muerte de un familiar. [T.]

dedos. Este despliegue de violencia sólo sirvió para cautivarlo aún más, por lo que le prometió joyas y sedas finas si aceptaba casarse con él. Como contraoferta, ella exigió la mitad de su flota y de su riqueza. Él aceptó, luego ella también, y se casaron en 1801. Tan encantadora como sea, esta historia parece provenir de una fuente no verificada y casi con seguridad es falsa.

Poco después de su matrimonio los recién casados se hallaron implicados en la rebelión Tay Son, que ocurrió en lo que hoy es Vietnam. Los líderes Tay Son les pagaron a los piratas chinos para que pelearan por ellos y, de ser una mezcolanza de gente, los transformaron en un equipo profesional de guerreros que por primera vez se unían y peleaban juntos. Aunque los hermanos responsables de la rebelión Ray Son al final fracasaron y fueron derrocados en 1802, las lecciones que aprendieron los Chengs en Vietnam no se les agotarían. Inmediatamente después de la rebelión, los piratas chinos se encontraron sin trabajo de forma abrupta y regresaron a casa para pelear entre ellos por un tiempo. Pero en 1805 Cheng I elaboró un plan para unir a los piratas en una fuerte confederación. La pareja utilizó sus influencias y sus habilidades de liderazgo para agrupar a los grupos de piratas que solían pelear entre ellos en una flota única y fortalecida. Esta flota tenía siete capitanes, todos bajo el mandato de Cheng I. Las subflotas se clasificaban de acuerdo al color de la bandera que ondeaban: la flota de bandera roja, la flota de bandera negra, la flota de bandera verde, y así sucesivamente.

Durante dos años los Cheng llevaron a cabo su operación con bastante éxito, sumando barcos continuamente a la flota y botines a los cofres. Cheng I murió en 1807, dejando atrás a su esposa y a su flota. Las fuentes disienten en cómo llegó a su fin: algunos dicen que se ahogó durante una tormenta y otros que murió en la lucha. En cualquier caso, su muerte dejó un gran vacío en la estructura de la flota pirata. Para evitar el colapso de la organización, alguien tenía que ascender y liderar; alguien a quien los demás piratas respetaran y le tuvieran confianza.

Cheng I Sao misma reclamó el puesto como comandante y asumió el control de la coalición. Su ascenso al trono no se debió a una decisión tan radical como parece a primera vista. La cultura china de la época sí permitía que hombres y mujeres navegaran juntos. La vida marítima era peligrosa y la gente a menudo moría trabajando. En ese entonces era un procedimiento estándar que el cónyuge superviviente asumiera las responsabilidades que había dejado el cónyuge muerto. Esto era esencialmente lo mismo, sólo que con una flota mucho más grande y las cifras mayores que llevaba consigo. Así, el ascenso de Cheng I a comandante quizá haya provocado que se fruncieran algunos ceños, pero la mayoría de los marineros lo aceptaron como algo legítimo. Su primera tarea oficial fue nombrar al nuevo capitán de la flota más poderosa del grupo: la flota de bandera roja. Nombró a un marinero prometedor que además tenía el honor de ser su hijo adoptivo: Chang Pao.

Cheng I había capturado a Chang Pao cuando era un joven y lo había puesto al servicio de una de sus flotas. Los piratas no estaban exentos de que en ocasiones los forzaran a unirse a ciertos grupos; no sólo la Marina Real utilizaba esta técnica de reclutamiento. De alguna forma, Chang Pao llamó la atención del comandante, y Cheng I lo adoptó como hijo para establecer el vínculo familiar que en China era indispensable para poder llevar a cabo interacciones comerciales. Algunas fuentes especulan en torno a que Cheng I tuvo una relación homosexual con Chang Pao mientras cuidaba a su protegido. Sea cual fuere la naturaleza de la relación de Cheng I con Chang Pao, su esposa continuaría la costumbre de su difunto esposo de prodigarle al joven elogios y privilegios. Finalmente, se casó con él. Si consolidó dicha unión por amor o por poder (o alguna otra razón totalmente distinta) es algo que sólo ella sabrá.

En conjunto, la pareja formalizó las relaciones entre las demás flotas de piratas, haciendo de ellas una fuerza más cohesionada. Bajo el liderazgo de Cheng I Sao, la flota creció de 50000 a 70000 hombres, a quienes mantuvo por el resto de la década. Esta confederación tenía más hombres y armas que cualquiera que quisiera enfrentarse a ella, incluidas las fuerzas imperiales. La costa estaba prácticamente desprotegida, lo cual le dio oportunidad a Cheng I Sao de armar un esquema de "protección" que recolectaba dinero de los botes pesqueros y otras embarcaciones a cambio de resguardarlos de otros piratas. Este sistema mantenía a salvo a las naves, proveía una restitución si la flota no lograba prevenir algún ataque y generaba suficiente dinero para preservar a la gran flota y a sus hombres.

No es posible sobreestimar la importancia de este inmenso logro. Cheng I Sao básicamente armó una marina y desarrolló un programa para asegurar su funcionamiento. Es asombrosa la logística que requiere llevar a cabo tal proeza. Una mujer sin entrenamiento en táctica militar o en administración configuró una fuerza que mantuvo a China en vilo. Según algunas fuentes también lideró a los piratas en expediciones de saqueos de aldeas ricas, expandiendo así a la playa su esquema protector. Cheng I Sao también decidió probar su habilidad en algunas batallas militares, demostrando la capacidad de su flota para superar a los oficiales de alto rango. No se sabe de ningún otro pirata en la historia —hombre o mujer— que haya tenido tantos barcos o piratas bajo su mando. Mientras que la mayoría de los piratas irritaban a los gobiernos que saqueaban, Cheng I Sao infundía verdadero terror en China, lo cual tuvo efectos en las relaciones diplomáticas con gobiernos extranjeros, así como en el comercio doméstico.

Parecía que nadie podría ponerle un alto. La marina china era totalmente incapaz de contenerla y tuvo que superar su arraigada negativa a trabajar con Gran Bretaña para negociar el préstamo de un barco, el *Mercury,* para utilizarlo en la defensa de Cantón ante Cheng I Sao. El barco británico no logró dañar su flota tal como los chinos esperaban, de manera que éstos tuvieron que negociar una vez más con un poder extranjero —en esta ocasión con los portugueses, a quienes conocían mejor— seis hombres de guerra. Aun así, nadie acobardaba a Cheng I Sao. Sus fuerzas sobrevivieron a un bloqueo en la costa de la isla de Lantau. Logró desviar las naves enviadas para destruirla y escapó navegando con el viento. El gran enfrentamiento que China esperaba que terminaría con la piratería nunca llegó; cuando algunos oficiales cantoneses zarparon para observar el espectáculo, lo que vieron fue la destrucción de sus propios barcos, mas no el de Cheng I Sao.

Uno de los logros por los que más se reconoce a Cheng I Sao es el código de conducta que impuso a su flota. A partir de la época de los bucaneros muchos barcos piratas tenían artículos que toda la tripulación tenía que firmar y detallaban las reglas y la división del botín. No obstante, el código de Cheng I Sao contenía algunos aspectos únicos. Para empezar, era particularmente estricto y castigaba muchas ofensas con la muerte, incluido ir dos veces a la playa sin permiso, desobedecer las órdenes de un oficial superior y retener tesoro de la reserva común.

Violar a las mujeres cautivas también se castigaba con la muerte. Los hombres podían casarse con ellas si así lo deseaban pero, bajo el código, un pirata que comprara una esposa de entre los cautivos debía serle fiel, bajo pena de muerte. Si un hombre y una cautiva tenían relaciones sexuales consensuadas, estuvieran casados o no, el hombre era decapitado y la mujer lanzada por la borda con pesas atadas a las piernas. Incluso entre casados, Cheng I Sao veía el sexo como una distracción que impedía a los hombres concentrarse en su trabajo; ocasionaba celos y caos a bordo, algo que ella no podía permitir en su flota. De acuerdo con Richard Glasspoole, este código se implementaba estrictamente. Cheng I Sao llevaba a cabo una enorme operación de control, por lo que requería que imperara el orden. Este código era una forma de mantener la flota unida y sólida como la fuerza guerrera óptima que era, capaz de abatir a cualquiera en su camino.

Quizá el aspecto más controversial del código sea su autoría. Si bien una plétora de fuentes lo atribuyen a Cheng I Sao, las fuentes chinas más antiguas y, según Dian Murray, las que tienen más posibilidades de apegarse a la realidad indican que el código fue escrito por Chang Pao. Quizá Cheng I Sao lo escribió, pero eligió promulgarlo bajo el nombre de su esposo para brindarle más legitimidad, aunque seguramente la líder de una de las flotas más poderosas del mundo no perdía mucho el sueño por asegurarse de probar su legitimidad. Dado que era madrastra de Chang Pao antes de convertirse en su amante, e incluso después de casados permaneció como su superiora directa, es posible que aun si él hubiera escrito el código, ella habría ejercido mucha influencia sobre las ideas que él incluyó. Más allá de quién redactara el código, Cheng I Sao era la única responsable de hacer cumplir el que continúa siendo uno de los principales símbolos de su reinado como reina pirata.

La juerga de Cheng I Sao en la piratería no podía durar para siempre. Sin embargo, su fin no fue particularmente dramático o sanguinario —una rareza para cualquier pirata, hombre o mujer—. Fueron los desacuerdos internos los que llevaron a la rendición de la fuerza. Kuo P'o-tai era el líder de la flota de bandera negra, la segunda más grande después de la roja. Estas dos grandes flotas a menudo trabajaban juntas, tanto en grupos de protección como en batalla. Se supone que Kuo P'o-tai quería obtener la posición de la flota de bandera roja y más poder, y que esto rompió con lo que solía ser un compañerismo amistoso. Acudió al gobierno chino, que había desplegado una oferta de amnistía en un intento por detener finalmente a los piratas. Su rendición hizo que Cheng I Sao considerara rendirse ella misma, y terminó haciéndolo.

Después de una reunión fallida entre Chang Pao y un funcionario de gobierno, en febrero de 1810, Cheng I Sao asumió el mando en las negociaciones. Su espíritu avispado le bastaba para darse cuenta de que no podían continuar con la piratería hasta que la edad y la invalidez se los llevaran al otro mundo y que quizá era mejor que se detuvieran en su mejor momento con la bendición del gobierno.

Se dice que Cheng I Sao desembarcó y acudió a la sede del mandatario general totalmente desarmada. Con ella iban otras mujeres y algunos niños, también desarmados. Qué espectáculo deben haber ofrecido, aproximándose a la fortaleza del general: uno se imagina a los soldados nerviosos, armados hasta los dientes, forzando la vista para ver a la temida líder pirata apareciendo en el horizonte. Pero ella eligió negociar desarmada y permitir que su poderosa trayectoria hablara por ella; una táctica inteligente que de inmediato jugó a su favor en las negociaciones.

Presionó con firmeza para acordar que los piratas pudieran mantener todo el dinero que habían ganado, evitar la cárcel y obtener trabajo en el ejército si así lo deseaban. Para Chang Pao obtuvo un puesto de rango en la marina y permiso para mantener una flota privada. También negoció una vasta suma de dinero, pagada por el gobierno, que se utilizaría para ayudar a los piratas en la transición a una vida civil en tierra firme. En tan sólo dos días salió victoriosa de las negociaciones y comenzó la rendición. Dado el antecedente de su incompetencia para detener las actividades de piratería de Cheng I Sao, el gobierno difícilmente podía hacer otra cosa que ofrecerle lo que ella pedía. Ella tenía todo el poder y lo sabía, así que lo usó sabiamente para el gran beneficio de su flota.

Nunca en la historia de la piratería ocurrió una rendición a gran escala semejante a ésta. Durante la edad de oro el mandatario Woodes Rogers emitió su gran decreto de indultos, pero éstos eran otorgados caso por caso, no en masa ni a través de un único embajador pirata. La reina Teuta también negoció una rendición para su grupo de piratas, pero perdió mucho más en la discusión que Cheng I Sao. Testifica lo desesperado que estaba el gobierno chino por sacarla del agua la aceptación de sus términos, que contaban casi como una victoria absoluta para los piratas, junto con pensiones pagadas por el gobierno para su retiro. Es probable que la más impresionante realización de Cheng I Sao haya sido poder llevar a cabo esta negociación. Algunos piratas murieron en batalla, otros por la ley que los aprehendió, pero los piratas de Cheng I Sao morirían tibios en su cama, cubiertos por acogedores edredones comprados con dinero gubernamental.

¿Qué fue de Cheng I Sao tras su triunfante victoria? Vivió con Chang Pao en la provincia de Fujian hasta su muerte en 1822, pero después de eso las fuentes empiezan a divergir. Muchas afirman que volvió a su más grande talento —acumular riquezas—, aunque las historias difieren en cómo hacía exactamente su dinero. Algunas dicen que regresó a su primera profesión y administró un gran burdel. Otras que inauguró una exitosa casa de apuestas. Sin importar lo que haya emprendido, ciertamente tuvo una vida muy respetuosa de la ley tras la muerte de su segundo esposo y murió en 1844 a los 69 años de edad.

¿Por qué no se sabe más acerca de Cheng I Sao? Dada su trayectoria, da la impresión de que tendría que ser tan conocida como Barbanegra y el capitán Morgan. Sin embargo, rara vez excede la nota al pie en los textos piráticos. Podría ser porque muchos de sus logros se ocultan bajo el estandarte de Chang Pao. Al parecer, las fuentes en chino simplemente no la encuentran tan fascinante como les resulta a los occidentales, debido a la tendencia general de China a priorizar los asuntos terrestres sobre los marítimos. En Oriente los piratas no son los héroes culturales y pop que son en Occidente. Sea cual sea la razón, ella permanece como una figura frustrantemente sumida en la oscuridad, a pesar de que la obra de Dian Murray ha arrojado mucha luz sobre su historia y le ha valido una mayor atención. Con suerte, conforme más académicos participen en la investigación se revelará más información sobre Cheng I Sao.

Cuando Cheng I Sao murió aún quedaba más de la mitad del siglo XIX; durante ese tiempo la piratería experimentó todavía más cambios y adaptaciones estilísticas. Durante su vida ella revivió brevemente (y puede sostenerse que superó) la grandeza de la extinta edad de oro, pero su muerte sumergió al mundo pirata de vuelta en el estancamiento y el desánimo de la época que siguió a la edad de oro. Los piratas que sucedieron a Cheng I Sao no alcanzaron ni de cerca a emular su estilo ni su éxito. No obstante, con sus propias leyendas de acciones atrevidas y proezas salvajes continuaron actualizando la definición de lo que significa ser un pirata, la cual está en una perpetua transformación.

12
VETERANAS DE LAS GUERRAS ESTADUNIDENSES

La piratería continuó evolucionando en los Estados Unidos, tal como lo hiciera el propio país. Conforme la joven nación se aproximó a su cumpleaños número cien y lo superó, ya no guardaba casi ningún parecido con la tierra que había sido en 1776. El Destino Manifiesto —la creencia de que la expansión estadunidense de costa a costa era tanto justa como inevitable— era el nombre del juego, y los Estados Unidos crecían a pasos agigantados mientras intentaban extenderse de un mar radiante al otro. Entre 1845 y 1900 se agregaron a la Unión 18 estados, incluidos los enormes territorios de California y Texas.

La adición de territorio y población al país fue una empresa controversial. Muchos estados del norte se oponían a estos nuevos estados, aseverando que se habían comprado a costa de una masacre innecesaria y a través de tácticas injustas. También se oponían con vehemencia a sumar más estados esclavos al país; les preocupaba mucho que hubiera más estados esclavos que no esclavos. A pesar de sus miedos, el clamor del sur y del oeste por más territorio obtuvo respuesta. Parecía que nada podía detener el progreso de los Estados Unidos de costa a cosa, aunque una gran guerra civil le restaría velocidad al ímpetu.

Las dos mujeres piratas de esta tumultuosa etapa en la historia de los Estados Unidos no podrían ser más distintas, y reflejan la multiplicidad de nuevos papeles que sólo las mujeres podrían haber asumido en este tiempo. Los Estados Unidos se precipitaban a todo vapor hacia el futuro, para nunca volver a sus días preindustriales. Las mujeres de ese país tenían la misma tendencia a evolucionar y cambiar, dejando de ver hacia la casa y el fogón y dirigiendo la mirada a sus compañeras mujeres y los sueños del mañana. No es de sorprender que las mujeres piratas de esta época fueran también "nuevas" mujeres estadunidenses, tan ambiciosas como intrépidas.

Sadie Farrell, conocida como Sadie *la Cabra*, es uno de los ejemplos más raros nunca imaginados del sueño norteamericano. Según el libro de Herbert Asbury de 1928, *The Gangs of New York: An Informal History of the Underworld* [Gangs de Nueva York. Bandas y bandidos de la Gran Manzana (1800-1925)], a mediados del siglo xix Sadie corría de aquí para allá robando a la gente en el sangriento cuarto distrito de la ciudad de Nueva York, cerca del East River. El libro de Asbury es la única fuente publicada con información sobre ella, aunque abundan las leyendas. No aparece en ningún documento policial ni en los periódicos de la época, lo cual lleva a la conclusión de que nunca existió o bien nunca fue capturada. Como en tantas de estas historias, la verdad podría no salir a la luz jamás; no obstante, su leyenda cobra cada vez más relevancia.

Según Asbury, Sadie nació a mediados del siglo xix y creció en la pobreza, entre los carteristas y maleantes en la zona baja del este de Manhattan. En ese entonces la ciudad era una mezcla efervescente de demasiados inmigrantes en muy poco espacio, sobre todo en la zona debajo de Broadway. Lo que había sido un elegante cuarto distrito, alguna vez hogar de George Washington y John Hancock, se había venido abajo; Asbury dice que una ola de inmigrantes replegó a la gente rica hacia el norte. Las "destartaladas viviendas [albergaban] una población miserable inmersa en el vicio y la pobreza". Las pandillas controlaban las calles y a menudo luchaban entre ellas, y los gánsters del cuarto distrito eran los peores de todos: más parecidos a asesinos y ladrones que a buscabullas comunes.

No es de sorprender que hubiera muchos conflictos en la zona, pues los inmigrantes a los Estados Unidos en esta época no solían ser bienvenidos sino con un gesto de frialdad. Los estadunidenses conocían el país y necesitaban más trabajadores para operar sus molinos y fábricas, pero resentían el influjo de nuevas culturas e ideas que aquellos obreros traían. La Ley de Exclusión de Chinos de 1882 es un ejemplo del tipo de obstáculos que enfrentaban los inmigrantes. La única bienvenida para los inmigrantes de Nueva York en esta época provenía de la maquinaría política, tal como el Tammany Hall. Estos grupos capitalizaban la necesidad de los inmigrantes de establecer amistades que les ayudaran a comprender la burocracia y las costumbres del país. Ayudaban a los nuevos estadunidenses... por el precio de su voto.

William M. Tweed y sus compinches se hicieron ricos con este plan, y lograron ingresos por alrededor de 25 a 45 millones de dólares. Controlaban casi toda la política de la ciudad de Nueva York durante la vida de Sadie y podían tener influencia sobre quien quisieran. El "jefe" Tweed era la respuesta de la costa este a Billy the Kid: un forajido salvaje que causaba tanta fascinación como repulsión.

Tweed vio la oportunidad y la aprovechó, haciéndose de caudales a costa de los demás. Al final fue llevado ante la justicia aproximadamente al mismo tiempo en que los días de Sadie en la piratería llegaron a su fin. Su claro control de la política de la ciudad podría haber causado cierta impresión en la joven Sadie, quien confirmó que, siendo lo suficientemente lista y ruda, las reglas no necesariamente se aplicarían a ella.

Si Boss Tweed no hizo volar la imaginación de Sadie cuando ella era joven, quizá sí lo hicieran los relatos de otro forajido. Esta época generó el mito del *cowboy*, quizá el símbolo más estadunidense que existe sobre la libertad y la autosuficiencia, un pirata metido a marinero de agua dulce. El salario era muy bajo y las condiciones de vida aún peores, pero la vida del *cowboy* se ha inmortalizado como aventurera y emocionante. Los forajidos como Billy the Kid hacían dinero robando carruajes, en particular entre 1866 y 1876. Las noticias sobre sus hazañas se extendieron por todo el país y pudieron haber llegado hasta Nueva York durante los inicios de la carrera de Sadie. El modo de vida de los *cowboys* no se ocupaba demasiado por seguir la ley, y este espíritu era palpable en los pueblos del oeste de la época. Parece plausible que Sadie hubiera hallado inspiración en las historias de estos hombres rudos que se abrían su propio camino en el mundo, aunque su mundo fuera muy distinto al de ella.

Sadie era una joven de estatura pequeña, pero también era aguerrida y aprendió a desarmar a sus oponentes sin enfrentarlos en un combate mano a mano. Sorprendía a su oponente sacándole el aire con un cabezazo en el estómago, tras lo cual su compañero lo golpeaba y realizaba el robo. El cuarto distrito ofrecía interminables botines, pues albergaba el puerto de South Street, un hervidero donde a toda hora podían verse marineros bebiendo, pagando por sexo y pasándola bien. Asbury afirma que durante al menos 25 años Water Street era "quizá el escenario de crímenes más violentos que cualquier otra calle en el continente". El supuesto distrito del placer escondía peligros en cada esquina, y uno de ellos era Sadie.

A Sadie no le resultaba ajena la violencia. De adolescente no pudo haberse perdido los Disturbios de Reclutamiento [Draft Riots] de Nueva York. En julio de 1863 el presidente Lincoln instituyó el reclutamiento militar. Los hombres pudientes podían comprar su exoneración de la leva por 300 dólares, equivalentes a unos 8 000 dólares de 2016. Nueva York, que, de acuerdo con Iver Bernstein, tenía "una historia de empatía hacia el sur y la esclavitud", no estaba a favor del reclutamiento, y muchos en la ciudad pensaban que éste pegaba demasiado fuerte a los irlandeses y a la clase trabajadora. Muchos neoyorquinos habían perdido la vida recientemente en la sanguinaria batalla de Gettysburg, y los que sobrevivieron no tenían apremio por ofrecerse como voluntarios de lo que parecía el lado perdedor. En pleno reclutamiento, el 13 de julio los manifestantes interrumpieron el procedimiento y, durante cuatro días que se convirtieron en la más sangrienta insurrección en la historia de los Estados Unidos, desataron un infernal alboroto en Manhattan. Lanzando disparos y entablando peleas en las calles, unas turbas de hombres cerraron fábricas, robaron armas, quemaron puentes, destruyeron cables de telégrafo y vías ferroviarias y quemaron un orfanato para niños negros. Los barrios instauraron barricadas que recordaban la insurrección de junio de 1832 (o insurrección republicana) en París de unos 30 años atrás.

Si bien la trifulca era una protesta contra el reclutamiento, rápidamente se tornó racista y violenta. La chusma de los blancos pobres (en su mayoría irlandeses) pensaba que sufrirían las consecuencias de este reclutamiento, por lo que se fueron contra el único grupo de un estatus inferior al suyo: los negros pobres. Los registros de esos días describen apaleamientos, mutilaciones y linchamientos de negros. (Nueva York todavía carece de un memorial por quienes murieron en los disturbios.) Finalmente el ejército de la unión intervino y terminó con la trifulca, mas no antes de que más de 100 personas perdieran la vida y se acumularan daños a la propiedad por entre tres y cinco millones de dólares (entre 60 y 100 millones de dólares actuales). Un mes después el reclutamiento volvió a instaurarse silenciosamente, con un fondo financiado por Boss Tweed para que los hombres pobres pudieran comprar su evasión.

Sadie habría visto los periódicos con la palabra "¡Disturbios!" escrita en mayúsculas y negritas. Podría haber seguido la cobertura, que transcurrió por algunos días antes de dar seguimiento a la *verdadera* guerra. Y si cruzaba al lado este, podría haber visto cómo emergieron las barricadas. En su propio barrio hubo daños considerables. Pudo verlo justo frente a su puerta. El suceso completo debió dejar una fuerte impresión, aunque, al parecer, más que asustarla la violencia parece haberla inspirado. Al menos aprendió que, cuando las reglas no tienen sentido, es posible tomar acciones drásticas e incluso utilizar la fuerza en su contra.

Sadie jugó un muy buen papel al producir poco dinero pero, al mismo tiempo, ganar una excelente credibilidad callejera. Debió haberse ganado muchos enemigos durante el tiempo que estuvo en la calle, pero el único importante del que se habla en el libro de Asbury es Gallus Mag, copropietaria del bar Hole in the Wall. "Gallus" era otro nombre para denominar los tirantes, un accesorio muy poco femenino del que gustaba Mag, quien tenía ese apodo porque solía vestirse de pantalón. (El bar, por cierto, sobrevive hoy en día, bajo el nombre de Bridge Café. Aunque fue severamente dañado por el huracán *Sandy,* su reapertura está prevista y se dice que es uno de los bares más antiguos de Nueva York.) Mag era una inglesa de 1.80 que trabajaba como cadenera del bar. Asbury dice que era "la mujer más salvaje jamás vista [por la policía]". Era famosa porque le arrancaba la oreja a mordidas a cualquier cliente que fuera particularmente escandaloso. Preservaba las orejas en un frasco de pepinillos especial que exponía a la vista de todos sobre la barra del bar. Una noche de primavera en 1869 Sadie tuvo una discusión con Mag y ella misma perdió una oreja, que ameritó su propio frasco con su nombre. Deshonrada, Sadie decidió que le hacía falta una nueva búsqueda y un nuevo pasatiempo.

Otras mujeres quizá habrían decidido tirar la toalla y buscar un empleo lícito, por ejemplo en un telar o en una fábrica. En esta época la industrialización había producido y puesto a disposición muchos nuevos empleos, y gran parte de ellos eran expresamente para mujeres. Las mujeres de todo el país dejaban sus hogares en tropel para trabajar en telares y fábricas. Estos empleos les otorgaban cierta autonomía y les permitían hacer algo de dinero, que podían utilizar para comprar artículos como harina, jabón y ropa. Las fábricas textiles crearon sus propias comunidades, donde las mujeres vivían y trabajaban bajo la mirada escrutadora de los supervisores. A pesar de las largas jornadas y los bajos salarios, los telares les ofrecían una escapatoria de sus familias y los hogares de su infancia. La independencia que podían obtener en un telar era una alternativa embriagadora para algunas de ellas. Aunque la mayoría estuvieran demasiado cansadas para hacerlo, "las niñas de los telares" podían aprovechar las conferencias y clases nocturnas que organizaban para ellas. Es posible que Sadie hubiera encontrado refugio en la hermandad del telar, pero, dada su personalidad, como la describe Asbury, parece más probable que la hubieran expulsado por peleonera o debido a alguna otra clase de "acto inmoral". Por suerte no intentó encontrar empleo en un telar ni a través de ningún otro medio lícito.

Tras su pelea con Gallus Mag, Sadie recorrió un largo trecho, saliendo de su territorio y aventurándose al lado oeste de la ciudad, cerca de la bahía de Nueva York. Mientras deambulaba por la ciudad atestiguó cómo la pandilla de Charlton Street intentaba tomar torpemente un barco en el río Norte (hoy río Hudson). Era la única pandilla que trabajaba en el Hudson en esa época y su sede estaba en una vieja licorería al pie de Charlton Street. Cuando Sadie los observó esa noche estaban descoordinados y la tripulación del barco los superó con facilidad, expulsándolos rápidamente de la embarcación. Sadie —probablemente ensangrentada debido a su reciente herida en la cabeza— convenció a la pandilla de que lo que requerían en realidad era otro líder; si ella tomaba control del grupo, podría guiarlos hacia la piratería. Por alguna razón —quizá por el reciente y humillante fracaso de ellos o porque la reputación de Sadie en la zona era importante— aceptaron su propuesta y en una semana habían capturado un barco, izado la bandera pirata y navegado río arriba, buscando sitios que saquear.

Se desconoce dónde aprendió Sadie a navegar. La navegación fluvial no es tan difícil como la marítima, pero habría requerido de algún conocimiento para poder pilotear una nave río arriba y río abajo. Quizá algunos de los chicos de la pandilla tenían alguna experiencia de navegación y encaminaron a Sadie en esta labor. Algunas fuentes afirman que en esos tiempos ella se volvió una verdadera entusiasta de los o las piratas y que leía para empaparse sobre las andanzas de otros piratas y sus tácticas. Trataba de emular viejas estrategias de piratería, pero a veces mezclaba la verdad con la ficción. Por ejemplo, Sadie es una de las únicas piratas de quienes se dice que obligaron a sus víctimas a caminar sobre la tabla —algo que debió de haber tomado de *La isla del tesoro*—. Era una verdadera pirata en cuanto que navegaba, robaba y, en ocasiones, secuestraba y cometía asesinatos, pero también estaba jugando el papel de un pirata, imaginándose a sí misma como Barbanegra o como un John Silver el Largo.

No cabe duda de que la aventura estaba en el aire en esta época. Sadie no era la única persona que sufría delirios de grandeza. Después de que se descubriera el oro en el molino de Sutter, en 1848, incontables estadunidenses siguieron sus sueños de riqueza hasta California. Estos buscadores de oro, llamados "los del 49", ocasionaron una explosión poblacional en el oeste que trajo como resultado un auge repentino de ciudades que construyeron edificios aprisa y forzaron la implementación de la ley para intentar mantener el orden en urbes rebosantes de hombres aventureros sin nada que perder. El espíritu del "todo vale" en estas ciudades cobijó toda clase de actividades semiilegales; en algunos lugares había el doble de tabernas que de otras edificaciones. Muy pocos se hicieron ricos buscando su fortuna. La gente que en verdad prosperó durante esta época fue la que tuvo suficiente visión para emprender negocios de venta de artículos a los buscadores: comida, ropa y otras provisiones. Algunos de estos comerciantes serían actores fundamentales del esfuerzo ferroviario transcontinental que en unos cuantos años consumiría al país.

Si Sadie no se hubiera unido a la pandilla de Charlton Street, quizá a la larga se habría disfrazado de hombre y habría obtenido un empleo en la ferroviaria. El ferrocarril transcontinental era otro gran sueño de la época, y uno que se materializaría durante la vida de Sadie. Se construyó en varias grandes secciones, cada una controlada por una empresa ferroviaria distinta, unidas después con un remache de oro en una ceremonia presidida por Leland Stanford, antiguo abarrotero, promotor principal del proyecto ferroviario y fundador de la Stanford University. Inmigrantes irlandeses y chinos, mormones, veteranos de la guerra civil y muchos otros trabajaron bajo condiciones extenuantes para colocar las vías. Este arduo empleo era uno de los pocos disponibles para muchos de estos hombres, sobre todo para los inmigrantes. Sin sus faenas, el ferrocarril habría sido imposible. Si se contrasta el deseo de Sadie de convertirse en pirata con las fantasías de los otros grandes soñadores de la época, no parece fuera de lugar.

Por un tiempo todas los sueños de Sadie se hicieron realidad. Bajo su liderazgo la pandilla de Charlton Street logró saquear varias casas y pueblos río arriba, tan al norte como Poughkeepsie. El objetivo más acariciado para cometer pillaje era el puerto mismo, pero estaba demasiado vigilado. También intentaron robar voluminosos barcos de vapor de altamar, pero no lograron hacerlo. Sadie y su pandilla robaban objetos de valor de las mansiones apostadas a lo largo del río, así como de buques comerciales menos armados. Lograron resguardar sus bienes robados en diversas casas de empeños en Nueva York, sin duda con la ayuda de los conocidos de Sadie del bajo mundo. Durante varios meses Sadie y su banda pirata pudieron recaudar una buena cantidad de dinero de esta forma. El jefe de la policía, George W. Matsell, describe cómo operaban Sadie y otros piratas fluviales: "[Éstos] persiguen sus nefastos operativos con la perseverancia más sistemática y manifiestan una astucia y destreza que sólo puede obtenerse con mucha práctica... En sus embarcaciones, bajo el manto de la noche, merodean por los embarcaderos y las naves en un río, y diestramente toman cualquier pieza de propiedad que esté libre y haya quedado desprotegida por un momento".

Con el tiempo los terratenientes a lo largo del río decidieron que habían aguantado suficiente y se unieron contra Sadie y sus chicos. Los campesinos le daban la bienvenida a Sadie con armas, y una policía marítima le impidió que robara más barcos. Se dice que, ya sea por la policía o a causa de las balas, Sadie perdió tantos tripulantes que no pudo continuar en la piratería. Abandonó su barco y regresó a su originario y tan hollado terreno del cuarto distrito, donde ahora la apodaban la "reina del malecón".

Antes de salir de la historiografía Sadie tuvo un encuentro final con Gallus Mag. Algunas fuentes afirman que fue a hacer las paces con la cadenera, mientras que otras sostienen que el Hole in the Wall había atestiguado demasiados crímenes en un mes, estaba a punto de que lo cerraran para siempre y Sadie quería rendirle tributo a su taberna favorita. Sea cual fuere la razón, Sadie regresó al bar y se reconcilió con Mag, quien, sin duda conmovida por el bondadoso espíritu de Sadie, le devolvió su oreja. Se dice que Sadie portaba su oreja en un dije que colgó de su cuello por el resto de su vida.

No hay claridad sobre lo que ocurrió con Sadie después. Una versión más feliz de los hechos la retrata abriendo su propio bar con las ganancias de sus días de pirata. En otras se desvanece en la oscuridad, desapareciendo de todo registro. Quizá la asesinó en algún callejón un matón, sin tener la mínima idea sobre su legendario linaje. Ocurrían cosas más raras en el cuarto distrito. Sin importar cómo haya muerto —o si acaso vivió—, sin duda pervive en el folclor de la ciudad de Nueva York y de la piratería, apareciendo de una forma u otra en al menos cuatro novelas, así como en un personaje basado en una amalgama de ella y Gallus Mag en la película de Martin Scorsese de 2002, *Gangs of New York* [*Pandillas de Nueva York*].

Asbury escribe sobre Sadie como si fuera su adorable sobrina excéntrica. Parece tenerle apego, pero no la presenta como alguien particularmente competente o aterrorizadora. Su relación de los hechos de su vida es un relato que ofrece una estampa trasplantada directamente de la vida real, sin retoque o artificio, imprimiéndole algo de levedad a la sanguinaria tradición del cuarto distrito. Es mucho más efusivo respecto a Gallus Mag, a quien retrata como una temible diabla. No obstante, afirma que Sadie tenía un "liderazgo inspirado" que "insuflaba nueva vida a la pandilla", así como que su "ferocidad excedía por mucho a la de sus rufianes seguidores", de manera que no la relega del todo. Si acaso, no está muy seguro sobre qué hacer con ella, y muchos lectores se encontrarán en el mismo atolladero. ¿Quién fue esta mujer que no temía ponerse al tú por tú con los criminales asesinos y, sin embargo, tenía el capricho de izar la bandera pirata? Si existió, es una lástima que su vida no se haya registrado más copiosamente.

Otra pirata que se hizo famosa en esta época fue Fanny Campbell, heroína epónima de la novela de 1844 de Maturin Ballou, *Fanny Campbell, Female Pirate Captain: A Tale of the Revolution* [Fanny Campbell, capitana pirata: un relato de la revolución]. Su historia transcurre durante la revolución de independencia, pero aborda los temas y asuntos controvertidos más modernos de la época en que fue escrita. Aunque su historia es ficticia, era y ha sido tan popular que muchas fuentes modernas agregan a Fanny Campbell a la lista de piratas reales como si su relato de aventuras a capa y espada estuviera basado en hechos. Su historia es interesante no sólo como una del género de piratas sino también como una consagrada a trazar el perfil de una mujer estadunidense ejemplar desde una perspectiva decimonónica. Sus valores y su espíritu pueden haber connotado la intención de recordarles a las mujeres su lugar en el hogar, pero su historia inspiró una reacción absolutamente opuesta.

La historia de Fanny es una animada aventura llena de giros que deleitaba a los lectores de entonces y que aún ahora resultaría entretenida. Cuenta que creció en las afueras de Boston, Massachusetts, y que era el epítome del marimacho. Le encantaba cabalgar y tenía buena mano con los rifles. Aun con sus pasatiempos poco ortodoxos, llamó la atención del chico vecino, el marinero William Lovell, y fijaron su compromiso cuando William tenía 19 años y Fanny 18. Aunque el embobado futuro novio ofreció dejar el mar por Fanny, a ella le encantaba escuchar sus historias de aventura e insistió en que no hiciera tal cosa. Le prometió casarse con él cuando volviera a casa de su siguiente viaje.

Quiso la suerte que el barco de William fuera capturado en Cuba, donde fue encarcelado. Cuando Fanny se enteró de la noticia al parecer no tuvo otra opción que disfrazarse de hombre, autonombrarse Sr. Channing y alistarse como oficial de bajo rango para navegar en un barco, acertadamente llamado *Constance,* que iba en dirección a Inglaterra vía Cuba. Su plan era utilizar su ingenio yanqui y su perseverancia estadunidense para liberar a su amado de las autoridades cubanas.

¿De dónde sacó Fanny este despliegue de valor? Sin duda las mujeres estadunidenses de esta época se estaban volviendo más ambiciosas. Para 1850 aproximadamente la mitad de ellas podía leer y escribir. Durante los próximos 50 años vendrían más cambios para ellas. Las numerosas máquinas que se inventaron en estos tiempos hicieron la vida de las mujeres de clase alta y media más fácil, aunque ésta no era para nada sencilla a fin de cuentas. Todavía pasaban días enteros realizando labores domésticas como la lavandería. Aun así, las nuevas máquinas sí agilizaron el trabajo doméstico. Con más tiempo en sus manos, las mujeres pudieron acceder a más educación y tener más tiempo libre. Algo de este tiempo libre lo empleaban en hacer deporte, lo que requería de un cambio en la moda: hacia finales del siglo XIX los polisones y las crinolinas dejaron de ser lo que se estilaba a favor de vestimentas menos restrictivas que les permitían moverse con mayor libertad.

La moda no era la única área en que las mujeres, dejando atrás su inamovilidad, aumentaban su versatilidad. Varias mujeres destacadas que encarnaron el espíritu de superación y potencial ilimitado del Destino Manifiesto y el industrialismo estadunidense emergieron durante este periodo. Conforme las oportunidades educativas comenzaban a ampliarse, ellas empezaron a hacerse camino en las profesiones donde predominaban entonces los hombres, como la medicina y el derecho. Elizabeth Blackwell fue la primera mujer en obtener un grado médico en los Estados Unidos, en 1849. En 1879 Belva Lockwood se convirtió en la primera mujer en defender un caso frente a la Suprema Corte de los Estados Unidos.

Durante esta época también hubo mujeres pioneras y exploradoras que dejaron al mundo azorado con sus hazañas y descubrimientos. En 1847 María Mitchell descubrió un cometa que llevaría su nombre. Tras viajar ampliamente por los Estados Unidos y Europa, se convirtió en maestra del recién fundado Vassar College. En 1887 Nellie Bly, periodista del *New York World,* acudió de incógnito a un hospital de enfermedades mentales en Nueva York para después exponer los horrores practicados en los pacientes. Su trabajo suscitó una investigación judicial mayor, un generoso incremento en el presupuesto del Departamento de Beneficencia Pública y Servicio Corregional y muchas otras mejoras en el campo de la salud mental.

Finalmente, se abrieron un espacio las reformistas sociales. Estas mujeres —algunas formaban parte del movimiento sufragista, pero otras no— causaban agitación como mejor podían para mejorar el mundo en que vivían. Abrieron trecho para las reformistas que dominarían el siguiente siglo. A pesar de que diferían en métodos y objetivos anhelados, estas mujeres compartían mucho con sus hermanas piratas: buscaban transgredir las leyes existentes y llevarse algo que el resto del mundo no quería que tuvieran. Sojourner Truth fue una abolicionista y activista de los derechos para las mujeres. Nacida en la esclavitud, ganó un caso en la corte contra su antiguo amo y obtuvo así la custodia de su hijo tras haber escapado. Viajó por el país hablando frente a cientos de personas acerca de los derechos de las mujeres y, en 1851, dio su famoso discurso "Ain't I a Woman?" ("¿No soy una mujer?"). Mary Harris *Mother* Jones era una organizadora laborista y comunitaria que era conocida como la mujer más poderosa en los Estados Unidos en algún momento, debido a su pericia para organizar a los trabajadores en sindicatos. Harriet Beecher Stowe fue una abolicionista y escritora de cuya pluma salió *Uncle Tom's Cabin* [*La cabaña del tío Tom*], una novela sobre los horrores de la esclavitud que conmovió a millones de personas. Cuando conoció al presidente Abraham Lincoln se dice que él le dijo: "Así que tú eres la mujercita que escribió el libro que inició esta gran guerra". Aunque muchas de estas mujeres no eran famosas todavía cuando Ballou estaba escribiendo el libro, el perfume embriagador de mujeres poderosas debió de pesar fuerte en el ambiente en que él trabajaba. Nadie adquiere suficiente fuerza para ser reconocido de la noche a la mañana, y el poder y la valentía de muchas de estas mujeres crecían conforme Ballou desarrollaba a su encantadora heroína. Quizá estas mujeres duchas en romper barreras influenciaron la escritura de su libro. Las aventuras de Fanny son ejemplo de cómo, en las circunstancias correctas, una mujer común y corriente puede volverse extraordinaria.

Por ejemplo, Fanny debió de haber escuchado muy atentamente las historias marítimas de su prometido William, pues a bordo del *Constance* engañó a todos haciéndose pasar por hombre y mereció el agrado de toda la tripulación. De hecho, la quisieron tanto que, cuando corrió la noticia de que el capitán era un delincuente que pretendía vender toda la tripulación a los servicios ingleses, ella logró liderar a la tripulación en un motín por su libertad. Mr. Channing se volvió el capitán Channing y todos a bordo se volvieron piratas debido a su captura del barco. ¿A dónde les gustaría ir más a los piratas? Con Fanny al mando su primera parada sería, en definitiva, Cuba.

De camino pasaba por ahí un hostil barco británico llamado *George*, y cuando el capitán notó que algo andaba mal en el *Constance*, atacó. El barco británico resultó ser poco para Fanny y su alegre tripulación, quienes capturaron al *George* y se lo llevaron consigo a su viaje a Cuba. Habiendo arribado, liberaron con facilidad a William, al igual que a otro marinero estadunidense. En el camino de vuelta a casa Fanny citó a William en el camarote del capitán y le reveló su secreto: que no había sido un capitán hombre quien lo rescató, sino su propia y amada prometida. William estaba en *shock,* pero tomó con calma la noticia y le respondió: "Nunca te habías visto tan interesante". No obstante, prometió guardar el secreto frente al resto de la tripulación.

Hubo algunos otros contratiempos durante el viaje, como el estallido de la revolución de independencia y la conversión del barco en corsario, pero finalmente Fanny y William pudieron escapar a la playa, donde se casaron y vivieron felices para siempre. William regresó a la vida marítima, mientras que Fanny permaneció en casa criando muchos hijos, sin perder nunca su agradable disposición.

Al público moderno la conclusión de la historia debe parecerle un tanto decepcionante. Habría sido más satisfactorio ver a los amantes perderse juntos navegando en el atardecer, preparados para vivir por siempre una vida de piratas. Pero, aun así, gracias a las acciones de Fanny en pro de una concepción elástica de los géneros y el desafío ante los papeles tradicionales, el libro fue muy inspirador para muchos lectores decimonónicos. Una mujer escribió sobre su experiencia al leer la novela: "Toda la energía latente de mi naturaleza se exaltó… ¡Me emancipé! Y nunca más podría ser una esclava".

Esta historia estaba hecha para ganarse los corazones de las lectoras, pero también para remontarse a una época más sencilla. Aunque Fanny sea atrevida, lo es por una razón muy noble y femenina: para rescatar al hombre que ama y cumplir su deber con su país. Durante esta época de rápidos cambios en los Estados Unidos, los retratos de mujeres que, aun siendo de grandes dotes y valientes, elegían quedarse en casa y tener bebés podían ser ofrecidos sin riesgo a las mujeres lectoras como modelos seguros a seguir por hombres que temían un levantamiento del sexo opuesto. El libro también servía como una advertencia para los hombres: ¡hagan sus labores de hombre, o las mujeres las harán por ustedes! El travestismo de Fanny amenazaba al público del siglo XIX, ahora que las mujeres empezaban a usar (figurativamente) pantalones dentro y fuera de casa, pero su motivación llena de pureza y su convencional final feliz garantizan que se preservara el orden social.

Si el final de la historia de Fanny resulta decepcionante, existe otra historia de la vida real de esta época que tiene un final mucho más satisfactorio, aunque sus batallas se siguen peleando hoy en día y continuarán librándose bien entrado el siglo XXI: la del comienzo de la lucha por el sufragio femenino. En esta época más de la mitad de los miembros de grupos de justicia social —como sociedades abolicionistas, uniones a favor de la templanza y grupos para la mitigación de la pobreza— eran mujeres. Con toda esta educación y activismo social por el bien de los demás, las mujeres pronto identificaron un obstáculo enorme que les impedía mejorar su vida realmente: carecer del voto. El sufragio femenino se volvió una cruzada importante en este periodo.

Dos mujeres a quienes les fue prohibido integrar la convención abolicionista crearían la suya propia, lo que a menudo es aclamado como la llama que encendió el movimiento por el derecho de las mujeres, Elizabeth Cady Stanton y Lucretia Mott, organizaron la Convención de Seneca Falls, que tuvo lugar el 19 y el 20 de julio de 1848 en Nueva York. Este evento de dos días implicó muchas ponencias y presentaciones, incluido un discurso de Frederick Douglass, y produjo una Declaración de Sentimientos, modelada a partir de la Declaración de Independencia y escrita principalmente por Stanton. Este documento exigía que se les otorgara a las mujeres la "admisión inmediata a todos los derechos y privilegios que les pertenecen como ciudadanas de estos Estados Unidos". Mucha gente creyó que las mujeres estaban abandonando sus papeles tradicionales y que, como resultado, provocarían el colapso de la sociedad. Su Declaración de Sentimientos anunció formalmente a la nación que las mujeres estadunidenses querían recibir un trato igualitario respecto a los hombres y que estaban cansadas de esperar.

Cuando terminó la Guerra civil se formaron diversos grupos, incluida la Asociación Nacional pro Sufragio de la Mujer (NWSA, por sus siglas en inglés), liderada por Stanton y Susan B. Anthony, y el grupo rival, la Asociación pro Sufragio de la Mujer Norteamericana (AWSA, por sus siglas en inglés), fundada por Lucy Stone y Julia Ward Howe. La NWSA era la más militante y menos ortodoxa de las dos y favorecía la inclusión de las mujeres en la quinta Enmienda Constitucional. La AWSA consideraba que el voto se podía obtener a través de una campaña estado por estado. Los dos grupos lo discutieron por varios años, hasta que se unieron en un solo grupo y adoptaron el nombre de la Asociación Nacional pro Sufragio de la Mujer Norteamericana (NAWSA, por sus siglas en inglés) en 1890. Se han escrito muchos libros sobre estos grupos y su papel en el movimiento sufragista de las mujeres, y hoy en día se siguen produciendo nuevas investigaciones, lo cual demuestra que el interés por este tema está vivo y activo en los Estados Unidos, quizá porque muchas de las desigualdades que enfrentaban estas madres fundadoras son las mismas que continúan enfrentando hoy en día las mujeres estadunidenses.

Muchas de las fundadoras originales de ambos grupos, incluidas Elizabeth Cady Stanton y Lucretia Mott, no vivieron para atestiguar el día en que las mujeres lograrían obtener el voto. El sufragio femenino no fue aprobado sino hasta 1920 por el presidente Woodrow Wilson, debido al esfuerzo conjunto de la NAWSA y el más joven y menos convencional Partido Nacional de las Mujeres (NWP, por sus siglas en inglés). De no ser por los fundamentos sentados por las mujeres de finales del siglo XIX, las mujeres de principios del siglo XX no habrían ganado la lucha por el derecho al voto. El sufragio femenino se logró mucho antes de la época de la Fanny Campbell ficticia, y Sadie Farrell muy probablemente tampoco vivió para verlo. Aunque estas dos mujeres piratas no eran sufragistas, si no en hechos al menos en espíritu, sus esfuerzos por seguir sus sueños —incluso si éstos las alejaron de lo que la sociedad exigía de ellas— las colocan muy cerca del movimiento sufragista estadunidense.

Sadie *la Cabra* es la última pirata norteamericana conocida. Conforme inició el siglo XX las piratas estadunidenses se mudaron a tierra firme y se volvieron magnates de la industria y el progreso. La nación sobrellevaría dos guerras mundiales y muchos otros conflictos militares en los siguientes 100 años, y habría poco tiempo para picardías marítimas en esa parte del mundo. Mientras tanto, conforme despuntaba el siglo XX, era China el lugar más indicado para una mujer pirata.

13
EL MAL ENCARNADO Y LADY DRAGON

LAS MUJERES piratas de China en el siglo xx diferían mucho entre sí, dependiendo de qué zona del país provenían. Conforme cambiaba la vida en China, la de los piratas también cambió. Sin embargo, no debe hacerse demasiado énfasis en las revoluciones que ocurrían en China y su papel en la vida de las piratas, pues, como Cheng I Sao antes que ellas, éstas provenían de las zonas costeras rurales, donde las reformas no lograron infiltrarse tanto. El masivo tamaño de China impidió que el gobierno tuviera el mismo efecto en todas las regiones del país; entre más lejos se estuviera de la sede de gobierno, menor era el dominio del máximo órgano gubernamental, de forma que, a pesar de las revoluciones que ocurrieron en Pekín y en otras ciudades durante el siglo xx, la provincia y las costas se vieron menos afectadas por el cambio.

Una salvedad antes de entrar de lleno en la vida de esas piratas y el contexto histórico de China que rodea a aquellas vidas: gran parte de lo que Occidente conoce sobre Asia, y sobre China en particular, se ha filtrado a través de muchas capas de traducción y sesgo, por no mencionar la interferencia gubernamental tanto de Oriente como de Occidente. Hay un fuerte flujo de propaganda hacia y desde China, y puede resultar difícil saber con exactitud cómo era y cómo es la vida ahí para un ciudadano promedio. El lector debe tomar todo testimonio occidental acerca de países no occidentales con una sana dosis de escepticismo, bajo el entendido de que la "verdadera China" resulta tan nebulosa como el concepto de los "verdaderos Estados Unidos".

A principios del siglo xx, al tiempo que comenzaba el Levantamiento de los Bóxers, nacía la primera de las mujeres piratas de esta época. China sufría de una sequía terrible que había llevado a la ciudadanía a la hambruna y, como resultado del comercio del opio británico, existía una población adulta adicta a él. La gente creía que la intervención extranjera en sus asuntos era la culpable de su sufrimiento, y quería dejarla fuera. Cuando la emperatriz viuda Cixi o Zishi purgó a China de la influencia europea, Europa y otras naciones interesadas atacaron de vuelta enviando un ejército de 20 000 tropas para derrotar a los chinos. En vista de la derrota china, la emperatriz viuda se dio cuenta de que, a menos que modernizara a China —rompiendo con una tradición dinástica milenaria—, vería sucumbir a la dinastía Qing. Aunque anteriormente se había opuesto a un ambicioso plan de reforma —la Reforma de los Cien Días decretada por el emperador Guangxu, su hijo adoptivo, en 1898—, reconoció que China debía renovarse o morir. Su campaña de reforma finalmente fue muy pequeña y llegó demasiado tarde para salvar a la dinastía y su reputación como líder. A pesar de que las reformas eran fuertes y contribuyeron en verdad a que China se convirtiera en una potencia mundial, al principio no fueron exitosas.

A menudo se retrata a Cixi de forma negativa, como usurpadora del poder y causa del declive de la dinastía Qing. En el sentido en que la difama la historiografía, ella se asemeja a muchas de las mujeres piratas. Tan sólo recientemente, como resultado de la obra de la autora Jung Chang, se cuenta otro lado de la historia de Cixi. La investigación y el libro de Chang retratan el ascenso de Cixi de concubina a emperadora de facto de China. Ella demuestra que Cixi puso a China al día a través de las industrias modernas de las que carecía, tales como el ferrocarril y la electricidad. Lo hizo mientras gobernaba un país gigantesco que enfrentaba retos extraordinarios, como una guerra casi perpetua contra potencias extranjeras, rebeliones internas, sequía y hambruna. Si bien la dinastía Qing y, en efecto, el sistema dinástico llegaron a su fin poco después de que ella muriera, Chang sostiene que Cixi dejó China en un mucho mejor estado de como la encontró.

Cuando Cixi murió, en 1908, dejó atrás una China descontenta y un emperador de tres años de edad, Pu Yi. El gobierno chino era percibido como corrupto e incapaz de proveer. Caudillos armaban ejércitos en la provincia mientras las ciudades languidecían sin un verdadero liderazgo. Las mujeres piratas crecieron en medio de esta inestabilidad y agitación política, lo que ciertamente contribuyó a su descalificación de la autoridad. Si China no podía proteger a su gente de las potencias extranjeras, ¿por qué su gente habría de respetar al país? Para 1912 el nuevo gobierno de la República de China forzaría a Pu Yi a abdicar a los seis años de edad, convirtiéndolo en el último emperador chino. El sistema dinástico, que había operado bien en China durante más de 1 000 años, llegó a su fin sin pena ni gloria.

En tanto que la dinastía Qing se acercaba a su conclusión oficial, la historia de una mujer pirata apenas comenzaba. En la década de 1920 Lai Choi San aprovechó la incierta situación gubernamental para pasar desapercibida como una simple funcionaria de gobierno... que trabajaba furtivamente como pirata. La historia de Lai Choi San proviene de dos únicas fuentes, y sobre todo de una de ellas: el libro de Aleko E. Lilius, *I Sailed with Chinese Pirates* [Navegando con los piratas chinos], publicado en 1931. El periodista de dudosa reputación (se describía a sí mismo alternadamente como finlandés, ruso, estadunidense e inglés y fue acusado de fraude en Singapur y en las Filipinas) mereció la confianza de la pirata Lai Choi San —algunas fuentes afirman que a través de un alcahuete en un burdel que él frecuentaba— y navegó con ella en una expedición a finales de la década de 1920 hacia la costa de Macao.

Escribe Lilius que Lai Choi San era la única hija en una familia de cuatro hermanos. Su padre, un marinero, la llevaba como asistente en sus expediciones, y ella aprendió a amar el mar. Su padre entabló amistad con un capitán pirata y ascendió en rango hasta convertirse en su segundo al mando. Cuando el capitán murió, el padre de Lai Choi San se volvió capitán de la flota pirata, que en ese entonces contaba con siete juncos. Tras la muerte de su padre, Lai Choi San tomó control sobre la flota y agregó cinco juncos más. Lilius la retrata como despiadada, cruel, atractiva e inteligente.

Lilius cuenta varias historias sobre Lai Choi San que brindan al lector un atisbo de su vida laboral. En tierra firme, en Macao, vestía esplendorosamente, con adornos de jade, una túnica de satén blanca y anillos de oro. Escribe que ella era "algo delgada y corta de estatura... no parecía muy china", lo que uno interpreta que pretendió significar un cumplido. Se destacan sus atributos físicos para volverla un sujeto interesante para una historia: nadie compraría un libro sobre una pirata fea. Una vez a bordo, sin embargo, se quitaba los zapatos y usaba pantalones, dejaba de ser una elegante señorita y ya estaba toda volcada en el negocio. Siempre se hallaba en compañía de sus *amahs* (sirvientas) y nunca se dirigía directamente a sus tripulantes, sino que daba órdenes a través de los capitanes. No solía salir mucho al mar con su tripulación tampoco, pues prefería manejar su negocio desde la playa, pero cuando sí navegaba permanecía en su camarote, donde ningún tripulante tenía permitido entrar.

Lai Choi San vivía esta glamorosa vida doble tras el fin de la primera Guerra Mundial. La guerra fue una bendición doble para

China, pues le brindó un respiro temporal del interés occidental mientras Occidente tenía las manos metidas en el conflicto bélico. Sin embargo, los caudillos rurales chinos luchaban entre sí por el dominio, tratando de controlar áreas más grandes de tierra. Japón continuó viendo a China con la mirada puesta en la ocupación. La gente empezaba a molestarse de que los gobernantes Yuan y Sun no repelieran a Japón con mayor fuerza.

El 4 de mayo de 1919 se reunieron 3 000 estudiantes en la Plaza de Tiananmén (o Plaza de la Puerta de la Paz Celestial) para protestar contra los tratados firmados entre Japón y Europa durante la primera Guerra Mundial, así como contra el Tratado de Versalles, que le otorgaban a Japón la provincia de Shandong, antes bajo la ocupación alemana, en lugar de devolvérsela a China, conforme a lo prometido. Estos estudiantes afirmaban que el gobierno corrupto chino era incapaz de proteger a su país. Cuando escaló la violencia entre los manifestantes intervinieron las autoridades y encarcelaron a muchos de ellos. La noticia de las protestas se extendió y simpatizantes de los manifestantes, que provenían de toda China, continuaron con las protestas y huelgas hasta que los estudiantes fueron liberados y los tres funcionarios corruptos del gabinete fueron despedidos. Este movimiento del Cuatro de Mayo, como se le llegó a conocer, se fusionó con un grupo que se convertiría en el Partido Comunista de China (PCCh), constituido formalmente en 1921. A lo largo de la guerra y las protestas que le siguieron, Lai Choi San pudo continuar con sus asuntos sin que la notara un gobierno que estaba ocupado con otras cuestiones.

¿Y cuáles eran, exactamente, los asuntos de Lai Choi San? Técnicamente era "inspectora": los pescadores y otros dueños de embarcaciones le pagaban para que protegiera sus barcos de otros piratas. Cuando un barco pirata atacaba uno de los barcos bajo su protección, ella debía hundirlo o expulsarlo de ahí. Lilius cuenta de un hombre que comparó a Lai Choi San con Robin Hood, pero la comparación no es muy sólida, dado que a ella se le retribuía generosamente por sus servicios, con cuotas que estaban al borde de la extorsión. Cuando un capitán no pagaba o intentaba organizarse con otros capitanes para protegerse entre ellos, Lai Choi San los secuestraba y los torturaba hasta que sus familiares saldaran la cuota. Uno se pregunta quién representaba la mayor amenaza: los piratas o los protectores de piratas.

Lilius hila una historia entretenida sobre la mujer a quien llama la "reina de los piratas" y la describe como una hermosa y astuta mujer de negocios, madre y comandante. Pero ¿acaso algo de eso es cierto? Sí incluye fotografías en su libro que prueban que había mujeres a bordo, mas no que fueran comandantes ni piratas. El relato de Lilius sobre su temporada con Lai Choi San parece factible, pero el resto del libro se enrarece y es menos creíble. Además de la relación de Lilius sólo hay una fuente más que documenta su historia: un reporte de su muerte escrito por un periodista de guerra. Él informa que durante la guerra sino-japonesa se hundió una flota pirata y el capitán (Lai Choi San) pereció con ella. Esta historia no es ajena a la controversia. En *Women Pirates and the Politics of the Jolly Roger* Klausmann consigna que, de acuerdo con otras fuentes, ella fue capturada en 1939 por un guardia costero internacional y sentenciada a vivir a perpetuidad en la cárcel. Nadie sabe de cierto dónde nació, dónde murió o, en fin, si realmente vivió.

Si su historia es ficticia, ¿qué llevó a Lilius a escribirla? Es claro que él y sus editores consideraron que la narración generaría dinero. A finales de la década de 1920 el sentimiento estadunidense hacia los chinos era muy poco caritativo. La Ley de Exclusión de 1882, que no fue revocada sino hasta después de la segunda Guerra Mundial, prohibía a los chinos inmigrar al país, y los que ya se encontraban en los Estados Unidos, incluso los chinos nacidos ahí, eran víctimas de discriminación y violencia. La historia de Lilius aprovechó la xenofobia existente hacia los chinos al retratar a una mujer cruel y despiadada que los lectores se complacerían en odiar. Lilius deja claro en su relato que Lai Choi San es un Otro exótico: una curiosidad para contemplar estupefacto y quizá fantasear sobre ella en secreto. Escapismo y placer culposo todo en uno. Si bien los lectores contemporáneos disfrutaban la divertida historia, sin duda la verdadera Lai Choi San no habría estado tan contenta con ese retrato suyo.

Real o no, Lai Choi San deja un legado duradero: se dice que fue la inspiración para "The Dragon Lady" en el cómic y la serie de radio y televisión estadunidense *Terry and the Pirates*, que estuvo disponible de una u otra forma de 1934 a 1953. También se dice que influyó en el personaje arquetípico de la belleza de sangre fría, un giro de la *femme fatale*. Que ésta sea o no una caracterización acertada y también que el tropo sea siquiera apropiado o no en nuestra sociedad actual es asunto de debate.

***

Lo Hon-cho (a veces denominada Honcho Lo) es otra pirata china de principios del siglo xx sobre la cual escasean las fuentes. Su historia nos llega de un artículo periodístico procedente de Hong Kong y fechado en 1922 que detalla su captura. Según este informe, su esposo era un pirata y ella heredó su flota tras su muerte. Tanto ella como Lai Choi San heredaron sus flotas de familiares de sexo masculino —al parecer, esto era común en las historias de piratas chinos del siglo xx—. Se la describe como "bonita" y "la más criminal y despiadada de todas" las piratas chinas. Fue coronela en la Revolución china y se dice que tuvo 60 juncos. Pirateaba en tierra firme y en el mar; a veces atacaba aldeas y tomaba niñas pequeñas como prisioneras que después vendía como esclavas. Es una de las pocas piratas de quien se sabe que secuestraba y vendía mujeres. Fue traicionada por uno de sus colegas y capturada en 1922. Este breve artículo es la única evidencia que existe hoy en día sobre su vida. ¿Cuál era su sentir respecto a la piratería? ¿Cuál su estilo preferido de ejercerla? ¿Cómo era el día a día en su barco? Mientras no se revelen otras fuentes, el lector tendrá que imaginar por sí mismo las respuestas a estas preguntas.

Tras la primera Guerra Mundial China se vio enfrascada aún en más estados de agitación. El país había sobrevivido a la guerra, pero la muerte del líder de la República China, Sun Yat-sen, la había dejado nuevamente sin cabeza. Entra Chiang Kai-shek, cuya misión era unificar a China; considerando que el nacionalismo era la única alternativa, buscó eliminar a los comunistas de su gobierno, incluso si eso hundía al país en una guerra civil. En 1927 lanzó un ataque contra el Partido Comunista Chino (PCCH), forzando a sus miembros a huir a pie de Jiangxi a Yan'an, una caminata de unos 10 000 kilómetros. Un joven bibliotecario de la provincia de Hunan encabezó lo que se conocería como la Larga Marcha, en la que casi 60 000 personas murieron durante el viaje de un año de duración. Su nombre era Mao Zedong (Mao Tse-Tung), quien se convertiría en el líder más influyente en la historia de China del siglo xx.

En 1945 China estaba en la pobreza, agotada y devastada por la serie de guerras que habían infestado al país. El pueblo chino culpaba a Chiang Kai-shek y al Partido Nacionalista de este estado. La inflación se había disparado, obligando a la gente a utilizar carretas llenas de dinero sólo para comprar arroz. En 1946 China entró de nuevo en una guerra civil: los comunistas contra el Partido Nacionalista. La gente vio a Mao y sus nuevas ideas como una oportunidad para la liberación del corrupto régimen nacionalista. Para diciembre de ese año la China continental había caído bajo el control del PCCh y para 1949 era un país totalmente comunista.

***

Entre las guerras civiles de China alcanzó prominencia una feroz pirata. En su libro, Klausmann menciona a Huang P'ei Mei como una pirata que comandaba 50 000 piratas. Estuvo activa de 1937 a la década de 1950, con una multifacética trayectoria que incluía la lucha de China contra los japoneses, la lucha contra los comunistas y la colaboración con la Oficina de Servicios Estratégicos (OSS, por sus siglas en inglés) durante la segunda Guerra Mundial. Con un itinerario tan impactante no tiene sentido que no haya más referencias de ella o documentos disponibles que den testimonio de sus hazañas. Podría ser una mezcla de varias mujeres distintas, una narración muy exagerada de los hechos de una mujer o puro invento sin un ápice de verdad. O podría haber realizado todas las cosas que se le atribuyen y, de alguna forma, haber permanecido fuera del radar. Quizá la realidad sobre ella está escrita con exquisito detalle, pero escondida en algún sótano, en una carpeta etiquetada como "Confidencial".

Existen otras varias piratas de este mismo periodo de quienes sólo se conoce el nombre. Ki Ming, P'en Ch'ih Ch'iko y "Golden Grace" aparecen una y otra vez en listas de piratas de la China del siglo XX, pero no existen relatos en inglés sobre ellas ni tampoco fuentes que documenten su vida. Es posible que haya fuentes en chino que no se hayan traducido al inglés, pero hasta ahora lo único que esta lista de mujeres piratas comunica al lector es que eran muy populares en China a principios del siglo XX y que en algún momento alguien tuvo pleno interés en que el mundo conociera sus nombres. Es necesario investigar más sobre su vida y existencia.

¿Cómo habrían ejercido la piratería estas mujeres? El estilo a principios del siglo XX había cambiado debido al advenimiento de los barcos de vapor. Los piratas entrenados para usar velas no podían competir con ellos y, por tanto, estaban limitados a capturar barcos más pequeños, como los pesqueros. Éstos no acarreaban los jugosos botines de los días de Cheng I Sao, de manera que los piratas tuvieron que adaptar sus tácticas. Varias fuentes mencionan a grupos de piratas (incluidos grupos de mujeres) que consiguieron empleo en algunos de estos voluminosos barcos de vapor, como meseros o porteros. Otros piratas pagaban por pasajes para viajar en estos barcos también. La banda marcaría el tiempo hasta que navegaran cerca del barco pirata que aguardaba. Cuando el ingenuo barco de pasajeros se acercaba al punto preestablecido, los piratas declaraban su verdadero propósito, despojaban a todos de sus objetos de valor, cargaban los barcos de piratas que aguardaban con las personas a bordo y las llevaban a la playa para pedir recompensa por ellas. Cuidadosamente planeadas, estas operaciones al estilo de atraco ocurrieron al menos 29 veces entre 1921 y 1929. Quizá Ki Ming, P'en Ch'ih Ch'iko o "Golden Grace" fueron responsables de algunos de estos ataques.

Huang P'ei Mei desaparece de las historias justo cuando la China comunista comienza a ascender. En 1954 el PCCH redactó un borrador de una nueva constitución china en la que Mao Zedong era básicamente la cabeza de todo. Aunque China mantuvo la ilusión de un sistema multipartidista, en realidad el PCCH manejaba todos los aspectos de la vida china. Los ambiciosos planes de Mao para China eran utópicos y le brindaban esperanza a la gente. Comparada con las otras, su revolución había sido incruenta. A las potencias extranjeras les interesaba observar cómo le resultaría el comunismo a China.

***

La infancia del mandato de Mao coincidió con la de una mujer pirata. Nacida en la provincia Fujian de China, ésta redefiniría la piratería del nuevo milenio. Su nombre era Cheng Chui Ping, aunque la mayoría la conocían como Sister Ping, y no comandaba un barco ni cazaba fortunas. Ella hacía su fortuna ofreciéndoles a los demás la posibilidad de tener fortunas; como "coyote" o contrabandista de personas, facilitaba el tránsito de inmigrantes ilegales de China a los Estados Unidos.

Cheng Chui Ping creció en los primeros días de la China comunista de Mao. Se ha escrito tanto sobre esta época que es difícil hacer cualquier clase de resumen coherente, y más aún uno imparcial. Mao estaba enfocado en la reforma agraria y en eliminar a los señores de la guerra, que amenazaban su poder. Fijó sus objetivos al implementar varios planes ambiciosos y ejecutar o "reeducar" a la gente que le estorbaba en su camino. Las estimaciones más conservadoras afirman que el PCCH asesinó, al menos, tres millones de personas por oponerse al partido. El control era el mantra de Mao, y, por sobre cualquier otra cosa, tenía a la cabeza entre sus prioridades la de resolver los problemas de las clases sociales.

Con todo, a pesar de su inicio prometedor, Mao cometió a la larga errores que lo harían caer de la gracia de mucha gente. Su Campaña de las Cien Flores, en la que instó a que los intelectuales expresaran sus ideas, resultó más que contraproducente cuando los académicos sí se animaron, pero a criticar el régimen de Mao. Su programa para generar dinero, el Gran Salto Adelante, resultó desastroso. La gente tenía que asistir a demasiadas reuniones obligatorias del partido y a conferencias sobre cómo cultivar granos, por lo cual, antes que arriesgarse a la ira de Mao, prefería mentir acerca de la producción. Como resultado, China sufrió una hambruna que provocó que 20 millones de personas murieran de hambre, entre ellas una cantidad desproporcionada de niños.

La hambruna cimbró profundamente el control absoluto de Mao. Tenía que hacer algo drástico para reforzar su dominio y en 1966 lanzó la Revolución Cultural (Gran Revolución Cultural Proletaria). Las órdenes de la Revolución Cultural las llevaban a cabo los Guardias Rojos de Mao —niños en edad escolar y adolescentes educados en la devoción hacia Mao y el comunismo—. Viajaban en contingentes compactos y sembraban terror en todos o en todo aquello que parecieran oponerse a Mao. Se volvieron tan poderosos e ingobernables que Mao se vio forzado a desarticularlos en 1968, tan sólo dos años después de su instauración.

Cheng Chui Ping alcanzó la mayoría de edad durante el Gran Salto Adelante de Mao y durante su adolescencia fue líder de los Guardias Rojos en su aldea. Ante Patrick Radden Keefe, autor de una biografía sobre ella titulada *The Snakehead,* Cheng Chui Ping declaró que su niñez fue endemoniadamente difícil, pero le enseñó que sólo trabajar duro te ayuda a seguir adelante en la vida. Su padre incurrió en actividades turbias en la década de 1960 y una década después ella seguiría sus pasos, dando la espalda a China para radicar en los Estados Unidos.

Es posible que Cheng Chui Ping haya elegido irse de China debido a sus políticas restrictivas hacia las mujeres. Durante su vida ocurrieron cambios gigantescos en las normas culturales que involucraban a las mujeres, pero incluso las ideas más progresistas de la segunda mitad del siglo xx podrían haber instado a esta mujer independiente a la búsqueda de otras opciones. El gobierno republicano prohibió los pies vendados como símbolo del atraso de China —la emperatriz viuda Cixi o Zishi también lo había prohibido años antes—. ¿Cómo podría un país alcanzar su plenitud si la mitad de su población apenas podía caminar? El infanticidio femenino, muy extendido en la época, fue proscrito también. En mucha mayor medida que los comunistas, los nacionalistas buscaron eliminar todo lo que fuera viejo y tradicional, y forjar un nuevo camino que incluía otorgarles a las mujeres un estatus más igualado al de sus pares masculinos. La Ley del Matrimonio de 1950 erradicó la práctica de matrimonios comprados y arreglados y volvió voluntarios los divorcios. Antes de esto los matrimonios arreglados habían sido prácticamente universales. La ley de 1950 también les otorgó a las mujeres algunos derechos patrimoniales, pero, particularmente en zonas rurales, en la práctica éstos no se implementaron de inmediato. El objetivo de estas leyes era fortalecer a la nueva generación para que pudiera trabajar por una nueva China. Las mujeres no fueron liberadas por la inherente naturaleza igualitaria de dicha legislación ni por ninguna otra razón altruista, sino porque la igualdad no era un valor confucionista y el PCCh quería establecer un nuevo régimen no confucionista. Las mujeres comunistas podían ser trabajadoras, tal como los hombres comunistas.

Parecería que esta deconstrucción de género habría sido un cambio bienvenido para la mujer china promedio, sobre todo por la generalizada percepción de que las mujeres no eran valoradas en la sociedad. Los valores culturales de la dinastía Qing discutidos en el capítulo 11 seguían firmes en la China de principios del siglo xx. Como lo expresara Chang Yu-I en su memoria *Bound Feet & Western Dress* [Pies vendados y traje occidental] (tal como se la dictó a su nieta Pang-Mei Natasha Chang): "Una mujer en China no es nada. Cuando nace debe obedecer a su padre. Cuando se casa debe obedecer a su esposo. Y cuando enviuda debe obedecer a su hijo. ¿Lo ven? Una mujer no es nada". Por tradición, las mujeres no traían dinero a sus familias como trabajadoras. Tenían pocos derechos de sucesión o patrimoniales. En consecuencia, había poca motivación para tratar bien a una hija. La educación, la preferencia e incluso la comida se les otorgaban primero a los hijos que a las hijas.

El PCCh les brindó un lugar a las mujeres en la fuerza de trabajo y en la sociedad. Había una expectativa de que ellas trabajaran tan duro como los hombres, en oficinas y en fincas. La vestimenta era de género neutro y se hicieron muchos esfuerzos por eliminar las diferencias entre hombres y mujeres. No obstante, esto no funcionó tan bien en la práctica como en la teoría. Aunque las mujeres tenían más libertad para dejar la esfera doméstica, muchas jovencitas contrajeron matrimonio con funcionarios del PCCH básicamente como regalos para los hombres. Subsistía la expectativa de que las mujeres criaran hijos y mantuvieran el hogar, pero ahora también debían cumplir con un empleo de tiempo completo. Conforme Mao exhortaba a las mujeres a "sostener la mitad del cielo", su identidad como mujeres estaba siendo eliminada.

Cuando Sister Ping decidió emigrar a los Estados Unidos, eligió una buena época. En la década de 1980 era más fácil que nunca que una persona china entrara legalmente a los Estados Unidos. La administración en contra del aborto rechazaba la política de un solo hijo introducida en 1979 y, por ello, los Estados Unidos ofrecían asilo a las parejas que querían tener hijos. La política de un solo hijo es quizá por lo que más se identifica a China en Occidente, aunque abundan los malentendidos al respecto. China, un país enorme que siempre batalló para alimentar a su pueblo, tenía una preocupación extrema por la explosión poblacional y quería disminuir su crecimiento. Durante la segunda mitad del siglo XX, las leyes poblacionales cambiaban con frecuencia según lo que el gobierno creía que controlaría a la población y no de acuerdo a lo que las mujeres querían, que era el acceso a métodos anticonceptivos. Para las familias era difícil saber qué era legal y qué no. En la década de 1990 la proliferación de equipos de ultrasonido suscitó un nuevo fenómeno en China: los abortos selectivos en función del sexo. El resultado de años de la política de un solo hijo es impactante: se estima que hay 40 millones de niñas "desaparecidas", mujeres que, de no ser por los abortos selectivos en función del sexo y el infanticidio, formarían parte de la población. Este fenómeno ha conducido al tráfico de mujeres, con objeto de remplazar a las mujeres desaparecidas para que los chinos solteros puedan tener acceso a una prometida.

Más allá de las ofertas de asilo para parejas, por primera vez en décadas se habían relajado las políticas federales. Aun así, la inmigración a los Estados Unidos seguía siendo difícil y el proceso podía tomar años. Muchos percibían que la posibilidad de tener —más pronto que tarde— una mejor calidad de vida en los Estados Unidos era algo que merecía transgredir la ley, y Sister Ping les ofrecía una oportunidad para tomar ese riesgo.

Sister Ping entró legalmente a los Estados Unidos en 1981, con la excusa de que buscaría un empleo como empleada doméstica. Con el tiempo obtuvo los papeles de naturalización y abrió una tienda de abarrotes en Chinatown, en Nueva York. Su tienda se volvió un sitio de encuentro para la comunidad de Fujian, muchos de cuyos miembros enviaban dinero de vuelta a China a través de Sister Ping. Esta transacción podía hacerse a través del Banco de China, pero a tasas altas y en semanas. Sister Ping era más barata y más eficiente.

Esta forma más barata y eficiente de hacer las cosas se extendió también a su negocio de tráfico de personas, que surgió a mediados de la década de 1980. En ese entonces había mucha gente que ofrecía introducir a trasmano a las personas en los Estados Unidos, por diversos precios y métodos. Sister Ping tenía una reputación de ser más segura que la mayoría, y de ser justa. Si un familiar moría durante el trayecto, se rumoraba que ella pagaba los gastos funerarios. También se decía que condonaba las deudas de algunas personas que, una vez arribadas a los Estados Unidos, eran incapaces de pagar las cuotas. El viaje siempre era peligroso y los riesgos siempre eran altos, pero Sister Ping inspiraba la confianza en que haría su mayor esfuerzo para que la gente llegara a salvo a los Estados Unidos. Si esta mujer era, en efecto, benevolente, o si era una traficante de personas avara y cruel, es algo que, como siempre, depende de quién cuente la historia.

A medida que se expandían las operaciones de tráfico de Sister Ping, se debilitaba el rudo régimen comunista del cual los chinos querían huir. Hacia el final de su periodo en el poder Mao perdía el control de su partido. Entre más personas se expulsaban de él, más protestaba la gente por la pérdida de esos funcionarios. Cuando Mao murió en 1976, a los 82 años de edad, a Deng Xiaoping no le fue muy difícil entrar en primer plano y tomar el control del Partido Comunista.

Deng era un comunista comprometido, pero no compartía todas las creencias de Mao. Con Mao muerto tuvo la libertad de promulgar reformas para rescatar a China de las circunstancias económicas y políticas. Deng restableció rápidamente a muchos de los viejos líderes partidistas que habían sido parte de la purga de Mao, y juntos se dieron a la tarea de modernizar a China. Deng se inclinaba por hallar las respuestas en el extranjero y no en continuar con el aislamiento —una gran desviación de la filosofía de Mao—. Con el fin de otorgarle a cada programa la oportunidad de funcionar, implementó lentamente sus reformas.

En 1978 se ratificó una nueva constitución china. Este documento enfatizaba la descentralización, la despolitización y la democratización. Los nuevos objetivos ayudarían a revertir algo del daño producido por el régimen de Mao y mejorarían la vida de los ciudadanos chinos. No obstante, a pesar de los cambios en papel, las libertades en China seguían siendo escasas. Era difícil obtener legalmente un pasaporte; la prensa o los medios de comunicación seguían muy controlados, y el arte y la literatura extranjeros eran fuertemente censurados. Todavía existía la corrupción en el gobierno y la inflación hacía casi imposible que la economía emergente mejorara las condiciones de vida. La gente aún añoraba librarse del gobierno opresivo y comenzar una nueva vida en los Estados Unidos, lo cual, aunado a la infame masacre de la Plaza de Tiananmén en 1989, explica el sostenido auge del negocio de Cheng Chui Ping.

Además de todos los cambios políticos que beneficiaron al ciudadano chino promedio, ocurridos desde la década de 1980 hasta finales de siglo, durante ese mismo periodo hubo muchos cambios que beneficiaron específicamente la vida de las mujeres. En 1980 se promulgó una nueva ley del matrimonio que elevó la edad mínima para contraer matrimonio a 24 años para los hombres y 20 para las mujeres. En 1998 China decretó reglamentaciones laborales que protegían a las mujeres en el trabajo durante el embarazo y la lactancia. En 1995 fue sede de la Cuarta Conferencia Mundial sobre la Mujer. En fin, las leyes que protegen a las mujeres de la violencia marital se promulgaron en 2001. Pero, sin importar cuán increíble se vuelva la vida en cualquier país en específico, el césped siempre será más verde del otro lado de la cerca, y China no es la excepción a esa regla. Aunque muchos aspectos de la vida en China estaban mejorando, la gente aún deseaba inmigrar a los Estados Unidos. El negocio de Sister Ping continuó teniendo una alta demanda a lo largo de la década de 1990.

Cuando el FBI finalmente la capturó en el año 2000 —debido a su participación en el desastroso naufragio del *Golden Venture,* en el que 10 pasajeros perdieron la vida y salieron a la luz las deplorables condiciones de los barcos en los que traficaban con personas— la prensa estadunidense se regodeó denigrándola. Se la retrató como una Dragon Lady (Señorita Dragón) sin sentimientos, en un posible afán de "trueque" por parte de la prensa con el personaje arquetípico popularizado por Lai Choi San. Uno de los titulares rezaba "El mal encarnado". Incluso después de su juicio el FBI continuó refiriéndose a ella como inhumana y brutal, y en un desplegado de prensa en su página, en 2006, afirmó que, con su sentencia, "finalmente se había hecho justicia por las numerosas víctimas de Sister Ping". Es innegable que ella hizo dinero traficando con personas y que algunas de ellas murieron. Es innegable que el trayecto a los Estados Unidos era peligroso y las condiciones inhumanas. Incluso sin los rumores de que su grupo de hombres golpeaba a la gente que no podía pagar sus cuotas, hay mucho por lo cual condenar a Sister Ping.

No obstante, en China se considera una heroína. Hay una estatua de ella erigida en su pueblo natal de Shengmei. Se la comparó con Robin Hood y la gente a la que ayudó a ingresar a los Estados Unidos elogió su generosidad. El *New York Times* entrevistó a muchas personas que viajaron a ese país bajo su cuidado y en el artículo no citó un solo comentario despreciativo sobre ella. Nadie se arrepentía de haberse ido a los Estados Unidos. Declararon que conocían los riesgos y peligros, y que de todos modos habían elegido ir. Muchos expresaron admiración por Sister Ping, y alguien expresó incluso el deseo de parecérsele.

Cheng Chui Ping fue finalmente sentenciada a 35 años en prisión por tráfico de personas. Murió de cáncer en una cárcel federal en abril de 2014. Cuando la noticia de su muerte llegó a Chinatown, en Nueva York, los templos se atestaron de gente que lamentaba su muerte. Una multitud de seguidores dolientes llamaron a su restaurante en Chinatown, Yung Sun, para expresarle sus condolencias a la familia.

La piratería de Cheng Chui Ping casi no se relaciona con la de Lai Choi San ni con la de Lo Hon-cho, pero tampoco la China de la década de 1920 guarda relación alguna con la de 1980 y 1990. Este siglo dinámico vio a China transformarse desde las antiguas dinastías hasta los gobiernos modernos, y la evolución de la piratería en la zona es un reflejo de ello.

La historia de Sister Ping es inusual entre todas las piratas de este libro por varias razones: no solía navegar en barcos, no buscaba un tesoro y tampoco robaba a terceros. No obstante, resulta única en cuanto que es la única pirata que contó su propia historia. Mientras que algunas mujeres como Margaret Jordan hablaron en la audiencia, el relato de Sister Ping a través de Keefe es lo más cercano que tenemos a una biografía de una pirata. El escritor Patrick Radden Keefe le mandó preguntas escritas a la cárcel que ella respondió a través de un traductor. Durante su juicio ella se defendió a sí misma en la audiencia. Su versión de la historia, como también la versión de quienes la querían, es muy distinta de la que relataron los funcionarios de gobierno y los documentos. Es una pirata muy *ad hoc* para cerrar este capítulo, pues muestra cómo una serie de sucesos pueden relatarse de formas pasmosamente distintas, según el sesgo del narrador. ¿Cuántas de las piratas en este libro se habrían beneficiado de la oportunidad de contar su propia historia? A diferencia de Margaret Jordan, el resumen de Ping de sus hazañas no bastó para convencer a la corte de su inocencia, pero al menos su historia fue contada en sus propias palabras y agregada a los registros. La gente puede examinar ambas versiones y sacar sus propias conclusiones, en lugar de tener que aceptar una relación de segunda mano simplemente porque no existe ninguna otra versión. Esto destaca la urgente necesidad de que haya historiadores de todas las razas, creencias, orientaciones y géneros, de modo que se registren tantas versiones de los hechos como sea posible.

¿Qué forma tomará la piratería conforme el mundo continúa deslizándose en el siglo xxi? ¿Evolucionará el negocio más allá de los secuestradores somalíes y se volverá otra cosa totalmente distinta? ¿Y quién será la siguiente gran pirata? Por el momento, hasta que alguna decida lanzarse a los mares por sí misma, el mundo sólo puede sentarse a esperar.

14
LAS PIRATAS DE LA PANTALLA GRANDE

A PESAR de las numerosas historias emocionantes sobre la vida excepcional de tantas mujeres piratas, las películas dedicadas a exhibir sus aventuras no están disponibles. De los cientos de películas de piratas realizadas a lo largo de los años, tan sólo un puñado de ellas muestran mujeres piratas, y un número incluso menor retrata personajes basados en piratas reales de la historia universal. El ejemplo más acertado de una película que hace una crónica de una mujer pirata es *Anne of the Indies,* que está muy parcialmente basada en la vida de Anne Bonny. La película se estrenó en 1951; hace más de medio siglo que la pantalla grande no se ha visto engalanada con una película de piratas protagonizada por una de las mujeres de este libro.

¿Por qué? Las historias de mujeres son muy cinemáticas, y no hay duda de que a las historias de piratas les puede ir bien en taquilla. Una de las primeras películas de piratas, *Captain Blood* [*El capitán Blood*], recaudó 2.5 millones de dólares en taquilla en 1935, y hacerla costó sólo un millón de dólares. El clásico animado de Disney, *Peter Pan,* cinta protagonizada por el capitán Hook y su grupo de piratas, fue la película más taquillera de 1953 y reportó ganancias de siete millones de dólares y múltiples relanzamientos cinematográficos. *The Princess Bride* [*El pirata o la princesa* (o) *La princesa que quería soñar* / *La princesa prometida*],[1] cuya trama principal también la protagoniza una pirata, fue un éxito en taquilla e hizo millones de dólares más en ventas en VHS y DVD, pues se volvió un clásico de culto. La franquicia de la colosal serie de Disney, *Pirates of the Caribbean* [*Piratas del Caribe*], hasta el día de hoy ha recaudado 1 000 millones de dólares con cinco películas (y una sexta en camino). Los piratas son taquilleros, pero Hollywood se ha negado a sacar provecho de mujeres piratas, incluidas mujeres piratas ficticias. ¿Por qué? ¿Seguro que hay toda una serie de mujeres de apariencia perfecta haciendo fila para estelarizar estos superéxitos a capa y espada?

[1] En este y otros casos cuando una cinta ha pasado al español bajo varios títulos se indica primero el utilizado en Hispanoamérica (si en dicha región hubo un título alterno se usa una *o* parentética) y luego, tras una diagonal, el que recibió en España. [T.]

Breve paréntesis: los piratas aparecen en toda clase de medios de comunicación y productos culturales, como libros, obras de teatro, óperas y novelas, artículos de la prensa y series televisivas, además de películas. Sin embargo, no se ha escrito casi ningún *bestseller* sobre mujeres piratas, aunque existe un buen número de novelas rosas [*romances*] que se venden muy bien pero carecen de la ovación de la crítica; sólo hay una ópera, *The Pirates of Penzance* [Los piratas de Penzance], de Gilbert y Sullivan, en donde aparece la solitaria pirata Ruth, superada en número por mucho: por Frederic, el rey pirata, y una tripulación de piratas de sexo masculino; y un musical de Broadway sobre una pirata, *The Pirate Queen* [La reina pirata], de Boublil y Schönberg, basado en la vida de Grace O'Malley, cuya temporada cerró entre abucheos tanto de la crítica como del público tras 85 míseras funciones. Así de escasas como lo son en las películas de Hollywood, las mujeres piratas figuran más seguido ahí que en cualquier otro medio, y es por ello que este capítulo se centrará en las cintas.

***

La primera película importante de Hollywood protagonizada por una mujer pirata, *Anne of the Indies* (dirigida por Jacques Tourneur, 1951), supuestamente está basada en la vida de Anne Bonny. (Bonny figura como personaje en la película de 1945, *The Spanish Main* [*La costa española*], pero la película no es sobre ella.) El personaje se llama Anne, pero más allá de eso hay pocas similitudes con la Anne Bonny real. La capitana Anne Providence, protagonizada por una futura esposa de Howard Hughes, Jean Peters, aparece por primera vez en la película blandiendo una espada. Ella y su tripulación acaban de capturar un barco inglés y obligan a los desventurados prisioneros a caminar sobre la tabla. Los orígenes de Anne se describen a través de una torpe exposición: los ingleses habían matado a su hermano y ahora ella quería vengarlo devastando cada barco inglés que se encontrara. En esto se asemeja más a Sayyida al-Hurra o a Jacquotte Delahaye que a Anne Bonny. La Anne Bonny real no se volvió pirata tras una motivación tan noble: simplemente le gustaba causar alboroto. La capitana Providence le perdona la vida a un prisionero francés —tras darle una bofetada por llamarla "Mademoiselle"— al ofrecerle un lugar en la tripulación. Este acto de piedad sería el primer paso hacia su ruina.

Más tarde esa noche los piratas dividen el botín del barco inglés;

cada hombre y cada mujer reciben su justa parte, tal como lo establecen los artículos. Anne le ofrece al hombre francés, Pierre, una parte del tesoro. La tripulación se entera de que Pierre obtuvo un mapa del recorrido hacia el legendario tesoro del capitán Morgan obtenido tras el saqueo de la ciudad de Panamá. (Henry Morgan, *en efecto,* saqueó la ciudad de Panamá en 1671, pero la mayor parte del tesoro se la había llevado otro barco antes de su arribo, de forma que el botín obtenido fue decepcionantemente pequeño.) Anne decide buscar el tesoro, pero primero busca que su mentor y padrastro Barbanegra le otorgue algunos recursos.

A pesar de la advertencia de Barbanegra de que Pierre seguramente es un personaje oscuro, Anne y Pierre se enamoran. Ella se prueba un vestido elegante de la reserva del tesoro y Pierre debe atarle el corsé. Anne le pide que le muestre cómo le hace el amor a una dama un hombre francés. Lo que sigue es una seductora escena de amor, en la que la fanfarronería acostumbrada de Anne apenas alcanza a disimular su miedo al rechazo y su inexperiencia en el arte del amor. Su deseo y su curiosidad han superado su saber, y a pesar de su rotundo poder en otras áreas es clara su indefensión ante ésta en particular. Pierre ha despertado en ella un lado femenino que ella había negado toda su vida y que ahora se ve incitada a explorar, a pesar de sí misma.

Trágicamente, el amor de Anne por Pierre resulta en vano. Barbanegra revela que Pierre espía para los ingleses y que ha matado a muchos piratas, quizá incluso al hermano de Anne. El habla suave de Pierre convence a Anne de que es una mentira y ella empuña su espada contra Barbanegra, dando la espalda a su familia por defender su amor. Barbanegra se va y jura no olvidar este insulto. Más tarde descubrimos que Pierre no es sólo un espía, sino que también está casado. Su encomienda era llevar a los ingleses hasta Anne y su barco, el *Sheba Queen,* a cambio de que le regresaran su propio barco. Cuando Anne se entera de esto, inmediatamente idea un plan para secuestrar a la esposa de Pierre y venderla como esclava, pues no hay mayor peligro que el de una mujer despechada.

Anne captura a la esposa de Pierre y, poco después, a Pierre, y se propone abandonarlos en una isla desierta, donde ellos (y su amor) se vayan muriendo poco a poco de inanición y se marchiten en el hirviente sol del Caribe. Se trata de una seria y fría venganza, pero es muy placentero observar cómo una mujer se desquicia completamente en la pantalla. Después de ver un millón de mujeres avejentadas y en la edad del retiro plegándose a las demandas de los hombres, es emocionante hasta el paroxismo ver a una mujer tomar el mando, sobre todo de forma tan despiadada. Desearle éxito sería cruel, pero es difícil negar lo delicioso que resulta mirarla desplegando su plan.

Anne se arrepiente al último minuto y decide perdonar a Pierre y a su esposa. Cuando los está liberando llega Barbanegra. Anne sabe que si los ve los matará, así que se coloca entre los amantes en huida y Barbanegra para permitirles escapar. A pesar de su reticencia a pelear contra su hija adoptiva, movido por la promesa que hizo de vengar el insulto de Anne, Barbanegra dispara sobre el *Sheba Queen*. Anne muere en la batalla subsecuente, y sale de escena tal como entró en ella: ondeando su espada desafiante en plena batalla.

¿Es decepcionante ver que muera una pirata matona por el amor de un hombre que nunca corresponderá su amor? Sí. Pero Anne no es ninguna Camille o dama de las camelias que se deje marchitar.[2] No muere por amor en una nube de perfume y pañuelos refinados, sino en una ráfaga de balas. Da gusto observar una interpretación tan sutil de una mujer que se disputa entre lo que entraña ultimadamente el amor por su carrera y el amor por un hombre. A pesar de que se realizó en 1951, los temas de esta película siguen vigentes hoy en día.

El director, Tourneur, es conocido mayormente como director de películas de terror de clasificación B para RKO Pictures. *Anne of the Indies* fue uno de sus primeros proyectos como director independiente. A la cinta le fue mediana o marginalmente bien en taquilla en los Estados Unidos, pero en el extranjero fue un gran *hit* que inspiró una serie de películas de mujeres piratas hechas en Italia, como *La Venere dei pirati*, titulada en inglés *Queen of the Pirates* [*La reina de los piratas*], y *Le avventure di Mary Read*, o *Queen of the Seas* [*La reina de los mares*]. Al parecer el cine italiano no comparte el temor de Hollywood a las mujeres piratas.

Anne of the Indies les dio a las películas de mujeres piratas un comienzo tan prometedor que parecía factible que Hollywood hiciera al menos algunas más. El personaje femenino de capa y espada

[2] *Dawg*, en inglés, se muestra aquí como una alternativa ortográfica a la palabra *dog* (perro), tal como suena con determinada pronunciación. Mediante esta precisión, la autora destaca que, al elegir esta ortografía con un objetivo presuntamente cómico, se evadió escribir el nombre propio como normalmente se escribiría en inglés: Doug. [T.]

"Spitfire" Stevens sí aparcció en el éxito taquillero de 1952, *Against All Flags* [*La isla de los corsarios*] (en el *remake* de 1967, *The King's Pirate* [*El pirata del rey*], el personaje fue degradado a un interés amoroso), aunque en un papel secundario al de Brian Hawke, asumido por Errol Flynn; pero pasarían casi 50 años antes de que una mujer pirata adornara de nuevo la pantalla grande con un papel protagónico.

De haberse proyectado 10 años antes o 10 años después es probable que *Anne of the Indies* ni siquiera se hubiera realizado. A finales de la década de 1940 y principios de la de 1950 hubo una serie de películas de Hollywood de alto presupuesto protagonizadas por mujeres. *Mildred Pierce* [*Abnegación de mujer* (o) *El suplicio de una madre / Alma en suplicio*], de 1945, y *All About Eve* [*La malvada* (o) *Hablemos de Eva / Eva al desnudo*] y *Sunset Boulevard* [*El ocaso de una vida* (o) *El ocaso de una estrella / El crepúsculo de los dioses*], de 1950, tuvieron como protagonistas a mujeres involucradas en historias principalmente sobre mujeres. Sin embargo, a pesar de que eran personajes complejos, todos tenían finales trágicos. En *From Reverence to Rape: The Treatment of Women in the Movies* el crítico Molly Haskell afirma que en la década de 1950 un director podía utilizar a la mujer como "repositorio de ciertas cualidades repelentes que quisiera negar. Él proyecta en ella el narcisismo, la vanidad, el miedo a envejecer que le horroriza encontrar pudriéndose dentro de sí mismo". Anne, que muere por amor, pertenece a este grupo de mujeres fuertes que se vieron lisiadas por las tribulaciones de sus directores. Se las retrata como grotescas por hacer lo que el director teme pensar que él mismo haría. En el Hollywood de mediados del siglo xx las mujeres podían ser fuertes o felices, mas no ambas cosas. De muchas maneras, esta premisa continúa más que vigente hoy en día (véanse *Blue Jasmine* [*Blue Jasmine / Jazmín Azul*], *Inception* [*El origen / Origen*] e incluso la franquicia de *The Twilight Saga* [*Crepúsculo: la saga*]).

***

Siempre ha sido tensa la relación entre las mujeres y Hollywood. En sus inicios Hollywood se contentaba con otorgarles papeles de prostitutas, madres, *femmes fatales* e intereses románticos, pero rara vez de protagonistas. Lo mejor a lo que podía aspirar una mujer era a convertirse en la mitad de alguna poderosa dupla, como Astaire y Rogers. Rara vez el éxito de una película recaía solamente en los hombros de una mujer. Las películas sobre mujeres con personalidades complicadas, que eran antipáticas o que se realizaban a través de un estilo de vida poco convencional, eran percibidas (y a veces lo siguen siendo) como veneno taquillero, algo que el público no pagaría mucho por ver. Los personajes masculinos podían ser conflictivos, multifacéticos o incluso antihéroes; la representación de las mujeres se limitaba ya fuera a vírgenes hermosas o a incitadoras sexuales. Incluso fuera de la pantalla se tenía la expectativa de que las actrices (y los actores también) se adhirieran fuertemente a las normas sociales basadas en la idea albergada por su estudio de grabación sobre la imagen que debían tener. A menudo se esperaba que las mujeres se comportaran como esposas cariñosas o madres amorosas. Había excepciones, como Katharine Hepburn y Mary Pickford, mujeres que convirtieron su poder estelar en poder monetario y pudieron tener cierta autonomía sobre sus carreras; pero, por lo general, las mujeres en el Hollywood clásico eran objetos del enamoramiento o maltrato de los hombres, mas no personajes dignos de protagonizar historias por sí solas.

La era del nuevo Hollywood (desde alrededor de finales de la década de 1960 hasta principios de la de 1980) en efecto mejoró la disponibilidad de papeles atractivos para las mujeres. Libres de las censuras del código de producción del viejo Hollywood y su sistema en los estudios de grabación, las películas ahora podían representar y hablar sobre temas antes prohibidos, incluido el deseo sexual femenino. Sin embargo, el colapso del sistema de estrellas en el estudio era un arma de doble filo para las mujeres: las actrices tenían mayor libertad, pero menor poder, en tanto que el director, y no la estrella de la película, se convirtió en la atracción principal. Dos ejemplos del principio y fin de este periodo demuestran la evolución que vivió el nuevo Hollywood. El movimiento de liberación de las mujeres, que también estaba ocurriendo en esta época, puso los asuntos de las mujeres en primer plano en la conciencia colectiva del país. La idea de que las mujeres podrían desear ver sus propias historias en pantalla empezó a permear la imaginación popular.

***

Bonnie and Clyde [*Bonnie y Clyde*] (1967) comienza con un acercamiento o *close-up* a los labios rojos de Bonnie. Bonnie, protagonizada por Faye Dunaway, es una mesera de un pequeño pueblo, que escapa dc su vida aburrida cuando entabla una relación con el gánster Clyde. Le excitan la violencia y el peligro en la vida que comparten, y se frustra cuando Clyde no puede desempeñarse sexualmente. Como mujer sexuada y "mala" que, sin embargo, es retratada con empatía, Bonnie rompe con el molde de los papeles femeninos principales en el cine. No escatima al participar en la violencia y no se le exime de la cruenta muerte del gánster. Con sus modales o espectáculos de niña mala dotada, empero, de un secreto corazón blando que clama por amor, Bonnie es claramente sucesora de la Anne Bonny de *Anne of the Indies*. Debido a que *Bonnie and Clyde* se realizó en un periodo posterior, a Bonnie se le permite expresar de manera más explícita su deseo sexual, un lujo que no se le permitió a Anne, cuyo deseo tenía que leerse entre líneas. En buena medida gracias a la representación poco convencional de Bonny y al desempeño de Dunaway, esta película dejó al público en *shock*, pero continuó siendo un éxito taquillero y fue nominada a 10 Oscar, de los cuales ganó dos.

Mucho más adelante en la era del nuevo Hollywood, en *An Unmarried Woman* [*Una mujer descasada*] (1978), la valiente divorciada Érica llevó a la pantalla una historia simple pero reveladora: recuperar la vida propia después del abandono de un esposo. Es una historia común, pero nunca antes se le había dado un tratamiento cinematográfico tan bien logrado. El público observa a Érica desde su idílica existencia en Manhattan con su esposo, corredor en la Bolsa, y en su flamante departamento hasta tocar fondo cuando el esposo la deja por una mujer más joven. Érica regresa a rastras a la felicidad con la ayuda de sus amigas, largos convivios con botellas de vino, una terapeuta y una serie de citas a ciegas. Se enamora de nuevo, esta vez de un pintor, pero al final decide abrazar su vida de soltera y ponerse a sí misma primero, en lugar de seguir al pintor a Vermont. La idea de que las pruebas y tribulaciones de una mujer común sean dignas de ser material fílmico fue un punto de inflexión. Aquí teníamos un personaje con quien el gran público podía identificarse, una mujer que se liberaba de cualquier relación basada en el reconocimiento de un hombre. Tan temida como era, Bonnie necesitaba a Clyde; Érica sólo se necesita a sí misma (y quizá a sus amigas). Jill Clayburgh fue nominada como mejor actriz en los Oscar por su participación en esta película. Si bien pareciera que Érica no duraría ni 10 minutos en un barco pirata, su rica vida emocional la vuelve un personaje más progresista que Anne o que Bonnie. Para el sumo deleite de las mujeres que fueron en tropel a ver esta película una y otra vez, en lugar de volverla "débil" o de sobrecargar la narrativa, las emociones de Érica *constituyen* la narrativa.

A pesar del gran salto adelante de *An Unmarried Woman* en la representación de las mujeres, tampoco es que, después de su estreno, Hollywood de pronto lanzara un torrente de películas centradas en mujeres, ni con temas de piratas ni con otros temas. Después de *Anne of the Indies* las mujeres habían seguido apareciendo en películas de piratas como agentes de intereses románticos, víctimas secuestradas, prostitutas e incluso (rara vez) como piratas —por ejemplo, Anne Bonny tuvo un papel menor en la película *Captain Kidd and the Slave Girl* [*El capitán Kidd*], de 1954—, pero no fue sino hasta 1995 cuando Hollywood produciría otra película protagonizada por una mujer pirata, un fiasco tristemente célebre que alguna vez obtuvo la designación del *Guinness Book of World Records* [*Libro Guinness de Récords Mundiales*] como la mayor pérdida en taquilla. Siendo que hundió no sólo la carrera de sus dos estrellas sino también a la compañía productora, es difícil sobreestimar lo significativo que fue el desastre de esta película. Este fracaso épico fue *Cutthroat Island* [*La pirata / La isla de las cabezas cortadas*], de 1995, con una pirata llamada Morgan, protagonizada por Geena Davis.

***

La trama es parte del motivo por el cual la película fue un fracaso tan colosal, así que no hagan mucho esfuerzo por seguirla. Básicamente, una mujer llamada Morgan Adams, que ofrece tan buenas palabras como "agarré tus bolas", refiriéndose a las bolas de fusil que robó de un atacante en teoría, vive como una despreocupada canalla hasta que atestigua el asesinato de su padre a manos del hermano de éste, el tío Mad Dawg Brown. (Sí, se escribe D-a-w-g.)[3] Siguiendo su última voluntad, ella rasura a su padre, aún tibio, para obtener el mapa del tesoro que, inexplicablemente, está tatuado en su cuero cabelludo. Ella descubre que el tatuaje en ese sitio representa sólo un tercio del mapa del tesoro y que los dos hermanos de

---

[3] *Dawg*, en inglés, se muestra aquí como una alternativa ortográfica a la palabra *dog* (perro), tal como suena con determinada pronunciación. Mediante esta precisión, la autora destaca que, al elegir esta ortografía con un objetivo presuntamente cómico, se evadió escribir el nombre propio como normalmente se escribiría en inglés: Doug. [T.]

su padre (Dawg incluido) tienen los otros dos tercios. Convence a la tripulación de su padre de que ella debe tomar el mando como capitana y guiarlos hasta el tesoro, escondido en la epónima Cutthroat Island. De mala gana, la tripulación acepta darle el beneficio de la duda como capitana del *Morning Star*.

Desafortunadamente el mapa está en latín, de manera que los piratas deben encontrar un lector de esta lengua para empezar a analizar el pliego. Encuentran uno en el mercado de esclavos, el doctor / académico / esgrimista / ladronzuelo / esclavo Will Shaw, protagonizado por Matthew Modine. Morgan se lo gana en una subasta de una forma poco convencional: acribillando a otro licitador en la pierna y amenazándolo con acribillarlo en una zona más privada si no se rinde. Tal como ocurre al observar la trama de venganza de la sanguinaria Anne Providence, incluso si sus acciones no son precisamente encomiables da gusto ver que una mujer tome lo que quiere en sus propios términos y sin decoro alguno.

A pesar de ser un mentiroso, Will en efecto lee latín, de forma que la tripulación avanza hasta obtener la segunda parte (de tres) del hermano (que no es villano) Mordechai. Sin embargo, Dawg ha tomado la iniciativa y ocurre una riña violenta en una taberna, en la que Morgan despliega una habilidad impresionante para pelear y recibe un disparo por parte del tío Dawg, mientras Will de alguna forma obtiene el pedazo del mapa de Mordechai y lo esconde de Morgan. De vuelta a bordo del *Morning Star*, en su papel de "doctor" Will extrae la bola de fusil de la cadera de Morgan y se le insinúa. Por alguna razón se besan, pero él termina en el calabozo por una ofensa que no es importante para la trama.

A partir de aquí todo se enreda mucho. La tripulación de Morgan se amotina, una gran tormenta atrapa al *Morning Star* y Dawg los sigue persiguiendo pero, de alguna forma, Morgan y la parte leal de la tripulación terminan arrojados por la marea en Cutthroat Island; qué suerte, ¿no? Caminan en la selva para buscar el tesoro, todavía sin el mapa completo. Dawg también llega a la isla, pero Will, que para entonces no es miembro de la comitiva de Morgan, le roba su parte del mapa. Morgan se topa con Will, que está hundido hasta el cuello en la arena, pero en posesión del mapa. Lo rescata, hacen las paces sobre lo que sea que fuera por lo que peleaban, y se marchan en busca del tesoro. Morgan y Will encuentran el tesoro, que parece falsísimo, sólo para que Dawg se los robe inmediatamente y los haga saltar de un acantilado al mar rugiente debajo.

Will es capturado por Dawg y por la marina inglesa, que figuró brevemente al inicio de la película pero que, a este punto, se ha olvidado por completo. Se han aliado para abatir a Morgan. Ésta, sin embargo, sin ninguna intención de ser secuestrada, ha nadado de vuelta al *Morning Star* y lo ha recuperado de sus traidores amotinadores. Atacan el barco de Dawg, donde Will es ahora prisionero. La batalla marítima obligatoria es, de hecho, muy impresionante; no es difícil notar dónde se invirtió el presupuesto de la película. Hay algunos momentos suficientemente emocionantes y el diálogo acartonado no alcanza a arruinarlos todos. Morgan y Dawg se enfrentarán en el clímax de una batalla final que ocurre en todo el barco. (Para mejores resultados vean esta sección sin sonido.) Morgan logra abatir a Dawg, hundir su barco e incluso recuperar el tesoro de forma muy astuta. En los últimos momentos antes de que se hunda el barco de Dawg, ella ata un barril al cofre del tesoro para que, incluso cuando el barco se hunda, tenga un marcador para detectar la ubicación del tesoro sumergido. Al final la tripulación del *Morning Star* se regocija en su victoria y zarpa hacia Madagascar, mientras Morgan y Will se besan.

Pocas películas se han ganado tal reputación por ser un fracaso, y pocos autores que desearan ser tomados en serio intentarían defender *Cutthroat Island* (aunque cabe destacar que Roger Ebert le otorgó una reseña mayormente positiva, al llamarla "satisfactoria"). Los protagonistas carecen de cualquier vestigio de química, la trama es, cuando menos, trillada y el guión es risiblemente malo. *Cutthroat Island* implicó la ruina para todos los involucrados. Geena Davis perdió su reputación como figura estelar taquillera, la carrera de Matthew Modine no despegó como podría haberlo hecho y el director Renny Harlin sólo ha tenido un éxito meramente relativo a partir de la película. En parte como consecuencia de esta película, Carolco, la productora que previamente había realizado *hits* como *Terminator 2* y *Total Recall* [*El vengador del futuro / Desafío total*], se fue a bancarrota. *Cutthroat Island* tuvo un costo de realización de 115 millones de dólares y recaudó 10 millones en taquilla. Bajo la mayoría de los parámetros medibles, esta película fue un verdadero desastre.

Sin embargo, más allá de los terribles chistes y la extraña trama, *Cutthroat Island* ofrece algo de lo que carece el panteón de Hollywood: una heroína de acción. Según se reportó, Geena Davis hizo sus propias escenas peligrosas para esta película, y hay muchas:

pelea con espadas, pende de lámparas, salta por la ventana, anda a caballo y salta por acantilados, por nombrar sólo algunas. Después de ver a innumerables hombres realizar estas escenas en incontables películas de acción, hay algo visceralmente positivo al ver a una mujer de cabello largo y sin disfraz hacer lo mismo. Morgan esconde una gran colección de armamento en sus ligueros. Coquetea con los hombres para desarmarlos antes de atacarlos. Es, en resumen, una mujer que utiliza todas las herramientas de su considerable arsenal. A diferencia de la feminidad reprimida y odiada de Anne Providence, la de Morgan es sólo un recurso más que utiliza para triunfar. No es un personaje particularmente bien logrado, ni siquiera uno bueno, pero hay en ella indudables indicios de algo mayor.

Tan sólo cuatro años antes de que Geena Davis protagonizara el más grande fiasco de mujeres piratas en taquilla, tuvo un papel principal en un *hit* que es también una de las películas más feministas de todos los tiempos producida por un estudio importante: *Thelma and Louise* [*Thelma y Louise*] (1991). Esta película está centrada no en una sino en dos mujeres, amigas del alma que, tras dispararle a un violador que intentó agredirlas, deciden partir en un repentino viaje en carretera. Conforme atraviesan el país sus hazañas son cada vez más osadas, al tiempo que desafían los confines de sus vidas pueblerinas. Al final, las mujeres deciden suicidarse antes que entregarse, y en un halo de gloria se arrojan en el auto a un precipicio. Escrita por una mujer, Callie Khouri, esta película transmite verdades sobre lo que significa ser mujer que tuvieron eco en el público que asistió a su estreno y que siguen teniéndolo hoy en día. Esta cinta valida sin reservas las experiencias de las mujeres al ser perseguidas y eternamente pretendidas por los hombres, y pone de cabeza el típico modelo tradicional de la película de carretera de un grupo de varones amigos. Estuvo nominada a cinco Oscar y ganó uno. No obstante, la atmósfera optimista y feminista de este filme no generó un cambio radical en las películas sobre mujeres, como tampoco lo hiciera *Anne of the Indies*. En 2011 la autora Raina Lipsitz se refirió a ella como "la última gran película sobre mujeres" y alegó que no podría realizarse hoy en día, aludiendo al hecho de que podía nombrar sólo tres películas en 2010 y 2011 que pasaban la prueba Bechdel-Wallace (el criterio es que la obra debe mostrar al menos dos mujeres en una conversación que no sea acerca de un hombre) y que ninguna tenía la sustancia de *Thelma and Louise*. Es casi seguro que Davis, campeona de sólidas representaciones de mujeres en películas, habría continuado haciendo más películas protagonizadas por mujeres fuertes de no ser porque *Cutthroat Island* destruyó su carrera. En 2007 sí procedió a fundar el Instituto Geena Davis sobre Género en los Medios, que examina fenómenos como los que se exploran en este capítulo.

***

La estrepitosa derrota de *Cutthroat Island* haría de los piratas un tabú de taquilla durante los próximos ocho años. Muchas productoras supusieron que las películas de piratas habían sido expulsadas de los cines. No obstante, en 2003 un pirata llamado capitán Jack Sparrow, de lengua de plata y experto tirador remojado en ron, fanfarroneó a lo largo de la pantalla grande y reavivó el amor del público por las películas de piratas. Trajo consigo la última mujer pirata de relieve (hasta la fecha), Elizabeth Swann. La franquicia de la gigantesca serie de Disney *Piratas del Caribe* (que hasta hoy consiste en *The Curse of the Black Pearl* [*La maldición del Perla Negra/La maldición de la Perla Negra*], de 2003; *Dead Man's Chest* [*El cofre de la muerte/El cofre del hombre muerto*], de 2006; *At World's End* [*En el fin del mundo*], de 2007, *On Stranger Tides* [*Navegando en aguas misteriosas/En mareas misteriosas*], de 2011, donde no aparece Elizabeth Swann, y *Dead Men Tell No Tales* [*La venganza de Salazar*], de 2017) ha tenido un éxito colosal, en gran medida por los complejos roles de género que encarnan sus protagonistas. Lenta pero segura, la franquicia ha extirpado los atributos tradicionales de los piratas de sexo masculino y las mujeres cautivas, y le ha presentado al público algo totalmente nuevo.

La trama de la franquicia de *Piratas del Caribe* contiene más giros y vericuetos que el parque de diversiones en el que está inspirada, de manera que sólo se analizarán aquí las partes de la trama donde figura Elizabeth, y más precisamente Elizabeth como pirata. En *The Curse of the Black Pearl*, Elizabeth inicia la película no como pirata sino como una damisela angustiada. Hija de un rico gobernante, la secuestran unos piratas como parte de un plan para recuperar el oro azteca (y embrujado) que había sido robado. Casi al final de la película, Elizabeth y el héroe (masculino) se besan frente al atardecer. Pero aun entre estos rasgos de feminidad estereotípica ya hay signos que anuncian la temible pirata en quien se convertirá. En la primera escena de la película sale cantando una canción de piratas en la proa de un barco. Cuando la secuestran, en lugar de simplemente dejarse llevar, ella pide negociar con el capitán. Conoce bien la terminología y tradición de piratas y, como resultado, logra defenderse. La película también contiene una escena en la que Jack lucha por cortarle el corsé para salvarla después de que casi se ahoga. Está tan literalmente constreñida por su feminidad tradicional que se desmaya, cae al agua y casi muere, hasta que la rescata un pirata que no teme a liberarla de su cárcel de huesos de ballena. Cuando capturan a su verdadero amor, Will, ella se ofrece como botín para el hombre que vaya a salvarlo. Al final utiliza un falso encantamiento de desmayo como parte de un plan para salvar a su amigo Jack de la horca. Tal como Morgan en *Cutthroat Island,* Elizabeth no teme utilizar sus encantos femeninos para burlar y vencer a los hombres.

Elizabeth sigue siendo una mujer respetable al inicio de *Dead Man's Chest;* de hecho, la película empieza en su boda con el herrero Will Turner. Sin embargo, su ingreso al sagrado matrimonio se ve frustrado cuando Lord Beckett arresta a los novios por haber ayudado e incitado el escape de un tal Capitán Jack Sparrow. Will tiene la oportunidad de instar a Jack y persuadirlo de intercambiar su compás por sus vidas, mientras que Elizabeth debe permanecer en la cárcel, privada de su noche de bodas.

Elizabeth escapa de la cárcel (lo cual marca su estatus oficial de forajida) y viaja de polizón a bordo de un barco en el que convence a la tripulación de que la lleven a Tortuga en búsqueda del Capitán Sparrow. Una vez que Elizabeth se reencuentra con Jack, mientras buscan a Will (y a Davy Jones, pero ésa es otra historia), se produce un flechazo entre ellos. Elizabeth coquetea con Jack para sacarle información e instarlo a que haga lo que ella quiere. Al final lo besa para distraerlo mientras lo encadena al mástil como sacrificio para el Kraken, el monstruo marino que ha estado atormentando su viaje.

¿Cómo interpretar el comportamiento de Elizabeth en *Dead Man's Chest*? Tal como Jack nota, Will fue enviado para obtener el compás de Jack, pero Elizabeth es quien posee todas las piezas de negociación. Su objetivo es salvar a su prometido, pero no desdeña el recurso del engaño para conseguirlo. Despiadadamente, deja a Jack morir, pero al hacerlo salva la vida del resto de la tripulación. Esta mujer está a años luz de la mojigata y virginal hija del gobernador en *The Curse of the Black Pearl.* No está al mando de un barco, pero pasa casi toda la película en el mar como miembro de una tripulación, se defiende en batalla y utiliza su mente fría para calcular resultados óptimos en momentos de gran estrés. Está más que lista para convertirse en una temible pirata.

At World's End muestra a Elizabeth como una forajida consumada, vestida de hombre, infiltrada en la guarida del enemigo y empuñando un arsenal de armas de cómicas dimensiones en su cuerpo ligero. Besar a Jack fue el beso de la muerte dado a su vieja vida; nunca más podrá volver a la respetabilidad. Está en una misión para rescatar a Jack del casillero de Davy Jones y reunir de nuevo a los piratas en contra de la invasión de la Compañía de las Indias Orientales, que en la vida real probablemente contribuyó más al crecimiento de la piratería de lo que la contuvo. Una vez que rescata a Jack, ella se ofrece a cambio de la seguridad de la tripulación del *Perla Negra* accediendo a convertirse en prisionera del barco del pirata Sao Feng, el *Empress*. Aquí, por primera vez en una película importante desde el risible fracaso de *Cutthroat Island,* aparece en pantalla una pirata capitana.

Su capitanía le brinda un lugar en la Corte de los Hermanos (muy vagamente basada en el modelo de la Cofradía de los Hermanos de la Costa del capitán Morgan), donde los ocho lores piratas se reúnen para discutir cómo lidiar con la amenaza de la Compañía de las Indias Orientales. Jack quiere que los piratas se aíslen por sí mismos en la oculta fortaleza de Shipwreck Cove, mientras que Elizabeth considera que deberían unirse y luchar. Deberán elegir a un nuevo rey de los piratas antes de que puedan tomar una decisión. De cada dos piratas, uno emite un voto por él y el otro por ella, causando un empate, hasta que Jack vota por Elizabeth; ésta se convierte en reina y, como tal, declara la guerra a la Compañía de las Indias Orientales y moviliza a los capitanes piratas para que alisten sus flotas.

Los lores piratas y sus barcos se reúnen para lo que parece ser su última batalla. Cutler Beckett y la Compañía de las Indias Orientales tienen la fuerza sobrenatural de Davy Jones de su lado, así como una fuerza de batalla muy bien entrenada. Antes de lanzarse a la contienda, Elizabeth pronuncia un discurso apasionado y alentador. Ella sabe que se enfrentan a una muerte casi segura, pero insiste en que deben pelear con toda su fuerza contra el enemigo. "¡Verán lo que somos capaces de hacer... con el sudor de nuestra frente, la fuerza de nuestras espaldas y el coraje de nuestros corazones!" En un gesto desafiante iza la bandera pirata y los demás barcos, alentados por su fortaleza, hacen lo mismo. Es un momento triunfal, un clímax (en una película ciertamente llena de ellos), y un glorioso discurso motivacional que muy a menudo pronuncian los héroes masculinos pero que aquí es del todo y por entero un momento propio de Elizabeth.

La batalla prosigue enardecida. Presintiendo el final, a media batalla Will le pide matrimonio a Elizabeth. Barbossa, otro pirata, realiza la ceremonia en la cubierta (haciendo pausas ocasionales para los disparos y espadazos de todos los involucrados en el ritual), y la pareja —ensangrentada, sucia y muy distinta de como era cuando se comprometieron— se muestra en toda la pantalla mientras la música invita a un beso. Los piratas ganan la guerra, derrotando a la Compañía de las Indias Orientales, y al final Will y Elizabeth zarpan hacia el atardecer.

Muchos objetan el final de *At World's End,* argumentando que, a pesar de todo lo que ha vivido, Elizabeth ahora está confinada a aterrizar como ama de casa, el propio destino del que intentaba escapar al inicio de la película. Aun después de convertirse en reina pirata, por sobre su carrera ella elige lo doméstico y una familia. Pero, al menos con este matrimonio, el asunto fue *decisión* de Elizabeth. Eligió a Will, no sólo una vez cuando eran jóvenes y atravesaban la etapa del enamoramiento obnubilado, sino también como los engañadores, infieles y amorales piratas en los que se han convertido. Su matrimonio es un matrimonio de iguales. Incluso si uno no acepta esta teoría, no puede descartarse el arco completo del personaje de Elizabeth. En una saga llena de giros y recovecos, Elizabeth recibe la misma oportunidad de heroísmo, redención y decisiones moralmente complejas que sus contrapartes masculinas. No está observando la batalla desde un lugar a salvo en la playa: ella está al mando. Elizabeth está más matizada, se expresa mejor y a la larga es más poderosa que Anne y Morgan combinadas, y sólo se puede esperar que el éxito de estas películas les demuestre a los cineastas que las piratas sofisticadas no sólo *pueden* ganarse al público, sino que sin duda *lo hacen.*

***

El Hollywood moderno ha evolucionado mucho desde sus orígenes, pero pervive su tendencia a abstenerse de centrar sus películas en mujeres. Las cintas realizadas desde la década de 1980 hasta hoy por lo general siguen evitando centrarse en protagonistas femeninas complejas. Existen las ocasionales películas biográficas dirigidas a cazar el Oscar que muestran transformaciones físicas de atractivas estrellas femeninas (el retrato que hace Charlize Theron de la asesina serial Aileen Wuornos en *Monster* [*Monster*], de 2003, o el penetrante y realzado viraje de Nicole Kidman como Virginia Woolf en la película de 2002, *The Hours* [*Las horas*]), y algunas rudas heroínas de ciencia ficción como Sigourney Weaver en el papel de Ellen Ripley en la franquicia de *Alien* [*Alien*], y Daisy Ridley en el de Rey, en *Star Wars: The Force Awakens* [*Star Wars: el despertar de la fuerza*], pero una mujer común atravesando la vida cotidiana todavía no se considera algo digno de un emprendimiento cinematográfico. La búsqueda por la igualdad de la mujer en las películas, así como en el día a día, pareciera haberse estancado conforme pasa el tiempo, sin lograr capitalizar cualquier impulso que haya adquirido. El discurso de Meryl Streep de 1990 al Sindicato de Actores de Cine se parece mucho al discurso de aceptación de Cate Blanchett de 2014: ambas actrices señalaron que las películas de mujeres no son de nicho de mercado, que las mujeres merecen un pago equitativo por el mismo trabajo y que las cintas de mujeres pueden generar dinero, y así lo hacen. A pesar de las muchas voces que gritan estas verdades con el paso de los años, Hollywood se ha tomado su tiempo para escucharlas. Quizá la razón esto se deba a quien esté a la cabeza de Hollywood.

En un estudio de 2013 la Escuela de Cine de Nueva York analizó las 500 películas más taquilleras de 2007 a 2012. En estas películas las mujeres tenían 30.8% de los papeles de reparto. Sólo 10.7% de estas cintas tenían un elenco equilibrado (mitad masculino, mitad femenino). Aproximadamente un tercio de las mujeres con papeles de reparto aparecían ya sea con vestimentas sexualmente provocativas o desnudas. A pesar de que las mujeres compran entradas para el cine en igual medida que los hombres, claramente en las películas ellas no son representadas en igual cantidad.

Además de ello, las mujeres siguen recibiendo salarios desiguales respecto a sus contrapartes masculinas. *Forbes* publica una lista anual de los actores y actrices mejor pagados, y mantiene por separado a los dos géneros. Es muy clara la razón por la cual las listas no se combinan: de acuerdo con los *rankings* de 2014, sólo dos mujeres rompen el récord del *top ten* masculinos. El hombre en el *ranking* con menor sueldo, Chris Pratt, obtendría un lugar en el *top ten* femenino. La número uno en el *ranking* de mujeres, Jennifer Lawrence, recaudó 28 millones de dólares menos que el número uno en el *ranking* de hombres, Robert Downey Jr. De acuerdo con el Instituto de Investigación de Políticas de la Mujer, en los empleos comunes en los Estados Unidos en 2015 las mujeres ganaban 80 centavos por cada dólar que ganaban los hombres, y la cantidad es aún menor para las mujeres de color. Pareciera que también Hollywood paga mal a las mujeres.

Y eso es sólo lo que ocurre en la pantalla. Detrás de las cámaras, las mujeres escritoras, directoras y productoras escasean aún más. El mismo estudio de la Escuela de Cine de Nueva York reportó que la proporción de hombres y mujeres que trabajan en un filme es de cinco a una. Sólo dos de las 500 películas más taquilleras fueron dirigidas por una mujer. El Comité Directivo de Mujeres del Sindicato de Directores de Norteamérica encontró que, de 1949 a 1979, 0.19% de las películas de envergadura fueron dirigidas por una mujer. En 85 años sólo una mujer ha ganado el Oscar por mejor dirección: Kathryn Bigelow,[4] por la película predominantemente masculina de 2008, *The Hurt Locker* [*Vivir al límite* (o) *Zona de miedo / En tierra hostil*]. El 77% de los votantes del Oscar son hombres. Sólo una película dirigida por una mujer ha recaudado 1 000 millones de dólares: *Frozen* [*Frozen: una aventura congelada / Frozen: el reino del hielo*], de 2013. Las mujeres de color son representadas aún menos que las blancas. Si bien muchos ejecutivos de Hollywood sostienen que son las mejores películas —sin importar el género del director o el guionista— las que reciben financiamiento, resulta difícil creer que la relación hombre-mujer en las películas mejor dirigidas, al momento en que se escribe este libro, sea de 88 a uno.

Al encarar estas cifras devastadoras no es difícil ver por qué Hollywood no ha cocinado algunos éxitos de mujeres piratas. Es difícil que las mujeres cuenten historias en Hollywood, y es difícil que se hagan películas sobre mujeres extrañas, salvajes e ingobernables. Las piratas de sexo femenino difícilmente caben en un molde o encarnan un papel de fácil clasificación. Son violentas, están liberadas sexualmente, son mujeres de color, mujeres *queer*, no siguen las reglas, no piden perdón y no consiguen finales felices. Son Thelmas y Louises, Éricas y Bonnies, y en el paisaje cinemático actual simplemente no hay mucho lugar para ellas.

Esto ayuda a probar por qué el mundo *necesita* historias de mujeres piratas. Como se ha demostrado a lo largo de este libro, quien

[4] En 2017, año de publicación original de esta obra, sólo una directora, Kathryn Bigelow, había ganado el Oscar por mejor dirección, sin embargo, en 2021 la directora, productora y guionista china Chloé Zhao ganó el premio en la misma categoría por su película *Nomadland*. [E.]

cuenta la historia controla lo que se dice sobre una persona. Cuando los hombres hablan sobre las mujeres no las retratan de la forma integral en que podría retratárselas. Esto, por supuesto, se duplica para las mujeres de color y otros grupos minoritarios. En pos del desarrollo de la tolerancia y la equidad es vital que las historias —que son engañosamente simples, pero constituyen una parte muy importante de lo que la gente aprende y toma, por cierto— sean contadas *por* las personas *sobre* las que versan, sus protagonistas. Para que esto suceda, a las mujeres y a otros grupos que han sido silenciados por mucho tiempo debe permitírseles contar sus historias a su manera. Éste no será un triunfo fácil; requerirá de inspiración, así como de apoyo. ¿Quién mejor que las mujeres piratas para inspirar a estas pioneras? Al fin y al cabo, las mujeres que cuentan historias estarán, en esencia, robando algo de alguien que no quiere que lo tengan, lo cual es, fundamentalmente, un acto de piratería.

Estas leyendas de piratas han sobrevivido por tanto tiempo, en la pantalla y más allá de ella, porque la gente quiere escucharlas. El atractivo irresistible de la forajida testifica el hambre de libertad y el deseo de llevar a cabo cosas que no se deberían hacer. Las mujeres piratas merecen un lugar junto a sus más famosas contrapartes masculinas, pues desear escapar del confinamiento de una vida ordinaria y vivir conforme a sus propios términos no es un sentimiento exclusivamente masculino. De hecho, las mujeres tienen *más* razón que los hombres para buscar trascender sus papeles tradicionales. Al sentir este deseo, ellas merecen saber que no están solas y que tienen antepasadas a quienes pueden recurrir para seguir sus huellas. Las piratas en este libro pueden inspirar a cualquier mujer que alguna vez haya querido algo más y haya soñado con encontrar en su destino un lugar propio. Ojalá sus historias inspiren a la próxima generación de exploradoras, científicas, inventoras, políticas, hacedoras de paz y otras innovadoras, y las guíen en su trayecto del "como siempre ha sido" a la tierra del "como podría ser".

AGRADECIMIENTOS

Una capitana pirata no puede navegar su barco sin su tripulación; yo también estaría a la deriva sin el apoyo de mucha gente maravillosa. Estoy muy en deuda con demasiadas personas y no podría agradecerles a todas ellas por nombre; si sientes que deberías estar en esta lista, ¡en definitiva lo estás! Gracias desde el fondo de mi corazón.

Gracias a mi excelente agente, John Rudolph, quien tuvo la idea inicial de que las mujeres piratas merecían un libro sólo para ellas. Me has guiado de forma experta a cada paso del proceso de escritura y te estaré por siempre agradecida. Agradezco a Jerome Pohlen, Ellen Hornor y toda la gente encantadora de Chicago Review Press. Fue un placer convertir esta historia en un libro junto con ustedes. También le debo un gran agradecimiento a la listísima Jia Tolentino, quien fue la primera en darles un hogar a mis mujeres piratas en *Jezebel*.

Un libro como éste requirió de una asombrosa cantidad de investigación, y no podría haberlo hecho sin la guía y el consejo expertos de algunas personas brillantes. Agradezco a Dian Murray, quien me brindó una crítica invaluable sobre Cheng I Sao. Carolyn McTaggart me explicó cómo vino a la vida Gunpowder Gertie. Cindy Vallar me ayudó desde el principio a visualizar lo que este libro podía ser y fue una generosa fuente de sabiduría para toda clase de preguntas quisquillosas de investigación a lo largo de la escritura. ¡Gracias! Madeleine Smith, Caterin Obando y mi madre cuidaron de mi hijo para que pudiera realizar toda esa investigación en la biblioteca, así que sinceramente muchas gracias a todas ustedes. También debo agradecer a los maravillosos bibliotecarios de la Georgetown University y de la Biblioteca del Congreso (y, bueno, a los bibliotecarios en todas partes) por toda su ayuda.

Agradezco a todos los amigos que me tendieron la mano, me dieron ánimos y me mandaron productos horneados a domicilio para ayudarme a seguir (en orden alfabético): Alicia Carpenter, Laura Dupuy, Cara Narkun, Trystan Popish, Dauren Velez y, especialmente, a mi viejo lector Bob Sorokanich. Eric Ray merece un agradecimiento extraespecial por brindarme innumerables estadísticas y comentarios, lectura de pruebas / revisión de datos y, más de una vez, evitar que me aventara al precipicio. Eric, me encantaría saber tanto como tú sobre el mar, pero al menos tengo la inteligencia suficiente como para contar con tu amistad. ¡Todos ustedes son héroes y no podría haberlo logrado sin ustedes!

Tengo que agradecer a mi increíble familia, sin la cual nunca me habría atrevido, para empezar, a intentar ser escritora. Gracias, mamá y papá, gracias, Victoria, y gracias, PJ. Son lo mejor del mundo. Soy muy afortunada de contar con una familia tan asombrosamente cariñosa y que brinda tanto apoyo.

Mi mayor gratitud es para mi maravilloso esposo, Tom, quien, cuando le dije que no iba a ejercer como abogada sino que, en lugar de ello, iba a escribir un libro de piratas, nunca me juzgó de loca sino que, al contrario, se volvió mi más fiel aliado. Tú sufriste muchas noches sin cenar, escuchaste largas diatribas sobre temas que no te interesaban y te hiciste cargo del cuidado infantil durante horas interminables para que yo pudiera hacer esto. Mil gracias, amor mío. Sin ti esto no habría sido posible.

Mi último agradecimiento es para mi hijo, Theodore, que fue creado casi al mismo tiempo que el primer borrador de este libro. Eres una maravilla, mi principito, y me inspiras a hacer que el mundo sea más compasivo, inclusivo y hermoso para que puedas crecer en él. Te amo muchísimo.

PARA SABER MÁS

FUENTES GENERALES

Cordingly, David, *Under the Black Flag: The Romance and Reality of Life Among the Pirates,* Nueva York, Random House, 2006 [edición en español: *Bajo bandera negra. La vida entre piratas,* trad. de Margarita Cavándoli, Barcelona, Edhasa, 2005].

Defoe, Daniel, *A General History of the Pyrates,* Mineola, Nueva York, Dover Maritime, 1999 (antes publicado como Johnson, Captain Charles, *A General History of the Robberies and Murders of the Most Notorious Pyrates,* Londres, C. Rivington, 1724; existen múltiples ediciones de este libro) [edición en español: *Historia general de los piratas,* trad. de Francisco Torres Oliver, Madrid, Valdemar, 2017].

Druett, Joan, *She Captains: Heroines and Hellions of the Sea,* Nueva York, Simon and Schuster, 2001.

Gosse, Phillip, *The History of Piracy,* Mineola, Nueva York, Dover, 2007 [edición en español: *Historia de la piratería,* trad. de Lino Novás Calvo, prólogo de Luis Alberto de Cuenca y Prado, Sevilla, Renacimiento, 2017].

Klausmann, Ulrike, *et al., Women Pirates and the Politics of the Jolly Roger,* trad. de Nicholas Levis, Montreal, Black Rose Books, 1997.

Stanley, Jo (ed.), *Bold in Her Breeches: Women Pirates Across the Ages,* Ontario, Pandora, 1996.

1. EL ALBA DE LAS PIRATAS

Apiano, *Roman History,* trad. de Horace White, vol. 2, libro 10, §7, Cambridge, Mass., Harvard University Press, 1912 [edición en español: *Historia romana,* trad. de Antonio Sancho Royo y Antonio Guzmán Guerra, Madrid, Gredos, 2018].

Blundell, Sue, *Women in Ancient Greece,* Cambridge, Mass., Harvard University Press, 1995.

Heródoto, *Histories,* trad. de George Rawlinson, libro 8, Nueva York,

Everyman's Library, 1997 [edición en español: *Historia,* ed. y trad. de Manuel Balasch, Madrid, Cátedra, 1999].

Homero, *Odyssey,* trad. de Samuel Butler, rev. de Soo-Young Kim, Kelly McCray, Timothy Power y Gregory Nagy, Cambridge, Harvard University Press, 2019 [edición en español: *Odisea,* trad. de Luis Segalá y Estalella, Madrid, Espasa-Calpe, 1951].

Ormerod, Henry A., *Piracy in the Ancient World,* Liverpool, C. Tinling, 1924 [edición en español: *Piratería en la antigüedad,* trad. de Victoria León, pról. de Luis Alberto de Cuenca, Sevilla, Renacimiento, 2012].

Polibio, *Histories,* trad. de W. R. Paton, ed. rev., vol. 1, libro 2, §4, Cambridge, Mass., Harvard University Press, 2010 [edición en español: *Historias,* trad. y notas de Manuel Balasch, Madrid, Gredos, 1981].

Polieno, *Stratagems of War,* trad. de Richard Shepherd, 2ª ed., libro 8, cap. 53, Londres, Gale ECCO, 2010 [edición en español: Polieno, *Estratagemas,* en Eneas el Táctico y Polieno, *Poliorcética / Estratagemas,* introd., trad. y notas de José Vela Tejada y Francisco Martín García, Madrid, Gredos, 1991].

Semple, Ellen Churchill, "Pirate Coasts of the Mediterranean Sea", *Geographical Review* 2, núm. 2 (agosto de 1916): 134-151.

2. Guardianas de Valhalla

Gramático, Saxo, *Gesta Danorum,* trad. de Oliver Elton, Nueva York, Norroena Society, 1905 [edición en español: *Historia danesa (Gesta danorum),* trad. de Santiago Ibáñez Lluch, Madrid, Miraguano Ediciones, 2013].

Jesch, Judith, *Women in the Viking Age,* Rochester, Nueva York, University of Rochester Press, 1991.

Jochens, Jenny, *Women in Old Norse Society,* Ithaca, Cornell University Press, 1998.

Moen, Marianne, *The Gendered Landscape: A Discussion on Gender, Status, and Power in the Norwegian Viking Age Landscape,* Oxford, Archaeopress, 2011.

Simeón de Durham, *Historia Regum,* en *Symeonis monachi opera omnia,* ed. de Thomas Arnold, vol. 2, Cambridge, Cambridge University Press, 2012, pp. 3-283.

The Anglo-Saxon Chronicle, trad. de James Ingram, Nueva York, Everyman Press, 1912 [edición en español: "Asesinatos", en *La crónica anglosajona,* trad. de Douglas B., Proyecto Gutemberg, 1996, libro electrónico núm. 657].

3. Doncellas guerreras del Medioevo

Bentley, Richard, *A Brief Note upon the Battles of Saintes and Mauron 1351 and 1352,* Nueva York, Guildford, 1918.

Butler, Pierce, *Women of Medieval France,* Filadelfia, Rittenhouse, 1908.

Froissart, Jean, *Chronicles,* trad. de Geoffrey Brereton, Nueva York, Penguin Classics, 1978 [edición en español: *Crónicas,* ed. de Victoria Cirlot y José Enrique Ruiz Doménec, Madrid, Siruela, 1988].

Sewell, Elizabeth Missing, *Popular History of France: From the Earliest Period to the Death of Louis XIV,* Londres, Longmans, Green, 1876.

Taylor, Craig, "The Salic Law, French Queenship, and the Defense of Women in the Late Middle Ages", *French Historical Studies 29,* núm. 4 (2006): 543-564.

4. Un cuento de Cenicienta entre las corsarias

Abulafia, David, *The Great Sea: The Human History of the Mediterranean,* Oxford, Oxford University Press, 2011 [edición en español: *El gran mar. Una historia humana del Mediterráneo,* trad. de Rosa María Salleras Puig, Barcelona, Crítica, 2013].

Freely, John, *Inside the Seraglio: Private Lives of the Sultans in Istanbul,* Nueva York, Viking, 1999 [edición en español: *En el serrallo: la vida privada de los sultanes en Estambul,* trad. de Miguel Portillo, Barcelona, Paidós, 2000].

Grant, R. G. (ed.), *1001 Battles That Changed the Course of World History,* Nueva York, Universe, 2011 [edición en español: *1001 batallas que cambiaron el curso de la historia,* trad. de Ignacio Gómez Calvo y Alfonso Barguñ, Barcelona, Grijalbo, 2012].

Konstam, Angus, *Piracy: The Complete History,* Oxford, General Military, 2008.

Mernissi, Fatima, *Forgotten Queens of Islam,* Mineápolis, University of Minnesota Press, 1993 [edición en español: *Las sultanas olvi-*

dadas. La historia silenciada de las reinas del islam, trad. de
Marco Aurelio Galmarini Rodríguez, Madrid, Península, 2014].

Peirce, Leslie, *The Imperial Harem: Women and Sovereignty in the
Ottoman Empire,* Oxford, Oxford University Press, 1993.

Sancar, Asli, *Ottoman Women: Myth and Reality,* Clifton, Nueva Jersey, Tughra Books, 2007 [edición en español: *La mujer otomana:
mito y realidad,* Asunción / Clifton, Nueva Jersey, La Fuente, 2014].

Wilson, Peter Lamborn, *Pirate Utopias: Moorish Corsairs and European Renegadoes,* 2ª ed., Brooklyn, Autonomedia, 2003.

5. LA REINA VIRGEN Y SUS PIRATAS

Chambers, Anne, *Granuaile: Grace O'Malley, Ireland's Pirate Queen,*
ed. rev., Dublín, Gill & MacMillan, 2009.

Fuller, John Frederick Charles, *A Military History of the Western
World,* vol. II, *From the Defeat of the Spanish Armada to the
Battle of Waterloo,* Boston, Da Capo, 1987.

Neale, John Ernest, *Queen Elizabeth I,* 2ª ed., Londres, J. Cape, 1934
[edición en español: *La reina Isabel de Inglaterra,* trad. de Arnaldo de Ruiseñada, Buenos Aires, Claridad, 1947].

Ronald, Susan, *The Pirate Queen: Queen Elizabeth I, Her Pirate Adventurers, and the Dawn of Empire,* Nueva York, Harper, 2007.

Sjoholm, Barbara, *The Pirate Queen: In Search of Grace O'Malley
and Other Legendary Women of the Sea,* Berkeley, Seal Press,
2004.

Tincey, John, *The Armada Campaign 1588,* ed. rev., Oxford, Osprey,
1988.

6. LA EDAD DE ORO

Breverton, Terry, *Admiral Sir Henry Morgan, King of the Buccaneers,*
Gretna, Los Ángeles, Pelican, 2005.

Exquemelin, Alexander, *The Buccaneers of America,* Nueva York,
Dover, 2000 [edición en español: *Los piratas de América,* Santo
Domingo, Editora de Santo Domingo, 1979].

Kemp, Peter K., y Christopher Lloyd, *Brethren of the Coast: Buccaneers
of the South Seas,* Nueva York, St. Martin's, 1960.

Latimer, Jon, *Buccaneers of the Caribbean: How Piracy Forged an
Empire,* Cambridge, Mass., Harvard University Press, 2009.

Little, Benerson, *The Buccaneer's Realm: Pirate Life on the Spanish Main, 1674-1688*, Washington, Potomac Books, 2007.

Rediker, Marcus, " 'Under the Banner of King Death': The Social World of Anglo-American Pirates, 1716 to 1726", *William and Mary Quarterly*, 38 (1981): 203-227.

Sherry, Frank, *Raiders and Rebels: A History of the Golden Age of Piracy*, Nueva York, Harper Perennial, 2008.

Snyder, Amanda J., *Pirates, Exiles, and Empire: English Seamen, Atlantic Expansion, and Jamaican Settlement, 1558-1658*, tesis doctoral, Florida International University, 2013, ProQuest (UMI 3567348).

Sullivan, Timothy L., *The Devil's Brethren: Origins and Nature of Pirate Counterculture, 1600-1730*, tesis doctoral, University of Texas en Arlington, 2003, ProQuest (UMI 3092489).

Talty, Stephan, *Empire of Blue Water: Captain Morgan's Great Pirate Army, the Epic Battle for the Americas, and the Catastrophe That Ended the Outlaws' Bloody Reign*, Nueva York, Three Rivers, 2008.

7. LAS PIRATAS REALES DE SU MAJESTAD

Cordingly, David, *Seafaring Women: Adventures of Pirate Queens, Female Stowaways, and Sailors' Wives*, Nueva York, Random House, 2001.

Herman, Arthur, *To Rule the Waves: How the British Navy Shaped the Modern World*, Nueva York, Harper Perennial, 2005.

Pepys, Samuel, *Memoires of the Royal Navy, 1679-1688*, Melbourne, Leopold Classic Library, 2015.

Rediker, Marcus, "When Women Pirates Sailed the Seas", *Wilson Quarterly*, 17, núm. 4 (1993): 102-110.

Simpson, Alfred W. B., "Cannibals at Common Law", *University of Chicago Law School Record*, 27, núm. 5 (otoño 1981): 3-10.

Swinburne, Henry Lawrence, *The Royal Navy*, Whitefish, Montana, Kessinger, 2010.

Turley, Hans, *Rum, Sodomy, and the Lash: Piracy, Sexuality, and Masculine Identity*, Nueva York, New York University Press, 1999.

8. "De haber peleado como un hombre, no lo habrían colgado como a un perro"

Anónimo, *The Lives and Daring Deeds of the Most Celebrated Pirates and Buccaneers of All Countries,* Filadelfia, George G. Evans, 1800.

Konstam, Angus, y David Rickman, *Pirate: The Golden Age,* Oxford, Osprey, 2011.

Kuhn, Gabriel, *Life Under the Jolly Roger: Reflections on Golden Age Piracy,* Oakland, California, PM Press, 2010.

Pennell, C. R. (ed.), *Bandits at Sea: A Pirates Reader,* Nueva York, New York University Press, 2001.

Pyle, Howard, *Howard Pyle's Book of Pirates,* Nueva York, Harper, 1949 [edición en español: *El libro de los piratas,* trad. de José María Nebreda, Madrid, Valdemar, 2001].

Rediker, Marcus, *Villains of All Nations: Atlantic Pirates in the Golden Age,* Boston, Random House, 2005.

Sullivan, Timothy L., *The Devil's Brethren: Origins and Nature of Pirate Counterculture, 1600-1730,* tesis doctoral, University of Texas en Arlington, 2003, ProQuest (UMI 3092489).

Woodard, Colin, *Republic of Pirates: Being the True and Surprising Story of the Caribbean Pirates and the Man Who Brought Them Down,* Nueva York, Mariner Books, 2008 [edición en español: *La república de los piratas. La verdadera historia de los piratas del Caribe,* trad. de Gonzalo García y Cecilia Belza, Barcelona, Crítica, 2008].

9. Piratas del Nuevo Mundo

Appleby, John, *Women and English Piracy, 1540-1720: Partners and Victims of Crime,* Woodbridge, Boydell, 2015.

Ballagh, James Curtis, *White Servitude in the Colony of Virginia: A Study of the System of Indentured Labor in the American Colonies,* Baltimore, The Johns Hopkins University Press, 1895.

Ellms, Charles, *The Pirates Own Book: Authentic Narratives of the Most Celebrated Sea Robbers,* Carlisle, Mass., Applewood Books, 2008.

Jameson, W. C., *Buried Treasures of the Atlantic Coast: Legends of Sunken Pirate Treasures, Mysterious Caches, and Jinxed Ships, from Maine to Florida,* Atlanta, August House, 2006.

Konstam, Angus, *Blackbeard: America's Most Notorious Pirate*, Hoboken, Nueva Jersey, Wiley, 2007.

Mays, Dorothy A., *Women in Early America: Struggle, Survival, and Freedom in a New World*, Santa Barbara, ABC-CLIO, 2004.

Patton, Robert H., *Patriot Pirates: The Privateer War for Freedom and Fortune in the American Revolution*, Nueva York, Vintage, 2009.

10. Mujeres al límite

Byrne, James Christopher, *Twelve Years' Wanderings in the British Colonies, from 1835 to 1847*, vol. 2, Londres, Richard Bentley, 1848.

Eagle, John A., *The Canadian Pacific Railway and the Development of Western Canada, 1896-1914*, Ontario, McGill-Queen's University Press, 1989.

Greenwood, F. Murray, *Uncertain Justice: Canadian Women and Capital Punishment, 1754-1953*, Toronto, Dundurn, 2000.

Rees, Siân, *The Floating Brothel: The Extraordinary True Story of an Eighteenth-Century Ship and Its Cargo of Female Convicts*, Nueva York, Hachette, 2002 [edición en español: *Burdeles flotantes: una extraordinaria historia real que narra la vida a bordo de un barco del siglo XVIII con un grupo de mujeres deportadas allende los mares*, trad. de Juan Zamora, Álex León, Gabriel Torres y Verónica Sánchez, Barcelona, Juventud, 2002].

Smith, Barbara, *Hoaxes and Hexes: Daring Deceptions and Mysterious Curses*, Victoria, Heritage House, 2011.

Therry, Roger, *Reminiscences of Thirty Years' Residence in New South Wales and Victoria*, Londres, Sampson and Low, 1863.

11. La pirata más exitosa
de todos los tiempos

Elliott, Mark C., *Emperor Qianlong: Son of Heaven, Man of the World*, Londres, Pearson, 2009.

Hanes, W. Travis, III, y Frank Sanello, *The Opium Wars: The Addiction of One Empire and the Corruption of Another*, Naperville, Illinois, Sourcebooks, 2004.

Merwin, Samuel, *Drugging a Nation: The Story of China and the Opium Curse*, Whitefish, Kessinger, 2010.

Murray, Dian H., *Pirates of the South China Coast 1790-1810,* Stanford, Stanford University Press, 1987.

Rowe, William T., *China's Last Empire: The Great Qing,* Cambridge, Mass., Harvard University Press, 2010.

Van Dyke, Paul, *The Canton Trade: Life and Enterprise on the China Coast, 1700-1845,* Hong Kong, Hong Kong University Press, 2007.

12. Veteranas de las guerras estadunidenses

Asbury, Herbert, *The Gangs of New York: An Informal History of the Underworld,* Nueva York, Vintage, 2008 [edición en español: *Gangs de Nueva York. Bandas y bandidos de la Gran Manzana (1800-1925),* trad. de Carme Font Paz, Barcelona, Edhasa, 2003].

Bernstein, Iver, "July 13-16, 1863: The New York City Draft Riots", *Civil War Times,* 42, núm. 3 (agosto 2003): 34-35.

Daniels, Roger, *Coming to America: A History of Immigration and Ethnicity in American Life,* 2ª ed., Nueva York, Harper Perennial, 2002.

Giesberg, Judith, *Army at Home: Women and the Civil War on the Northern Home Front,* Chapel Hill, University of North Carolina Press, 2009.

Greenberg, Amy, *Manifest Destiny and American Territorial Expansion: A Brief History with Documents,* Nueva York, Bedford / St. Martin's, 2011.

Moran, William, *The Belles of New England: The Women of the Textile Mills of New England and the Families Whose Wealth They Wove,* Nueva York, St. Martin's Griffin, 2004.

Peavy, Linda, y Ursula Smith, *Pioneer Women: The Lives of Women on the Frontier,* Norman, University of Oklahoma Press, 1998.

Rutkowski, Alice, "Gender, Genre, Race, and Nation: The 1863 New York City Draft Riots", *Studies in the Literary Imagination,* 40, núm. 2 (otoño de 2007): 111-132.

Yenne, Bill, *Indian Wars: The Campaign for the American West,* Yardley, Pensilvania, Westholme, 2008.

13. El mal encarnado y Lady Dragon

Chang, Jung, *Empress Dowager Cixi: The Concubine Who Launched Modern China,* Nueva York, Anchor, 2014 [edición en español:

Cixí, la emperatriz. La concubina que creó la China moderna,
trad. de María Luisa Rodríguez Tapia, Madrid, Taurus, 2020].

Chang, Jung, *Wild Swans: Three Daughters of China,* Nueva York,
Touchstone, 2003 [edición en español: *Cisnes salvajes,* trad. de
Gian Castelli Gair, Barcelona, Circe Ediciones, 2004].

Chang, Pang-Mei Natasha, *Bound Feet and Western Dress: A Memoir,*
Nueva York, Anchor, 1997 [edición en español: *Pies vendados y
traje occidental,* trad. de Pilar Giralt Gorina, Barcelona, Seix Barral,
1996].

Hui, Wang, *China's Twentieth Century: Revolution, Retreat, and the
Road to Equality,* Brooklyn, Verso, 2016.

Keefe, Patrick Radden, *The Snakehead: An Epic Tale of the Chinatown Underworld and the American Dream,* Nueva York, Anchor,
2010.

Lilius, Aleko, *I Sailed with Chinese Pirates,* Hong Kong, Earnshaw
Books, 2009 [edición en español: *Navegando con los piratas chinos,* trad. de Alberto Sáenz de Cabezón, Barcelona, Aymá Editores,
1955].

Meisner, Maurice, *Mao Zedong: A Political and Intellectual Portrait,*
Malden, Polity, 2006.

Wasserstrom, Jeffrey N., *China in the 21st Century: What Everyone
Needs to Know,* Oxford, Oxford University Press, 2010.

14. LAS PIRATAS DE LA PANTALLA GRANDE

Cook, Bernie (ed.), *Thelma & Louise Live!: The Cultural Afterlife of
an American Film,* Austin, University of Texas Press, 2007.

Haskell, Molly, *From Reverence to Rape: The Treatment of Women in
the Movies,* 2ª ed., Chicago, University of Chicago Press, 1987.

Kaplan, Elizabeth Ann, *Women & Film: Both Sides of the Camera,*
ed. rev., Nueva York, Routledge, 1990 [edición en español: *Las
mujeres y el cine: a ambos lados de la cámara,* trad. de María
Luisa Rodríguez Tapia, Madrid, Cátedra / Universidad de Valencia,
1998].

Parish, James Robert, *Fiasco: A History of Hollywood's Iconic Flops,*
Hoboken, Nueva Jersey, Wiley, 2007.

Petersen, Anne Helen, *Scandals of Classic Hollywood: Sex, Deviance,
and Drama from the Golden Age of American Cinema,* Nueva
York, Plume, 2014.

Steinhoff, Heike, *Queer Buccaneers: (De)Constructing Boundaries in the Pirates of the Caribbean Film Series,* Londres, LIT Verlag, 2011.

Thornham, Sue, *Feminist Film Theory: A Reader,* Nueva York, New York University Press, 1999.

ÍNDICE ANALÍTICO

*Mujeres piratas. Las princesas, prostitutas y corsarias
que gobernaron los siete mares,* de Laura Sook Duncombe,
se terminó de imprimir y encuadernar en septiembre de 2024
en los talleres de Leitzaran Grafikak, Martin Ugalde Kultur Parkea,
Gudarien Etorbidea, 29; 20140 Andoain (Gipuzkoa).
En su composición, elaborada en el Departamento de Integración
Digital del FCE por Guillermo Carmona Vargas,
se utilizaron tipos Karmina. La edición estuvo
al cuidado de René Isaías Acuña Sánchez.